# その部屋のなかで最も賢い人

## 洞察力を鍛えるための社会心理学

トーマス・ギロビッチ+リー・ロス　小野木明恵 訳

# The WISEST ONE in the ROOM

How you can benefit from social psychology's most powerful insights

青土社

# その部屋のなかで最も賢い人

目次

# その部屋のなかで最も賢い人

## 洞察力を鍛えるための社会心理学

# 序文

一九四四年晩春、連合軍が大規模な作戦、Dデイの準備の仕上げにかかっていた。ノルマンディー地方の海岸沿いにある、ユタ、オマハ、ゴールド、ジュノー、ソードという暗号名の付けられた五つの地点へ軍隊が上陸するという作戦だ。この侵攻は午前零時を回った直後に、イギリス軍、アメリカ軍、カナダ軍の空挺師団から二万四〇〇〇人が、午前六時三〇分に連合軍の歩兵部隊と機甲部隊が大量に海岸から上陸するという二段階で実施されることになっていた。イギリス軍の司令官、バーナード・モントゴメリー大将が、陣頭指揮を取る将校たちに最後の短い指示を伝えた。その内容は完璧で、話し方も非の打ち所のない見事な演説だった。

連合軍最高司令官のドワイト・D・アイゼンハワー大将、通称「アイク」は、この務めを「モンティ」に任せ、自分自身は攻撃前にあまり言葉を発しなかった。作戦内容について詳しく繰り返すこともなく、さらには、作戦がこれまでにない重要な意義をもつことや、その先に長い戦いが待っている——その後、第三帝国が敗北を喫する——ことについて、自身の見解を示すこともなかった。アイゼンハワーはただ、部屋のあちこちで、部隊を率いる将校一人ひとりと握手をした。そのうちの多くが生きて帰ることはないだろうと予測しながら。そして実際に、多くは帰らぬ人となった。

アイゼンハワーは、将校たちの思いが、これから二四時間のあいだにそれぞれが直面することになる困難に、戦友たちの運命に、彼らの家族の行く末に注がれていることをわかっていた。そして、自分が、自分自身の運命や今後の評価について考えているというそぶりをまったく見せなかった。無言で握手を交わすことによって相手の将校たちに、彼ら自身が何を考え感じているかを自分がよくわかっており、彼らがまさにこれから冒そうとしている危険と、これから体験することにたいして、敬意を払っているということを伝えていた。アイゼンハワーは、その部屋にいる人々のなかで最も賢い人だった[1]。

賢者の言葉はどこにでも容易に見つかる。引用辞典や卓上カレンダー、手帳、さらにはバンパーステッカーにさえも記されている。しばしば頼みもしないのに、友人や親戚、同僚から助言を受ける。財産をどのように管理したらよいか（「借り手にも貸し手にもなるな」ウィリアム・シェイクスピア）、あるいはどうやって仕事をしていけばよいか（「階段を上がるときに出会う人たちには親切にすること。同じ人たちに、階段を下っていくときにも会うのだから」ウォルター・ウィンチェル）について賢人の意見を求めることもできる。権力を切望する人は、ルネサンス期のイタリア人外交官の導きを求めることができる（「重要な人間におもねることが賢明だ」ニッコロ・マキャベリ）。「友人を作り、人々に影響を与えたい」というもっとささやかな目標をもつ人なら、二〇世紀のベストセラー作家（「惜しみなく人をほめよ」デール・カーネギー）や、米国大統領自由勲章受章者（「人々はあなたの言ったことを忘れ、あなたのしたことを忘れるが、あなたにどのような気持ちにさせられたかは決して忘れない」マヤ・アンジェロウ）から同様の助言を得ることができるだろう。

自分の目標をどのように達成すべきかについての指導も仰げるし（「欲しい物を得る最善の方法は、自分が欲しい物に値する人間になることだ」チャールズ・マンガー）、古のスーフィー教徒の詩人から、困難な時期にどのように対処すべきかについての助言ももらえる（「これもまた過ぎ去るだろう」）。さらには、人生の意味と自己実現にいたる過程についての包括的な処方箋を、もはや名前を忘れられた賢人からもらうこともできる（「人生の意味は自分の才能を見つけることで、人生の目的はそれを提供することだ」）。

人間どうしの争いに対処するために用いられる洞察や技能は、賢明さを構成する要素のなかでとりわけ重要なものであると、古くから考えられてきた。この点は、ソロモン王が子どもの親は誰かという争いの決着をつけたという旧約聖書にある逸話や、それから二五〇〇年後に、ネルソン・マンデラがアパルトヘイトにたいして無血勝利を勝ち取った例にも認められる。

これらの引用文が示すように、賢明さには多くの種類がある。ブッダのような賢明さもあれば、兄貴分のような賢明さもあれば、さらにはバフェットのような賢明さもある。それは、ウェブスター辞書に、次のように三つのタイプの賢明さが定義されていることからも明らかだ。（1）**知識**、すなわち蓄積された哲学的または科学的な学習内容、（2）**洞察**、すなわち内面的な性質や関係を認識する能力、（3）**判断**、すなわち分別。

このように認識力や分別が重視されることから、賢明さは頭が良いことと同一ではないということがはっきりわかる。「部屋のなかで最も賢い人」とは、最もＩＱが高い人や、事実や数値を最も自在に操る人を指しているのではない。部屋のなかで最も頭の良い人は、人に関わる問題について洞察力を欠いていたり、日常的なやり取りと見返りのある有意義な人生を追求するという大きな問題のどちらにおいても誤った判断を下してしまったりするかもしれない。実際、『部屋のなかで最も頭の良い人たち（*The*

*Smartest Guys in the Room*』*とは、経営破綻したエネルギー企業、エンロン社の幹部たちを描いた本の題名である。同社の幹部たちは、誰に聞いても、非常に頭が良く、財務面においてもとても優秀だった。しかし、彼らの(さらには会社の従業員や株主たちの)おごりや欲望や目先のことにこだわる性質が、それを台無しにした。そのことから、彼らが決して賢明ではなかったことがはっきりとわかる。道徳的な指針をもっていなかっただけではなく、どういう目的が本当に追求する価値があるのか、どういう手法を用いればその目的を最も上手に追求できるのかを見抜く賢明さも、もち合わせていなかったのだ。

賢明さと知能の決定的な違いは、賢明さには、人を相手にしたときの洞察や実効性が求められるという点だ。知能には、そういうものは求められない。人間にまつわることについて頭が良くなくても「頭が良い」ことがありうるが、人を相手にして何も感じない人や、人の望みや恐れや情熱や衝動をまったく理解しない人のことを賢いと言うのは道理に合わない。たとえ人間について特に精通していなくても、事情通の投資家や正確な予測をする気象予報士になれるだろうが、人間についての賢明さがなければ、賢い人にはなれないだろう。モントゴメリーが侵攻前に行った演説は、アイゼンハワーがそれまでにしたどのような演説よりも、知的に練り上げられ、上手に伝えられたものだったかもしれない。しかし、アイゼンハワーが、将校たちの求めることを理解し、それらに巧みに対応したことこそが、彼の賢さを立証している。

賢明さをどのように分析するのであれ、そこには、人生で最も重要なことには他の人々が関わってくるという事実が反映されていなくてはならない。このことは、フォーチュン五〇〇社に入る会社を経営しようとする者にも、公職に就こうとする人にも、どんな時代にも通用するような作品を作ろうとするアーティストにも、荒れ狂う思春期まっただなかの子どもを理解しようとするシングルマザーにも当てはまる。さらには、一日の大半をひとりきりでコードを書いて過ごしたいだけのソフトウェア技術者にも、才覚を働かせて自分の金を賭け、そこからわき出る激しい快感に身を任せたいだけのポーカーのプレイヤーにも当てはまる。したがって、人を部屋のなかで最も賢い人にするのは何かを調べるにあたって、人間の心理に着目することになる。それもとりわけ、社会心理学に。賢明であるためには、人の行動にたいする、最もよくある、最も強力な影響力について理解することが必要になる。さらには、いつ、どんな理由で、人が道を外れ、不完全な判断を下したり、間違った予測を立てたり、下手な決定を下したりしてしまうのかを知ることも必要となる。賢明であるためには、心理学的に賢くなくてはならないのだ。

　賢明であるにはまた、見通しの良さも求められる。これは、ウェブスター辞書にある三つの定義、すなわち知識と洞察、判断のすべてを貫くものだ。賢い人は、個々の出来事を大局的にとらえ、目の前にある問題をより幅広い視野から見ることができる。アイゼンハワーは、自身の任務の全体像や成功について考えるだけでなく、部下たちの心を占めていたこと、すなわち、無事に帰れるか、家族はどうなるか、攻撃の最初の数時間がどのようなものになるかという不安を彼らと分かち合うことができた。

　さらに、この点における賢明さと知能の違いにも注目すべきだ。知能とは、利用できる情報を取り入れて、それを効果的に処理する――論理的に考えて確かな結論を導く――というものである。これはま

---

＊ McLean, Bethany, and Elkind, Peter. (2003). *The Smartest Guys in the Room: The Amazing Rise and Scandalous Fall of Enron.* New York: Penguin.

さに、賢さの重要な一要素だ。しかし賢い人は、これだけには留まらない。手に入る情報を利用する以上のことをするのだ。賢明さには、手に入る情報が、目の前の問題を解くには不十分であるということを見抜く力も関係してくる。今は正しいことであっても、その先にはまったく違って見えるかもしれないということを理解する力も含まれるのだ。

私たちは、今こそが、本書のような本を刊行するにふさわしいときだと確信をもつにいたった。賢明さを構成する非常に重要な二つの要素を扱う二つの分野――社会心理学の分野と判断と意思決定の分野――において素晴らしい進展が遂げられてきたからだ。私たち二人がこれらの二つの分野で、二人併せて八〇年間におよぶ研究を続けてこられてきたことは喜びであり、その間にこれらの分野に貢献ができたことも光栄なことである。あらゆる科学分野のなかで社会心理学こそが、平均的な人の思考や感情、選択、行動の理解に最も直接的に注目している。この四〇年間、社会心理学者たちが重要な研究成果を生み出し続け、より賢くなりたいと思う人なら知るべき、人間の行動についての洞察を示している。

一方、判断と意思決定の研究分野においては、一歩退いて物事を広い視野から眺めればもっとうまくいくかもしれないときに、人々がなぜ、どのようにして、すぐに結論を下してしまうのかが明らかにされてきた。この分野は四〇年間にわたって改革されてきた。その結果、判断と意思決定は、知覚との共通点が多いことが明らかになった。知覚と同様に、判断と意思決定も錯覚の影響を免れない。より賢くありたい人は、どんなときにそうした錯覚に警戒すべきか、そしてどのようにそれを避けるべきかを知る必要がある。

本書の目的は、雇用者や同僚とよりうまく付き合えるように、子どもたちがよりすんなりと自分自身の潜在能力を理解できるようになるために、あるいは、巧みな宣伝や頭の良いマーケティング担当者が考案した誘惑に抵抗できるように、読者のみなさんがもっと賢くなる手伝いをすることだ。

しかし本書には、さらに高い次元の目的もある。アリストテレスは、賢明さには、原因について、すなわち物事がなぜそのような状態であるのかについての理解も含まれると説いた。アリストテレスに言わせれば、知識のある人は、何がとどのようにについて多くのことを知っているが、賢い人は、なぜについての理解がある。私たちは、みなさんが本書を読むことによって実際的な数多くの賢さを身に付けるだろうと確信しているが、そうした実際的なアドバイスの根底にあるさらに一般的な原則をいっそう深く理解できるようにもしたいと願っている。そうすることによって、人々がなぜこんなふうにふるまうのか、なぜ私たちがみな、自分自身の狭い視野から抜け出すのにこれほど苦労しているのかを、より良く理解できるようになってほしいと願っている。最終的に、どの簡潔な引用文が注意を向けるに値するか、どの引用文は無視すべきかを、もっと上手に見抜くようになり、最も尊敬される賢人や指導者の助言をより深く理解するようになるはずだ。

『その部屋のなかで最も賢い人』は教科書ではない。幅広く奥深い心理の科学を探求したい人向けの優れた心理学の教科書は多数ある。これらのうちのどれかを読んだり、心理学の授業を受けたりしたことのある人なら、本書では、いかに多くのことが省かれていたり、ごく簡単に触れられているだけであるかがわかるだろう。その代わりに、私たちは、賢明さを構成する要素のうちで特別に重要なものであると考える、ごく少数の特定の洞察について論じることにした。これらの洞察をもってすれば、身の周りで起こっている物事が、そのような展開になっている理由を最も深く理解できるはずだ。それらはまた、人生において他の人々を理解して影響を与えることや、他の人々と生活して仕事をするなかでどうしても起こる衝突に対処すること、自分の時間やお金、健康、人間関係についてより良い決定を下すことにおいて、最も役に立つはずだ。

人間のふるまいの根拠に関わる重要な洞察について考察すると宣言すると、ある疑問が当然わいてくる。人類は何千年もかけて、互いに効果的に対応するように進化してきたのではないのか。そうすることで、私たち人間は、人の動機や傾向について知っておくべきことがらや、最も生産的な方向へと行動を導くには何ができるかについて、すでに大半のことを知っているのではないか。人間の状態を賢く観察してきた人たちが、最も知っておくべき人間の弱点についての洞察を、すでに次の世代へと伝えてきたのではないか。

確かに人類は、他のすべての動物と同じく、人間の行動について多くのことを知っている――自分自身の行動についても、周囲の人の行動についても。行動には目的があり、目標に突き動かされるものであるということを、人はおおむね快楽を最大限にして苦痛を最小限にしようとするということを、誰でも知っている。また、空腹や喉の渇き、セックス、恐怖などの具体的な動因や情動の影響について、さらには、自分自身に良い感情を抱く必要があることや、人から好かれ尊敬されたいという欲望など、漠然とした動因や情動の影響についても多くのことを知っている。

実際、私たちはみな、一般的な社会心理学の知識をかなりたくさんもっている。自分の意見や好みが自分の属する集団の規範から逸脱していると不安をおぼえるということを知っている。適切な子育てや適切なロールモデルが大切であることや、適切な教育のもたらす利点について知っている。判断や意思決定（少なくとも他の人の判断や意思決定）が、私利私欲や、それまでの体験や今後の予測、宗教的な教えやイデオロギーによる洗脳によってどのように歪められうるかといった例をいくつか知っている。こうした知識がなければ、社会生活は、混沌として対処不可能なものになるだろう。

私たち二人は、学問としての心理学と応用的な心理学のどちらにも通じているうえに、長年にわたり、自分自身の間違った判断や賢明でない意思決定についてつねに考察してきたことから、人間の行動についての最も重要な洞察のいくつかは決してわかりやすくはないという確信をもつにいたった。こうした確信は、私たちが常日頃想定していることに矛盾するような、刺激的な研究成果から生じている。そうした研究成果を受けて私たちは、人々がどのように行動するかを見きわめるにあたり、何が重要そうで何があまり重要そうでないか、ある特定の種類の問題を解決するにあたり、何が効果的で何が効果的でなさそうかについての自分が抱く印象を再調整する必要に迫られている。

これから論じる洞察は、まったく新しいものというわけではない。それらは、ある特定の文脈において、それがどれほど幅広く適用できるかをよくわからないまま認識しているようなことがらに関わるものだ。さらには、他の人については気づきはしても、自分自身や、自分と同意見の人については気づかないでいるようなパターンの洞察もある。結局のところ、これから説明していく洞察や研究が役に立つかどうかについては、みなさんが判断するしかない。しかし、これからどんな話をしていくのかを知ってもらうために、それらについての知識があればとても賢くなれるような種類の事象や研究の成果――さらにはその根底にある心理学的な原則――を数例、前もってお見せしよう。

**著者の二人が、読者のみなさんの政治的な見解を見分けることができると思うか？**

第1章の冒頭で実際に試して、みなさんを納得させるつもりだ。どのような心理学的な背景があってそれが可能になるかがわかれば、個人間や集団間の対立についての理解が深まるだろう。この問題については第7章でふたたび触れる。

**デンマークでは（アメリカと同じように）車を運転する人は、免許証の裏に署名をすることで、若くして亡くなったときに臓器を移植のために提供できる。デンマーク人のわずか四パーセントしか臓器提供を表明していない。スウェーデンでは、免許証の裏に臓器を提供しないと記さなければ臓器を提供することになるとドライバーに周知されている。スウェーデン人の何パーセントが、このルールに従って署名をしないことで、移植のために臓器を提供していると思うか？**

もしもみなさんの推定が、四パーセントあたりか、あるいは四〇パーセントくらいだとしたら、それはまったくの的外れだ。答えは第2章に示し、そこで初期設定選択《デフォルトオプション》の影響について論じよう。また第3章では、この例を始めとする、選択肢の提示のしかたにおける一見するとわずかな違いが、なぜこれほど大きな影響をもたらしうるのかについて、さらに多くを学んでいく。

**誰しも、報酬と罰則には「効果」があることを知っている。だが、報酬と罰則が大きいほど効果が高いのか？　その答えはノーだ——もしも目的が、当面の表向きの行動だけでなく、対象としている活動**

**についての長期的な動機や根底にある感情を変えることであるなら。報酬と罰則が少ないほど効果が高くなることは、よくあるものだ。**

第4章で、この重要な洞察について詳しく検討した古典的な研究を紹介しよう。さらには行動の優位性について、つまり、行動を変えるとしばしば考えも変わり、その反対はあまりないことについても学んでいく。

**テニス選手が試合の前日に激しい運動をして翌日の試合に勝った回数と負けた回数、激しい運動はせずに、それでも勝った回数と、激しい運動はせずに負けた回数についてのデータが被験者に与えられた。この情報にもとづいて、激しい運動をすることで勝つ可能性が高くなったかと一方の被験者グループに質問した。もう一方のグループには、激しい運動をすることで負ける可能性が高くなったかと質問した。不思議なことにどちらのグループもイエスと答えた。**

この矛盾する結果を理解するには、ある心理学者が「すべてのバイアスの母」と呼ぶものについてよく知ることが必要だ。第5章では、このバイアスを始めとするさまざまバイアスが、情報を評価するやり方をどのように狭め、判断を歪め、決定に悪影響を与えるかという洞察をいくつか提示する。

**もし選べるなら、とても不快な体験に、ごく短い多少不快な体験を加えるべきか？　楽しい休暇の長さを二倍にすることで、休暇が楽しかったという長期的な感覚がどれほど増大するだろうか？**

第6章に示すこれらの質問にたいする答えを見れば（最初の質問にたいしてはイエス、次の質問にたいしてはほとんどゼロ）、自分自身の幸福を最大にするために実践できるステップについて、いくつかの役に立つヒントが得られるだろう。

**ユダヤ系イスラエル人の学生たちが、現在も継続しているイスラエル・パレスチナ紛争における双方の立場に利益を与えるようなプロジェクトへの資金提供について、イスラエルのアラブ系市民を交渉相手とする実験に参加した。しばらくして学生たちは、交渉相手から最終提案を受け取った。その相手とは、学生たちには知らされていなかったが、実験協力者であり、どの交渉でも同一の提案をしていた。実験者たちが交渉の冒頭で、ある文言を加える、あるいは省くことで、提案が受け入れられる確率が三五パーセントから八五パーセントまで変動した。その文言には、提示された条件内容の変更や、合意に達しない場合に代価を支払うことなどは含まれていなかった。どんな文言が、それほど大きな影響をもたらしたのか？**

この問題にたいする答えは第7章にある。そこでは、解決が困難な対立の問題を中心に論じる。どのような心理学的プロセスが、双方にとって利益のある合意を阻む障壁となるのか？　そして、それに打ち勝つために何ができるのか？

**最近行われたいくつかの研究から、黒人とヒスパニック系の生徒（さらには科学と工学においては女子生徒も）の成績を、言葉だけを用いた、簡単で費用のかからない心理学的に賢い介入によって向上させられることがわかった。その介入とはどういうもので、どんな障壁に挑んだのか？　そして、なぜそれ**

ほど大きな影響をもたらしたのか？

これらの問題にたいする驚くべき答えが第8章にある。そこでは、学業不振を低減させるという難しい問題について論じ、その次の第9章では、地球の気候変動という、さらに難しい世界的な問題に取り組む。

本書は二部構成になっている。前半にある五つの章では、人間の行動についての一般的な原則を扱う。それらを用いれば、幅広い事象についての理解が深まり、よくある問題や、あまり見られない問題について、心理学的に賢いやり方で対処できるようになる。後半の四つの章では、これらの原則を用いて、私たちが個人として、さらには社会全体として直面しているとりわけ重要な課題に光を当てる。そうした課題には、幸福の追求や、解決が困難な対立に存在する障壁を克服すること、恵まれない生徒や成績の悪い生徒たちを教育すること、気候の大変動という脅威によって突きつけられているいっそう深刻な問題などが含まれる。これら九つの章に記された研究や洞察を読めば、みなさんがこれから出会う人々や出来事をもっと賢いやり方で理解し、目の前に現れるはずの難題にもっと賢いやり方で対処できるようになるだろう。そうしておそらくは、みなさんが部屋のなかで最も賢い人になる手助けとなるだろう。

――トーマス・ギロビッチ、リー・ロス

# 第1部　賢明さの柱

# 第1章　客観性の幻想

二〇世紀初頭、アルベルト・アインシュタインが、私たちの住む世界のとらえ方に思い切った異議を申し立てた。彼の打ち立てた特殊相対性と一般相対性についての画期的な理論は、時間と空間は、私たちの主観的な体験ではなく、数式と、想像力を働かせた思考実験によって最もうまく理解できるようなやり方で結びついているということを示唆していた。たとえば彼は、光の速さに近い速度で動いている乗り物に乗ったらどうなるかと想像した。彼の作った有名な公式 $E = mc^2$ は、物質を転換して生み出されうるエネルギーの量へと私たちの目を向けさせた。しかし、この公式を並べ替えると、物質それ自体が、凝縮されたエネルギーと見なすことができるという意味になる。実際、頻繁に引用される彼の発言のひとつに、「現実は幻想にすぎない」とまで言い切ったものがある。

アインシュタインがこの発言で正確には何を意味していたのかについて、学者たちは議論を交わしてきた。そのほとんどは、現実を知覚する者の観点や状況によってどのように体験が記述されるのかということへの注意を喚起していたのだ、という点で同意している。しかし、我々筆者の目的に照らし合わせるなら、引用したこの言葉は、私たちが日常的な知覚で体験することは、「そこ」にあるものを単純に記録する作業ではないということを思い起こさせる。むしろ私たちの体験は、「ビッグバン」から生まれた奇妙で複雑な物と（最新の理論では、それは、エネルギー場において相互作用した結果なんとかして質量を獲得した想像を絶するほど小さい粒子からなる振動するひもでできている)、私たち自身を作る材料となっている物と同じ物が相互作用した産物なのだ。そうした相互作用こそが、私たちが触るしっかりとした三次元の物体や、聞こえてくる音や、目に見えるさまざまな色彩や、かぎ分ける幅広い種類のにおいからなる世界の主体的な体験を生み出している。

もうひとりの二〇世紀の天才、コメディアンのジョージ・カーリンが、かつて観客にこう問いかけた。「自分よりゆっくり車を走らせているやつはバカで、自分より速いやつはイカレてると思ったことはないか?」二〇年ほど前、私たち二人は、現実についてのアインシュタインの発言と、カーリンの皮肉な問いとのつながりについて考え始めた。そのつながりを突き詰めれば、人間の心理の核心と、人間の愚かさの多くに行き着くのではないかと考えたからだ。私たち人間は、自分の知覚が現実と一対一で対応していると反射的に思い込むだけでなく、自分自身の個人的な知覚が特別に正確で客観的であるとまで思いがちなのだ。

この客観性の幻想がどういう性質のものかを理解できるようになるために、政治についての見解を見抜く練習をしてみよう。

具体的には、あなたがこの本を読んでいるという事実だけから、あなたの政治的な見解を私たちが見抜けるということを証明したい。自信をもって、次のように予測できる。

あなたは、自分がだいたい政治的にリベラルだと思っている。ほとんどの事柄について、自分より左側の人たちはやや単純で、現実主義者というよりも理想主義者で、あまりにも政治的な正しさにこだわりすぎだと思っている。同時に、自分より右側の立場の人たちは、どちらかというと利己的で思いやりがなく、いくらか心が狭く、多くの人の生活や、人々が今日の世界で直面している問題にあまり関心がないと見なしている。

この描写は、あなたの政治的な立場をぴったりとらえているだろうか。きっとそのはずだ。それには仕掛けがある。ここに描いた政治的な人物像は、あなたを始めとする本書の読者だけでなく、事実上他の誰にでも当てはまるにちがいないからだ。なぜなら、自分よりも左側の人たちが自分よりもっと現実に適応していると感じるとしたら、すでに彼らの立場へとあなたが移行していることになるからだ。自分よりも右側の人たちについても、同じことが言える。

つまり、あなた（と他の誰でも）は、自分自身の政治的な見解や知識を、私たちが生きている特定の時代や、私たちが直面している特定の問題にたいする最も現実的な反応であると見なしているのだ。また、自分の見解や立場が、人間の現実に適したものであるとも見なしている。さらに、自分の政治的な見解が最もよく現実に根ざしていると考えていると仮定すると、当然、自分と見解の異なる人――とりわけ、政治的な立場があなたからかけ離れている人――は必然的に自分ほど現実的ではないということになる。そういう人たちは、あなたに備わっているような客観性を欠いている。そういう人たちは、自身のイデオロギーや私利私欲、育ち方、あるいはその他の見る目を歪ませるような影響という色眼鏡を通して政治的な問題をとらえがちなのだ。

周りのドライバーたちをどう見るかについてのカーリンの言葉を思い出そう。それを聞いてまず思うことはおそらく、「実際、周りのドライバーについてそういうふうに感じたことが確かにあるなあ」というものだろう。しかし、少し考えれば、カーリンの言いたいことが理解できる。自分は、周りの交通状況にちょうどよいと思われるペースにスピードを合わせているのだから、自分よりももっとゆっくり運転している人は、運転がゆっくりすぎるにちがいなく、もっと速く運転している人は、速すぎるにちがいない。自分は物事をあるがままにとらえているのだから、それとは異なる見方をする人たちは間違っているという思い込みは避けられない——少なくとも最初の反射的な反応としては。

日常的な体験にも、同じような基本的な現象が数多く見られる。自分はまったく快適に感じているのに、配偶者が「寒いな」と言って暖房の設定温度を上げれば、ちょうどよい温度なのにどうしてそんなに寒がるのだろうと不思議に思う。反対に、自分が寒がっているのに、配偶者か他の誰かがちょうどよい温度だと言うとしたら、この人はどうして実際の温度に気づかないのだろうと不思議に思う。自分のほうが敏感すぎるか鈍感すぎるかであって、相手のほうが「現実の」室温に適切に反応しているという可能性は、すぐには思い浮かばない。

同様に、音楽の音が「小さすぎる」とか「大きすぎる」とか言うとき、自分は音楽について発言をしているのであって、自分自身について何かを言っているわけではない。もっと厳密に言えば、音の出力や、自分の聴覚受容体、自分の好みを形成してきたあらゆる経験とのあいだの複雑な相互作用について語っているわけではない。食べものが「辛すぎる」とか「まったく味気がない」とか言うときには、自分の味蕾や、子どもの頃に食べた物、自分の育った文化にある料理についてではなく、その食べものについての意見を言っていると思っている。そして、他の人の意見が異なると——たとえばあなたの好きな音楽がうるさいとか、今の若者たちにふさわしくないとか、あるいは、あんな食べもの（または、あんな絵画とか、あんな服装とか）を好きな人がいるなんておかしいとか言われたりすると、あなたは、この人の好みがこんなに変なのはなぜだろうと不思議に思う。

もちろん反対の例を、すなわち変わっているのは自分のほうだと結論づける事例を思い付くこともできるだろう（ふつうはよくよく考えた末に）。コスタリカ育ちだから自分は特に寒さに敏感なのだと納得する。あるいは、ミートローフが嫌いなのは、祖母の家をしょっちゅう訪れては、ぱさついて味気のないミートローフを食べさせられたことが原因なのかもしれないと考える。もっともだろう。ただしこうした例外は、現実にあったことで重要ではあるが、ただの例外にすぎない。こうしたことは、誰にでもある傾向、つまりはとりわけ若い頃に、アートや音楽、特定の娯楽においての好みについて同世代の若者たちとは違う感覚や考えをもつと、あれこれと思い悩むという傾向からきているものだ。思春期の頃、若者たちと同じようになれないんだろう」と思ったことがあるかもしれない。大人になるにつれそうした思いは、自分のどこが悪いのか、特殊なのか、という方向から、周りの人たちのどこが悪いのか、という方向へと変わっていきがちだ。

だが、このように思い悩む例はさておき、単なる現象だけを見れば、私たちは物事をあるがままに受け取っているということになる。つまり、部屋は本当に寒く、祖母の料理は本当にまずいというように。本章の残りでは、世界に存在する物を感じ取った内容を、主観的な解釈ではなく客観的な解釈であるとして扱う傾向が、人間のあらゆる種類の愚かさの根源にあるということを検証していく。

心理学者たちは、リーやその同僚たちに倣い、人は世界をあるがままに見ているのであり、主観的に記録しているのではないという、魅惑的で思わず納得させられるような感覚を、素朴な現実主義と称する。あなたも他の誰でも素朴な現実主義者なのだと認識することは、より賢い人になるためのきわめて重要な第一歩である。そうすることで、日常生活で出会うあらゆる種類の体験について、もっと賢くなれる。友人や家族、同僚たちとの意見の不一致について、もっと効果的に対処することができるようになる。さらに、論争や紛争が尽きないこの国や、この不穏な世界において、重要な政治的、社会的な問題をもっと賢くとらえることもできるだろう。しかし、素朴な現実主義について正しく理解することによって、本書の主題としている種類の賢さをどのように鍛えることができるのかをしっかりと理解するためには、まずは一歩退いて、もっと基本的な疑問を提示しなければならない。私たちが体験するものと、「世界」に存在するものとのあいだに、一対一の関係があるという信念はどこから生じているのか、という問いだ。

## ひそかな作業

私たちが頭蓋骨のなかに入れて持ち運んでいる重さ約一三〇〇グラムの神経回路が行う主な作業のひとつが、周囲の世界を理解することだ。この回路は、表面が歩行可能か、物体が無害かそれとも脅威をもたらすか、ある動きが意図的なものかそれとも無作為なものか、ある顔が知らないものかよく知っているものかを、たやすく即座に判断する。こうした理解の大半は、自分では気づかないうちに作用する心のプロセスにおいて行われ、理解しているという意識のないうちに、理解した感覚だけをもたらす。無数のひそかに行われる心のプロセスが、私たちの知らないうちに、指示を受けることもなく盛んに作動して、目の前にある大量の、矛盾と混乱をもたらすような情報を理解可能なものにしていく。理解が行われる仕組みを意識することができないために、イマヌエル・カントが「物自体」(*das Ding an sich*)と「私たちが見る物」(*das Ding für uns*)と呼ぶ二つのことを混同するようになる。

トースターを見るとき、おいしそうな匂いをかぐとき、あるいは威嚇的な身振りを察知するとき、まるで、そうした刺激をあるがままに経験しているのであって、自分で作り上げたのではないというように感じられる。感覚に関わる体験を作り上げるにあたり、自分自身がどのような役割を果たしているかということは、色を見る場合を想定すると最もわかりやすいだろう。私たちの目には、リンゴは赤く、海は青く、ファストフードの店の頭上にそびえるアーチは黄色に見える。しかし、私たちが見ている色は、私たちが知覚する物体の「そこに」あるのではなく、そこにある物と、私たちの感覚システムの働きとのあいだの相互作用の産物なのだ。色の体験は、網膜に当たるさまざまな光の波長を特定の光受容体が作動して別々に感じ取り、さらにはその感じ取った複雑なパターンが、脳のなかで絶え間なく処理されている結果なのだ。

犬には色が見えない(実際には犬は色が見えているが、犬の見ている色は、人間が見ている色ほど豊かでも種類が多いわけでもない)とよく言うのに、私たち人間には「においが分からない」とは決して言わないことは、脳がいかに徹底的に、赤いリンゴや青い海、黄色いアーチの幻想を作り上げているかということをはっきりと示している。私たちは、本当は世界には思ったよりももっと豊富なにおいがあるのに、自分の嗅覚器や脳に限界があるために、犬(と他の哺乳動物のほとんどすべて)は容易に感知できるにおいのうちのごく一部しか感じ取って区別することができないということを自覚していないのだ。

教養ある大人なら色覚の基礎知識をもってはいるが、そうした知識があっても、色が物体に備わっているという感覚が変わることは決してない。あるいは、そうした知識があるために、オレンジ色の夕日や、青い眼や、赤毛について語ることを止めることもない。また、さらに複雑な認知的な事象となると、私たちは、自身の体験に自分が関わっているということにいっそう気づきにくくなる。提示された感覚信号のあいだに存在する隙間を何気なく埋めたりする。しかも、埋められるべき隙間があることにまったく気づかずに、あるいは、自分が隙間を埋めているということにも気づかずに。

意外にも、隙間を埋める作業は、事前の情報や予測によって引き起こされうるだけでなく、出来事の後に受け取った情報によっても引き起こされうる。ある効果的な実験で、被験者に、キーワードの最初の部分が欠落した文（欠落部分を「*」で示す）を聞かせ、被験者ごとに異なる文末を提示した。すなわち、「The *eel was on the *axle*」（*eel が車軸の上にあった）という文を聞かされた被験者もいれば、「The *eel was on the *orange*」（*eel がオレンジの上にあった）と聞かされた被験者もいた。いずれの場合でも、被験者は辻褄の合う文を聞いたと回答した。つまり、最初の文では「The *wheel* was on the *axle*」（車輪が車軸の上にあった）、二つめの文では「The *peel* was on the *orange*」（皮がオレンジの上にあった）と聞こえたというのだ。しかも、被験者は隙間を意識的に埋めたわけではなかった。さらには、被験者が「聞いた」とされる *wh* や *p* は、意味の通った文にするために自分自身が持ち込んだということも、どこにも示されてはいなかった。[1]

世界にある物事の心的なモデルを物事そのものと混同することは、誰もがまったく同じ心的モデルをもつ場合にはさほど問題にはならない。リンゴや空やマクドナルドのアーチについては、誰もが同じモデルをもっている場合が多い。あるいは、誰もが、発話にある同一のよどみを編集して修正しようとしている場合には、問題にはならない。しかし、社会的な問題や政策を扱っている場合には、こうした混同による問題はそれほど有害ではない、とは言えないだろう。このことは、二者が、何かを理解させるにあたり、まったく異なる体験や優先順位、信念を持ち出す場合に特に当てはまる。そのような場合、何が公平で、何が不可侵で、世界の災いにたいして誰が責任を負うのかという認識が必ず食い違うことになる。意見が一致しないと、間違った信念や間違った特性を非難することになりがちで、そうなると意見の不一致の解消がますます困難になる。こうした状況において、部屋のなかで最も賢い人なら、自分の「現実」の理解は単なる受け取り方にすぎず、「あるがまま」の姿を客観的に評価したものではないことを知っている。

## 彼らはデモを見た

あなたが車を運転しているとき、警官たちが婦人科病院の前で行われている抗議運動を阻止しようとしているところを目にする。警官たちのほうがやり過ぎで、デモ参加者たちの集会の権利を奪おうとしているように感じられるだろうか。それとも、デモがあまりに手に負えなくなり、警察の素早い介入が必要になっているのか。イェール大学の法律学教授、ダン・カハンらが行った優れた研究から、こうした質問にたいする回答は、答える人の政治的な見解にかなり影響されやすいということが明らかになっている。ただし、念のために言っておくと、自身の政治的な傾向が、警察官やデモ参加者の行動にたいするあなたの意見に影響を与えるだろうというだけではない。警官や参加者たちが行っていることがあなたの目にどう映るかということにも、影響を与えるのだ。

カハンらは被験者に、二〇〇九年にマサチューセッツ州ケンブリッジで実際に起こったデモ参加者と警察官との衝突の一場面を見せた。[2] 被験者の半分は、デモの参加者たちは婦人科病院の前で中絶手術への抗議運動をしているという説明を受けた。残りの半分は、参加者たちは大学内の新兵募集センター前で軍隊の「聞くな、答えるな」政策〔同性愛者であるかと聞いても答えてもいけないという規則〕に抗議をしているという説明を受けた。被験者らは事前に、政治的な立場や価値観を問う調査用紙に回答していた。したがって研究者らは実験前に、被験者たちが中絶の権利への抗議行動や、聞くな答えるな政策への抗議行動に共感する、あるいは反対する可能性が高いかどうかをかなり把握していた。

被験者たちには、その人のもつ政治的な見解によって、デモ参加者と警察官それぞれの行動がまったく違って「見え」ていた。女性の中絶の権利を支持する人の四分の三には、デモ参加者が病院の入り口を封鎖している光景が見えた。政治的な立場がそれとは反対の被験者では、四分の一だけにそういう光景が見えた。この行動は新兵募集センターの前で起こったものだと聞かされると、被験者の判断は逆転した。保守的な傾向の強い被験者のうちの四分の三に参加者たちがセンターへの入り口を封鎖している光景が見えたが、これと比較して、保守色の弱い被験者の場合、そうした光景が見えたのは四〇パーセントだけだった。病院もしくは新兵募集センターに入ろうとしている人たちに向かってデモ参加者が大声を上げたかどうかを被験者にたずねると、同じように認識の違いが認められた。*

＊カハンと同僚らの論文と本章のこのセクションのタイトルは、アルバート・ハストーフとハドリー・キャントリルが以前に行った研究（「They Saw a Game」〔彼らは試合を見た〕）を示唆している。その研究では、プリンストン大とダートマス大のサッカーの試合で、プリンストンとダートマスのどちらを応援しているかによって、フィールドでの行為の見え方に同様の食い違いが認められた。[3]

研究者らは、この点について話し合うように被験者に求めなかった。そうしていたらよかったのにと思う。何が「見えた」かについて大きく異なる判断をしていたことをどう受け止めたかがわかれば、興味深い、さらには有益なことになっていただろう。自分とは異なる価値観や意見をもつ人に対応することには誰もがよく慣れており、そうした違いについて話し合うことはあまり楽しいことではなくても、ふつうは礼儀をわきまえて互いの違いを理解しようとおおむね努力をする。しかし、どういう「事実」があると見なすかについての意見が異なると、議論が白熱し礼儀がどこかにいってしまいがちだ。

## 合意についての偏った認識

映画『スタートレック3　ミスター・スポックを探せ！』の結末で、エンタープライズ号の乗組員たちが、故郷の星できちんと埋葬するためにヴァルカン人スポック博士の遺体を取り戻そうとして九〇分以上にわたり奮闘した後、蘇生したスポックが感謝をこめて「私のために戻ってきてくれたのですね」と言う。するとエンタープライズ号の艦長、ジェームズ・カークは勇敢な行為などではないと謙遜し、「君だって私のために同じことをしただろう」と口にする。

世の中では、このような「あなたも同じことをしただろう」という考え方はじつによく認められる。心肺蘇生法を施した、溺れている子どもを助けた、あるいは年寄りの住民を救い出すために火事で燃えている建物のなかに飛び込んだふつうの人たちがインタビューを受けるとき、決まってこうした確信をもって答えるのを目の当たりにする。「誰だって同じことをしたでしょう」というのがよくある返答だ。道徳的に正反対の場面、たとえば悪事を働いて有罪になった人が自分の行為を正当化するときにも、そうした確信を目にする。たとえば二〇〇五年にメジャーリーグ内でのドーピング問題が議会で調査されたときにも、ステロイド剤を使用したと認めたマーク・マグワイアは、「私のような立場に置かれて、そうしたシナリオを突きつけられた人なら誰でも、まったく同じことをしたでしょう」と発言した。[4] こうした考え方があまりに浸透しすぎていて、ヒップホップグループのノーティ・バイ・ネーチャーの楽曲には「Would've Done the Same for Me」〔同じことをしただろう〕というタイトルのものがある。

しかし、こうした考え方は妥当なのか。それとも、素朴な現実主義のせいで、他の人たちと自分の見解や行動の選択が同じものになる程度を過剰に見積もっているのだろうか。まさしく後者だ。人は、物事をあるがままに見ている――つまり、自分の信念や好みや反応は、物や出来事や問題を何も介さずに知覚することから生じている――と確信しているために、自分以外の合理的な人たちが同じ情報に接するとしたら、自分と同じ結論に達するはずだと考える。この一見すると合理的な論理の飛躍から、リーと同僚らが偽の合意効果と名付けた現象が生まれる。人は、自分の信念や意見や行動にたいして、実際にそうであるよりも幅広い合意が得られると考えがちだというものだ。もっと正確に言えば、ある意見や好みをもつ人は、自分の意見や好みが、それとは反対の意見や好みをもつ人が思うよりも、もっと同意を得られると考えがちである、というものだ。[5]

フランス映画よりイタリア映画を好きな人は、フランス映画の愛好家が思うよりも、自分の好みのほうがもっと一般的だと考える。[6] 何かの罪を犯した人は、そのような違法行為を行おうとはみじんも思わない人が思うよりも、そうした行為はもっと一般的に行われていると考える。[7] リベラル派は、保守派が思うよりも、自分たちの候補者や、論争の的となっている社会的、政治的な問題についての自分たちの見解への支持のほうがもっと強いと考える。逆もまた然りだ。[8] そして、どういう政治的な立場の人でも、投票しなかった人たちがもしも投票さえしていれば、自分たちの候補者に票を投じただろうと考える。*[9]

この現象を鮮やかに示した実験がある。リーと同僚らが学生のボランティアたちに、メッセージ（たとえば「ジョーの店で食事しよう」）の書かれた大きなボードをぶら下げて大学のキャンパス内を歩き、出会った人たちの反応を記録するように依頼した。ただし学生たちには、もしも気が乗らないなら、この実験への協力を断ってもよいと告げた（その場合は実験の後半にだけ参加する）。協力することに合意する、あるいは断ってからすぐに、他の学生たちが合意した割合を推定し、実験者の誘いを受け入れるような人と、断るような人の性格について推論するように求めた。

予測されたとおり、合意の推定と性格の推論の内容には、二種類の参加者のあいだで大きく差があった。ボードを下げることに合意した人は、合意のほうが拒否よりも多いと推定し、その対応から個人的な性格はあまりうかがえないと回答した。ボードを下げることを断った人は、合意よりも拒否のほうが多いと推定し、ボードを下げることに合意する対応のほうに個人的な性格がいっそう強く表れると考えた。

ここで素朴な現実主義がどんな役割を果たしているかが容易にわかる。ボードを下げることをあまりたいしたことではない――さほど人に見られずに歩き回り、知り合いに会ったら心理学の実験に参加しているのだと説明する（そして「気のいいやつ」だとほめられる）だろう――と想定した人は、実験者の依頼に合意し、他の「ふつうの」学生のほとんどが同じように合意すると考える傾向が強い。こうした人たちにとっては、この作業を断ることと、実際に断った人は、非協力的で神経質、あるいは正常から逸脱していることを示しているように映るだろう。

対照的に、ボードを下げて歩くことがもっと否定的なもの（たとえばクスクス笑って指をさす学生の集団のあいだを縫って歩き、たまたま出くわした知り合いたちは首を横に振って目をそらし、口も聞かずに逃げていく）であると想定した人は、実験者の依頼を断り、他の人たちも断るだろうと予測する可能性が高いだろう。そういう人たちにとっては、ボードを下げることに合意することは、人と変わっているか、否定的な性格をしていることを示しているように映るだろう（たとえば人の言うなりであるとか、目立ちたがりもしくは自虐的な傾向があるとか）。

ここで作用している重要な力学が、社会心理学者ソロモン・アッシュの画期的な実験によってかなり以前に発見されている。アッシュは、「対象についての判断」の相違と「判断の対象」の相違との区別が重要であると主張した。[10] 周囲の人々の反応を評価する際、人は、周りの人たちがまったく異なる「事実」や「状況」の集まりに反応しているのかもしれないという可能性を考慮に入れないことがよくあるのだ。

この力学を示す証拠がトーマスが行った一連の研究から得られている。[11] 自分以外の人たちは大きく異なる「判断の対象」に反応しているのかもしれないということを認識できないせいで偽の同意効果が生

＊偽の合意効果は、人がつねに自分は多数派であると考えるということを意味するわけではない。蛇を飼う人やスカイダイバーは、他の人たちの大半が自分と同じ好みをもっているとは考えない。だが、そういう人たちは、犬を飼いたい人や、余暇にはゴルフをするほうを選ぶ人が思うよりも、もっと多くの人たちが蛇を好きで、問題なく飛行している飛行機から飛び降りることを好むだろうと考える傾向が確かにある。

じている状況では、対象となる問題において、異なる解釈や詳細の肉付け、あいまいさの解消を行える余地が最大になる場合に、偽の合意効果が最も大きくなるはずだ。この考えを検証するために、複数の被験者が、偽の同意効果についてリーが以前に行った研究で用いた項目を、あいまいさや異なる解釈の余地の観点から評価するように求められた。予測されたとおり、異なる解釈の余地が最も大きくなる項目（「あなたは競争心が強いですか？」「周囲の人たちの何パーセントが競争心が強いですか？」）においてのほうが、異なる解釈の余地があまりない項目（「あなたは第一子ですか、それとも第二子以降ですか？」「周囲の人たちの何パーセントが第一子ですか？」）においてよりも、より大きな偽の同意効果が生じていた。

トムはさらに、音楽愛好家が、さまざまな年代のポピュラー音楽の優劣について語ると議論が白熱することから発想を得て、ある実験を行った。この実験の被験者は、まず、六〇年代の音楽と八〇年代の音楽のどちらが好きかと質問されてから、それぞれを好む周囲の人たちの割合を推定するように求められた。予想されたとおり、六〇年代の音楽を好む被験者は、八〇年代の音楽を好む被験者が思うよりも、いっそう多くの人たちが六〇年代の音楽を好むだろうと考えた。反対に、八〇年代の音楽を好む被験者は、六〇年代の音楽を好む被験者が思うよりも、いっそう多くの人たちが八〇年代の音楽を好むだろうと考えた。

それから、こうした評価を下したときに具体的にどのような音楽を思い浮かべていたかを質問して、異なる評価がなされる原因を突き止めようとした。六〇年代の音楽を好み、周囲の人たちの大半も同じ好みだろうと予測した被験者たちは、それぞれの被験者が高く評価した六〇年代の音楽（ビートルズ、ローリングストーンズ）の具体例と、それぞれの被験者があまり高く評価しなかった八〇年代の音楽（ジューダス・プリースト、ジョン・メレンキャンプ）の具体例を出した。八〇年代の音楽を好む被験者は、まったく異なる例を挙げた（六〇年代からはハーマンズ・ハーミッツとザ・ベンチャーズ、八〇年代からはブルース・スプリングスティーンとマイケル・ジャクソン）。つまり、被験者の好みはまさに、さまざまな音楽的な嗜好の表れだった。しかし、聞かれた質問に答えているときにたまたま頭に浮かんだ音楽が回答に反映されてもいた。そして、周囲の人たちがどんな反応をするかを推定するにあたって自分自身が二つのカテゴリーに肉付けをしていることに気づかないでいたのだ。

これと同じ力が、政治的な題材を語る際にも働いている。社会的、政治的、倫理的な論争の対象となっている問題や出来事は必ず、さまざまな人によってさまざまに解釈される。このことは、政治的な立場がさまざまに異なる人たちが、デモの参加者と警官たちの衝突の場面で何が見えているかという研究において、わかりやすく説明されていた。また、中絶問題や、警察官による殺傷力の高い武器の使用、グアンタナモ収容キャンプの収容者の取り扱いについての継続中の論争にたいする左派と右派それぞれの異なる反応によっても説明づけられる。

FOXニュースのキャスターが、アメリカ合衆国はもっと強力な尋問手法を用いるべきであり、それと異なる意見の人は国を危険にさらそうとしているのだと発言するとき、そのキャスターは、罪のない一般人をできるだけたくさん殺そうと本気で考えている人たちを肉体的な厳罰に処すことを念頭に置いている。だが、MSNBC局のキャスターがそれとは大きく異なる立場を示すとき、彼らの念頭には、アルカイダの下っ端や、個人的な恨みを晴らす目的で誰かに告発された無罪の人が受ける拷問のことがある。

確かに、左派と右派では、対象となる人物がテロリストのネットワークと実際に接点のあることが確実にわかっている場合でさえ、特定の尋問手法の使用については意見の相違がありがちだ。たとえば、ディック・チェイニー〔アメリカ元副大統領〕の「実際には無実である少数の人たちよりも、「グアンタナモから」解放された悪いやつらのほうが心配だ[12]」という発言には、左派のほとんどが支持しないような価値観が表れている。しかし、アッシュの印象的な言葉を借りれば、論争に参加する人々が「別々の判断の対象」に反応している場合には、この問題についての意見の相違が大きくなり、自分とは反対の立場にいる人たちの性質がいっそう悪く感じられてくる。

このように、自分と異なる見解をもつ人は、まったく異なる判断の対象に反応しているのかもしれないと認識できないことから、誤解が深まり、対立が長引く恐れが生じる。そうなると、対立する人たちが、互いの価値観や信念、共感、誠実さについて不当なまでに否定的な推測をすることになる。そうした推測は、目の前の対立を悪化させるだけだろう。対立している個人や集団は、相手側の立場に身を置き、相手側の視点から物事を見ようとすることがしばしば求められる。そうやって立場や視点を変えてみようと勧めることはたやすいが、実際にそうすることは難しい。しかし、部屋のなかで最も賢い人は、少なくとも、事実と解釈についての意見の相違と、価値観や好みについての意見の相違とを区別しようとすることができるのだ。

## 客観性とバイアスについての偏った認識

二〇〇〇年一一月七日の夜、多くのアメリカ人が、これで大統領はアル・ゴアに決まったと思って眠りについた。しかし翌朝目覚めると、選挙人の票数が二五という重要なフロリダ州でジョージ・W・ブッシュがゴアをわずかに上回り、大統領になれるだけの票数を集めたことを知った。フロリダ州におけるブッシュの得票差は非常に小さかったため（投票数の〇・五パーセント未満）、両陣営間の熾烈な争いが法廷で繰り広げられた結果、フロリダ最高裁が、州内の投票を手作業で数え直すことを命じた。しかしそのすぐ翌日、連邦最高裁が、フロリダ最高裁決定の執行停止を認めた。それから数日後、数え直しを許可することは憲法修正第一四条の平等保護条項に違反すると判事の過半数が主張し、連邦最高裁は数え直しを全面的に禁じた。

民主党はただちにこの判断を批判し、五対四の採決は判事のリベラルと保守の比率にぴったりと一致しており、多数派への偏りがあったと主張した。「もしも二人の候補者の所属政党が逆であり、共和党色の強いフロリダ最高裁の命令した数え直しにたいしてゴアが異議を唱えているとしたら……［多数派が］……驚くべき斬新なやり方で憲法の原則を解釈してゴアを勝利に導いただろうと考えるような人間を、私は誰一人として思い付かない」と、ある法学者は述べた[13]。多くの人がとりわけ疑わしく感じたのは、最高裁判事の多数派である保守派が、司法の積極的な介入を控える姿勢を日頃から示し、州の権利を擁護し、平等保護法条項を限定的に解釈していたにもかかわらず、唐突に、この訴訟にたいしては連邦の権威を介入させようとしたことだ。

民主党員の大半は、多数派の決定は、イデオロギーや動機というバイアスの影響を受けていたと考えたが、意見を主張した五名の判事はそのようには見なさなかった。彼らは、公平なやり方で法律を適用していると主張したのだ。たとえば、判決からまもなくしてクラレンス・トマス判事がワシントンD.

C．の学生たちに、この判決は党派の影響を一切受けていないと語った。[14] アントニン・スカリア判事はさらにそっけなく、ウェズリアン大学で、「あのことは忘れろ」と言っただけだった。[15]

ブッシュ対ゴアの判決を下した五名の多数派判事がこの論点に関してほぼ例外ではないことが、研究によって明らかにされている。リーと、彼の元教え子のエミリー・プローニンが、人間の判断に悪影響を与える多数のバイアスに自分はどのくらい左右されるか、と被験者に質問した。たとえば次のような説明が提示された。「人は、自分の学校での成績や仕事の業績を評価するとき『自分に都合のよい』見方をする傾向がある。つまり、成功は自分の手柄と見なす一方で失敗の責任は負わない傾向がある。また、成功は、意欲や能力など、個人的な資質の成果だと見なす一方で、失敗は、仕事上の不当な要求や不適切な指示など、外的な要因の結果だと見なす」。それから被験者は、自分自身と周囲の人たちが、こうした誤りと、その他一七例のよくある判断の誤りをどの程度犯しがちであるかを評価した。

みなさんはおそらく回答を予測できるだろう。平均的な人（特に平均的なリベラル派）なら、フロリダ州の数え直しの訴訟で保守の多数派が客観性を欠いていたのではないかと疑うように、この研究の被験者は、周囲の人たちは自分自身よりも断然、バイアスに左右されやすいと考えた。[16] 要するに、自分自身よりも他人のもつバイアスのほうが、はるかに容易に目に付きやすいということだ。すなわち、新約聖書のマタイによる福音書第七章第三節にも「なぜ、兄弟の目にあるちりを見ながら、自分の目にある梁を認めないのか」〔口語訳〕とある。

賢さを獲得するための重要な第一のステップは、バイアスは、他人の目だけを曇らせるものではないと知ることだ。バイアスは、自分自身の見方も歪めることがある。そうは言っても、自分を守ろうとしているから、もしくは単に自分のことを良く思いたいから自分自身のバイアスが見えない、というわけではない。第3章で論じるようにそうした動機も存在するが、それだけではない。関連する事実や議論を自分がどのように考察したかを顧みても、自分に都合のよいバイアスの、それとわかるような痕跡がひとつも見当たらないという、さらに深い問題があるのだ。そのために結局、たとえ結論が自分の利益や自分の属する集団の最善の利益に一致していても、そうしたことへの配慮は、自分が事実をどのように評価したかにたいして、たとえあったとしてもほとんど影響を及ぼさなかったと確信する。最も客観性の高い結論が、たまたま、自分にとって（そして自分のような人たちにとって）最もためになるような結論だったのだ、と主張するのだ。

　自分自身の見解と、自分とは意見の異なる人の見解との隔たりが最も著しいときに、素朴な現実主義の及ぼす影響が最大になる。このことは、私たち二人が、エミリー・プローニンとともに行った簡単な実験によって明示された。この実験では大勢の被験者に、積極的差別是正措置《アファーマティブ・アクション》や死刑、中絶の権利などさまざまな問題についての自分の立場や、さまざまな著名な政治家やメディア・ソースにどの程度賛同するかを問うアンケートに記入するよう求めた。

　そうして回答を集め、他の被験者にランダムに配布した。その次に、配られた回答を書いた人の見解がどの程度、自分自身の回答に似ているかを評価してもらった。最後に、自分自身の見解に加えて、配られた回答を書いた人の見解が、さまざまな「考慮」をどの程度反映したものであると感じられるかを評価してもらった。列挙した考慮の一部は、「事実への注目」、「正当性への関心」、「長期的な帰結」など、一般的に合理的で妥当であると見なされるものだった。他には、「周りの人に認められたい欲求」、

「希望的考察」、「政治的公正」など、特定のバイアスを示すものがあった。

その結果は、図1・1に示すように非常に明白なものだった。そこには、リベラル派がFOXニュースで報道される意見にたいして、あるいは保守派がリベラル派メディアの報道を見聞きして、苦々しい不満をもらすのを目にするときに使えるようないくつかの視点も認められる。回答者自身の見解から他の人の見解が違えば違うほど、その人の見解は、合理的な考察から形成されたものではなく、バイアスのせいだと見なされた（図中の黒色の棒）[17]。

事実を明かすと、意見の相違の度合いは、被験者が、自分自身の見解はバイアスではなく妥当な考察の表れだと感じる度合いにはあまり影響を及ぼさなかった（図中の白い棒）。さらに、著しい相違があっても、とりわけ自分に客観性が欠けていたという可能性を受け入れることにはつながらなかった。反対に、相違が最も大きい場合、他の人たちの見解にたいする評価がとりわけ厳しくなる傾向があったばかりか、自分自身の見解の合理性の評価がとりわけ寛容になる傾向があった。とどのつまり、この結果よりも直接的にベンジャミン・フランクリンの発言「ほとんどの人間は……自分がすべての真実を所有していると考えており、他の人間が自分と違っていればいつでも、断然そちらのほうが誤りだと考える」を裏付けるものを思い起こすことは難しい[18]。

なんて便利で、なんて自分に都合がよいのだろう、という感想をもつかもしれない。確かに便利だ。そして、おそらくは都合がよい。しかし、この評価パターンは、世の中を理解することを可能にする心的プロセスの大半が、自動的に、そして自分の気づかないうちに作動しているという事実と直接的につながっている。ここでもまた素朴な現実主義が、私たちはあるがままに物事を見ているのであり、自分

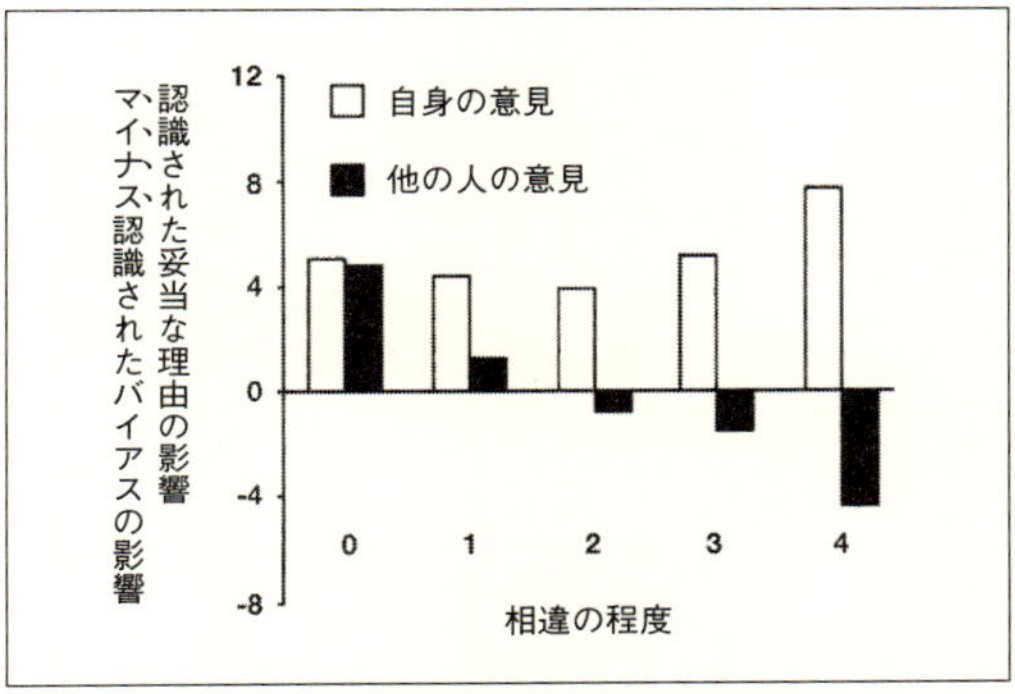


**図 1.1**　黒色の棒は、他の人の意見が妥当で合理的な考察の影響を受けていると回答者が評価した程度から、さまざまなものを根源とするバイアスの影響を受けていると回答者が評価した程度を引いたものを示す。白色の棒は、自身の意見が、バイアスよりも合理的な考察からの影響をどの程度多く受けているかと回答者が評価した結果を示す（プローニン、ギロビッチ、ロス、2004年より）。

の期待や好みやすべてを支配するイデオロギーの観点からフィルターをかけられたり、構成されたりしたものとして見ているのではない、という印象を与えている。この地点から、自分のものとは異なる見解を何らかの欠陥のある人の考えたものと見なすまでは、ほんの一歩だ。

著名なイギリス人哲学者、アイザイア・バーリンは、二〇世紀の苦い教訓について考察し、このように書いた。「自分や自分の属する集団だけが真実を、それもとりわけ、どのように生きるか、どのようにあるべきか、何をすべきかについての真実を知っていて、自分たちと異なる人間は間違っているだけでなく、邪悪であるか気がふれていて、制止したり抑圧したりする必要があるという個人や集団（もしくは部族や階級や国家や教派）のもつ信念ほど有害なものはほとんどない。自分だけが正しく、真実を見抜く魔法の目をもち、自分と意見の異なる人たちが正しいことはありえないと考えることは、恐ろしく危険で傲慢なことである」[19]

他の人の判断にバイアスの染みがついているのをとても容易に見つけられるからこそ、当人に同じようにはその染みが見えないということが理解しがたいのだろう。だから、自分とは意見が異なる人が、「間違っているだけでなく、邪悪であるか気がふれて」いるように見えるのだ。よくても、見当違いで、客観性に欠いているように見える。ディック・チェイニー元副大統領が彼らしくなく同性愛者の権利にたいして寛容な見方をしたことを称賛したリベラル派も、それを非難した保守派も、この件についてのチェイニーの見解は、もしも彼の娘がレズビアンでなかったなら、もっと視野の狭いものであっただろうと恐らく感じることだろう。保守派は、娘の性的指向からの影響を受けていなかったなら、彼の考えはそれほど間違ったものにはならなかっただろうと考えがちで、なぜ彼がこの「明白な」バイアスの源に気づくことができないのかと不思議に思う。リベラル派は、この問題について彼が見せた寛容性が、なぜ、差別に苦しむ他の集団にまで向けられないのかと不思議に思う。

同様にリベラル派は、ナンシー・レーガンは、もしも夫がアルツハイマー病を患っていなかったなら、政府による幹細胞研究の支援をあれほど率直に支持しなかったのではないかと疑っている。彼女の姿勢が、夫がよく口にしていたからかいの言葉、「英語にある最もぞっとする九つの単語からなる文は、『私は政府の人間で、あなたを助けにきました』だ」と矛盾することに、なぜ彼女は気づかないのだろうと不思議に思う。リベラル派はまた、サラ・ペイリンが、体に障害のある子どもたちを対象としたプログラムへの連邦政府の支出の増額を擁護する一方で、政府の支出削減を演説で訴えたなら、それもまた奇妙に感じるだろう——ペイリン自身が障害のある子どもを抱えているということを知るまでは。拘置所で一晩過ごしたことのある保守派の見解にも、強盗に襲われたり、レストランの開業準備中に衛生指導委員会にしつこく指導されたりしたことのある左派の人の意見にも、同じことが言えるだろう。

ここで言いたいのは、そのような人たちは、自身の個人的な経験が自分の判断に影響していることに気づいていないということなのか。いや、そうではない。あるいは、少なくともつねにそうとは限らない。素朴な現実主義の影響は、もっと微妙でさまざまだ。ときには、自身の個人的な体験が自分の判断に影響を与えたことを進んで認めようとする場合もある。それでも、自分の特定の体験は、バイアスの源などではなく洞察の源であると主張するのだ。

だから、こういう発言を耳にする。「アルツハイマー病の破壊的な結果を間近で見たことがなければ、幹細胞研究の重要性を本当に理解することはできない」。「同性愛者の友人や家族の一員が背負わされている重荷をその目で見るまでは、同性愛嫌悪と戦う必要性が本当にはわからない」。「私が仕事において出会ってきた遠回しな人種差別や、あからさまな人種差別をあなたも経験したことがあれば、なぜアファーマティブ・アクションが必要なのかわかるだろう」。「あなた自身が小規模な商売を始めようとしているなら、商取引への政府の規制にたいする保守派の懸念をそんなに否定的にとらえることはないだろう」

この種の思考を確かめるために、私たち二人は、元教え子のジョイス・アーリンガーとともに、無作為に選んだコーネル大学の学生たちに、大学がアファーマティブ・アクション方針を見直し中であり、その一環として、変更の提案についての意見を募るための学生委員会を召集したと告げた。[20] 学生たちはそれから、白人の学生またはマイノリティの学生が委員会で述べる意見が、当人の民族性によってバイアスがかかっている、あるいは洞察が与えられている可能性がどれくらいあるかを評価するように求められた。「学生の民族性によって問題を明確に見る能力が低下しそうだ」から「学生の民族性によって問題を明確に見る能力が上昇しそうだ」までの範囲から適切な回答を選んで、評価を行った。

結果は単純明快だった。マイノリティと白人の学生どちらの回答者も、自分以外の集団では、彼らの人種が、問題を明確にとらえることを妨げていると考えた。しかし、どちらの集団も、自分自身の人種が自分の判断にバイアスをかけているとは考えず、マイノリティの学生は、自身の人種が、目の前の問題にたいする希少で重要な洞察を与えてくれていると考えた。

これと同じ回答パターンが、大学を代表するスポーツ選手と、学内で活動する選手にたいして、それほど感情を乱さないような問題について質問をしたときにも認められた。つまり、新しい練習施設は、代表選手だけが利用可能とすべきか、それとも大学全体の人間が利用可能とすべきかという問題だ。どちらの集団も、自分以外の集団の見解は、自分たちの見解よりも利己的なバイアスがかかっていて、自分は、自身の立場（代表選手かそうでないか）のおかげで、この問題にたいしていっそう洞察力があり合理的な視点がもてていると主張した。

したがってこの話は、人は、自分は他の人たち（とりわけ議論の対象となっている問題で反対側の立場にある人）よりもバイアスの影響を受けにくいと考えがちである、という点に留まらない。他の人たちの判断を曇らせているまさにそのことが、自分自身にとっての洞察の源となっているとも考えがちなのだ。それとは対照的に賢い人は、どのコインにも二つの面があることをわかっている。何かを見抜くことを容易にする有利な地点が、他の視点からは明らかな考察を見えにくくすることがありうるのだ。

## 公平性とバランスはどうなった？

二〇一二年、前年のワールド・シリーズ優勝チーム、セントルイス・カージナルズと、その年、ワールド・シリーズで優勝を飾ることになるサンフランシスコ・ジャイアンツのあいだで戦われたナショナル・リーグ優勝決定シリーズにおいて、ジャイアンツのファンが、FOXスポーツで試合の実況を行うアナウンサーの一人、ジョー・バックがジャイアンツに冷たいと声高に不満を言い立てた。その理由は簡単だ。バックはそれまで、カージナルズの実況アナウンサーを一六年間務めていたからだ。その上、彼の父、伝説のアナウンサー、ジャック・バックは、半世紀近くもカージナルズの試合を担当していた。一方のチームに肩入れしているとする不満の声から自身を擁護するために、バックは、「これを言えば、怒りが少しは収まるかもしれないが、私はセントルイスでも同じことを言われている。みんな、私がカージナルズに冷たいと言うんだ」と述べた。[21] さらに、「ワールド・シリーズでどのチームが対戦していても、私の実況は偏っていると非難される。ここ何年か、アナハイムやフィラデルフィア、ボストン、ニューヨークに肩入れしていると非難されてきたし、アナハイムやフィラデルフィア、ボストン、ニューヨークに冷たいとも非難されてきた。こんなもんだ」とも言った。[22]

もちろん、一方に肩入れしているという非難は、スポーツの世界以外にも見られる。もしも政治に関心があるなら、おそらく次のようなことを体験したことがあるだろう。大統領選の討論で、あなたの応援している候補者が次々に説得力のある発言を繰り出すのにたいして、競争相手が口ごもり、どの質問ものらりくらりとかわし、避けきれなかった質問には、底の浅い答えを返す。応援している候補者がいかに上手にやったかを後から話す予定の司会者たちも認めるだろうと、あなたは期待する。あるいはもしかすると、これとは違ってがっかりさせられたことがあるかもしれない。応援している候補者が、期待したほど上手にやれなかった。競争相手の曲解や、薄っぺらいジョーク、露骨な嘘にたいして十分に迫力のある答えを返せなかった。そういう場合には、討論後に批評家たちが――あるいは少なくとも、切れ味の鋭いイデオロギー的な斧を持つ人たちが――内容を正し、「本当の」討論の内容を聴き手に知らせてほしいと願う。

どちらの場合でも、最終的に耳にした内容に、少なからずいら立ったりがっかりしたりするのではないだろうか。どうやらコメンテーターはわざわざ、ある種の表面的なバランスを保とうと努め、あなたが応援している候補者の強みや答弁を完全には信用せず、重要な問題を相手側が避けたことを無視しているようだ。まったくもって批評家たちは、敵対する側の非常に疑わしい主張を、あなたが応援している候補者のもっと妥当な主張と同じように扱う。要するに彼らは、物事をあるがままに判定できないのだ。

こうした体験は、討論だけに限らない。もしもあなたがほとんどの人と同じなら、あなたの支持する政党や候補者にたいしてメディアはたいてい批判的すぎて、あなたの支持しない政党や候補者にたいしては十分に批判的でないとおそらく思い、政治問題や社会問題についてのメディアの報道に不満を感じるだろう。自分の支持する側についての報道は「ありのまま」であるようなのに、反対側についての内容は、いくつかの嘘やこじつけにわずかな真実が混ざっているだけなのだから。

こうした体験が素朴な現実主義から導き出されているということが、みなさんならわかるはずだ。もしも自分の理解の過程から、物事がどのようなものであるかを示す明確な像が得られれば、それとは異なる像を示すどのような分析も的外れなものに見えるだろう。物事が、一方の側には真っ黒で、もう一方の側には真っ白に見えるとしたら、どちらの側の人も、灰色のところがたくさんあると言う第三者にたいしていら立つだろう。

この現象を詳細に調べるために、リーと、彼の同僚のロバート・ヴァローネとマーク・レッパーが、イスラエルとパレスチナ間の長期にわたる悲惨な紛争の歴史において起こったとりわけ恐ろしい出来事、すなわち一九八二年にベイルート郊外にある難民キャンプでキリスト教系のファランヘ党の兵士たちが民間人を虐殺した事件の直後に、ある研究を行った[23]。その研究では、さまざまな立場の人にとって、この虐殺事件についてのメディアの報道がどのくらい公平に感じられたか、特にファランヘ党員（さまざまなイスラム教徒集団に対抗して覇権を争っていた）と何らかの結びつきのあるイスラエル政府が虐殺に関与していた可能性があるという議論がどのくらい公平に行われていたか、という質問が提示された。質問の回答者はスタンフォード大学の学生たちで、親イスラエル派と親パレスチナ派の双方がいた。どちらの側にも、主要なニュース局の同じ報道事例を見せ、その内容について質問をした。

予測されたとおり、どちらのグループも、報道は明らかに自分とは反対の立場のほうに好意的だったと受け止めた。実際のところ、両者の回答はまったくきれいに分かれていた！　二七人の親パレスチナの回答者は、報道がイスラエルに好意的であると見なしたが、六八人の親イスラエルの回答者のうち誰ひとりとしてそうは思わなかった。さらに、双方のグループは、どちらにも肩入れしない人が報道を見れば、自分とは反対の立場のほうをより好意的に受け止めるだろうと確信をもっていた。

人は、出来事についての自分の見方は「解釈」ではなく、実際に起こっていることを正しく評価したものであると考える傾向があるため、出来事について公平な説明をしようとする人は誰でも、バイアスがかかっていて、受け取る側の利益に敵対していると見なされがちだ。こういう理由もあって、ジャーナリズムは大衆からとても軽視されている。アメリカの右派は「今や時代遅れとなった《レームストリーム》」メディアに悪態をつくが、左派は、主要な報道機関が、中立性を無意識のうちに保とうとして、極右の見解にたいしても、中道派のメディアがより中道の立場にたいして行う報道や扱いとまったく同じ対応をしていると不満を言う。そして両者ともに、自身とは反対の立場に「迎合」しているネットワークは、はなはだしく不誠実であると見なすが、自身と同じ見解を示すネットワークは、すがすがしく明解な思考をしていると見なす。

こうした第三者にたいする敵意は、政治の世界を超えて、家庭内のけんかを収めようとしてくれている善意の友人であれ、法的な争いを解決するために招かれたプロの仲裁人であれ、国際紛争を回避したり軽減させたりしようとしている高官レベルの外交官であれ、争いを仲裁しようとする者の努力にたいする論争の当事者たちの反応にも影響を与える。部屋のなかで最も賢い人は、とりわけ争いが頂点に達したときに、こうしたいら立ちの矛先を向けられることになる。しかし、最も賢い人こそが、少し考えてから、自身とは反対の立場にある人たちも同じような感情と確信をもっている可能性が高いということを見抜き、それを指摘するだろう。反対側の人たちが不正直であるからではなく、彼らもまた素朴な現実主義者であるからだ。

## 意見の相違への対処法と黄金律の問題

多くの人の頭のなかにはスコアボードのようなものがあり、そこに議論の「勝ち」「負け」の回数を、少なくとも心のなかでは記録している。そのスコアボードでは、最初の数が大きく書かれ、次の数は小さく書かれているだろう。個人的な問題であれ政治的な問題であれ、素朴な現実主義のレンズを通して議論を観察すると、「こちら側」の候補者と「あちら側」の候補者とのあいだの討論を見守るときとほとんど同じ結果になる。こちらの主張が妥当であちらの主張は妥当でないとか、こちらは誠実なのに、あちらは頑固であるとか、正直に意見を言い合うのでなく討論で点を稼ごうとしていたりするとか考える。

素朴な現実主義はまた、腰を落ち着けて話しさえできれば（あるいは、むしろ、腰を落ち着けて聞きさえできれば）、理性はあるが自分とは意見の異なる相手を納得させることができると人を信じ込ませる。事実が説明されても納得がいかないのは、理性のない人だけだと感じがちだ。反対側の人間と折り合いをつけたいと心から願っている友好的な人でさえ、そのように楽観的な推測をする。そういう人たちは、このような議論の結果、自分自身の見解が変わるかもしれないという可能性を真剣に検討しようとしない。そして実際には、自分の意見が左右されない場合などめったにないことを知る。

また、素朴な現実主義について理解すれば、寛容と善意についての従来の知恵を覆すべきだということがわかる。たとえば、黄金律に従って「人々からしてほしいと望むことは、人々にもそのとおりにせよ」とふるまうことは、あまり賢くないことかもしれない。偉大な劇作家で著名なジョージ・バーナード・ショーが書いたように、黄金律を盲目的に適用することには、「好みが同じではないかもしれない」という危険性をはらんでいる[24]。素朴な現実主義のもつ力と広がりを知っていれば、もっと控えめで、否定的な表現が思い出される。それは、ユダヤ教のラビ、ヒレルが述べた言葉である。「自分が憎むことは、隣人に行うな。それが律法のすべてであり、その他は解釈にすぎない」。知恵の体現者として決まって引き合いに出される哲学者の孔子が、「己の欲せざるところ、人に施すことなかれ」と同様の忠告をしているのも、まったく驚くことではないはずだ。

## 一人で考えるより二人で考えるほうが良い時の見分け方

イントレードや、アイオワ・エレクトロニック・マーケット、ハリウッド・ストック・エクスチェンジなど、過去数十年のあいだに誕生したさまざまな予測市場は、株式市場がどのように動くか、誰がアカデミー賞を獲るか、誰が次の大統領になるかを予測するために意見を集約することの価値を証明している。これらの市場は、ほとんどどのような不確かな変数についてでも——部屋の温度、瓶に入っているゼリービーンズの数、ノーベル平和賞を獲りそうな人など——大勢の人の推測を平均すれば、個人の推測のなかで圧倒的な多数のものよりも、ほとんどつねにさらに正確な値が求められるということを示した研究成果をふまえて発展した[25]。予測や推定をしたり、費用やリスクや利益を見積もったりするにあたり、他の人の意見を求めるのは良いことだ。

しかし、たったひとりだけでも他の人の意見を取り入れるだけで、推測や予測が著しく向上するということを多くの人は知らない。みんな、こうした集約の利点を活用しているのだろうか。この点についいての研究の結果をお話しする前に、次のようなことを考えてみよう。あなたとひとりの友人が誰かから、ゴールデン・ゲート・ブリッジの長さや、もうすぐ売りに出される家の価格、ある軍事行動で死ぬであろう兵士の数を推測するように求められたとしよう。あなたはどれくらい、友人の推定に重きを置くだろうか。それもとりわけ、その人の推定があなた自身の推定と大きく違っているとしたら。それとも、二人の推定の間を取るだろうか。あるいは、どちらの推定のほうが正しそうかを検討し（おそらくはあなた自身の推定）、そちらのほうに重きを置くだろうか。

もしも二人の推定が比較的近いとすれば、たぶん両方ともが正解よりも数値が大きいか低いかのどちらかだろう。その場合、二人の推定の平均を求めると、各々の推定にある平均誤差とまったく同じ誤差が生じるだろう。しかし、二人の推定が大きく離れているとすれば、真の値をはさんで正反対の側にある確率が高い。その場合、二つの平均を求めれば、各々の推定の平均誤差よりも誤差が小さくなるだろう。これは数学的に確実だ。もしも正反対の側にある二人の推定が、どちらも正解から同じくらい外れていれば、どちらの精度も高くなるだろう、しかし、一方の推定がもともと正解に近く、もう一方の推定が正解から遠ければ、正解に近いほうの推定の精度がいくぶん低くなり、正解から遠いほうの推定の精度がいっそう高くなるとしても、それでもなお二人の誤差の平均値は低下するだろう（もちろん、どちらの推定のほうがしっかりとした情報にもとづいているかという点で意見が一致すれば、そちらの推定に重きを置くことで二人とも精度を上げることができるだろう。だが、素朴な現実主義に阻まれるため、そうした合意にいたることは難しい）。

こうした推定をするように二人の人に求めると、どういうことになるだろうか。素朴な現実主義についてのこれまでの解説にもとづいて、答えを予測するはずだ。二人ともが、自分の推定のほうがもうひとりの推定よりもバイアスの影響を受けず、誤差が少ないと考えるだろう。だから二人とも、もうひとりの推定に重きを置きたくないと思うはずだ。とりわけもう一方の推定が自分の推定から大きく離れている場合には。しかしもちろん、そうしたときこそが、平均を取ることで精度が高くなる可能性が最も高い！

この予測を検証し、どういう結果になるかを示すために、リーと同僚のヴァルダ・リバーマン、ジュリア・ミンソン、クリス・ブライアンが一連の実験を実施した。[26] そこでは、二人一組の被験者が、知らなかったさまざまな値を推定するように求められた。研究の一部はイスラエルで実施され、政治的な意見（イスラエルはシリアと平和協定を結んでゴラン高原をあきらめるべきだと考えるクラスメートの割合）や人口統計データ（イスラエル国内にいるドルーズ派の人数）の推定が求められた。その他にもアメリカで、専門家に関わる質問が出された（社交ダンサーにジャッジのつける得点を推測させる、不法行為絡みの事件で原告に出される裁決を弁護士と法学部の学生に推定させる）。

それぞれの実験において、被験者はまずひとりで推定を行った。その後、ペアの相手の推定を見て、大きいあるいは小さい重み付けを自由に行ってから二回目の推定を行った。そのうえで、ペアの二人は、両者が合意する共同の推定を示すように求められた。どの段階の推定にたいしても、精度に応じて金銭的な報酬が与えられた。

当然、誰も正しい答えを知らなかった。事例によっては、自身の推定のほうが精度が高いと想定したり、相手のほうが精度が高いと想定したりするような、妥当な理由のある場合があるかもしれない。しかしほとんどの場合、一方の推定のほうがもう一方の推定よりもいくらか優れていると被験者が考えるに足る理由はなかった。それにもかかわらず、被験者はたいてい、相手の推定よりも自身が最初に示した推定のほうに大きな重み付けをした。実際、三回に一回以上の割合で相手の推定の重みをゼロとしていた。その代償は大きかった。自身の推定と相手の推定を単純に平均した場合（約一〇分の一の割合でしかなかった）の結果よりも、つねに悪い結果になったのだ。さらに、ひとつの推定に合意するように強制された場合には、つねに精度が高くなった。

ここで得られる教訓は明らかなはずだ。自分自身の推定のほうが自分と同程度の情報や専門知識をもつ他の人の推定よりも優れていると想定すると、代償を支払うことになる。部屋のなかで最も賢い人は、協力して推論を行って相違を小さくすることで、そして疑わしい場合には妥協点を見つけることで、その代償を少なくしようと試みる。

## 素朴な現実主義を超えて

素朴な現実主義の好ましくない帰結を避けるためにできることとは、一体どういうものだろうか。自身の期待や欲求、体験というプリズムを通して物事を見ることをどうにか止めよう、ではないだろう。それは不可能だからだ。可能な方法は、自分の物の見方は他の誰かの見方と同じように妥当ではないかもしれないと認めることだ。実際のところ、自分の見方のほうが妥当でない場合もあるかもしれない。アメリカ史上最も重要な出来事において、そうしたことを認めた注目すべき事例がある。南北戦争の終結から一〇年後、リンカーンの栄誉を称える自由の記念碑の除幕式で、フレデリック・ダグラスが今は亡き大統領をこう評した。

純粋に奴隷制度廃止の観点から見れば、リンカーン氏は、歩みがのろく、冷淡で、無関心のように見えた。

この評価は、ダグラスが長年、奴隷解放に向けた大統領の足取りの遅さに焦りを感じてきたことからすると理解できる。しかしダグラスはその後、次のように付け加えて、自身の視野を超越した見事な度量を見せた。

この国の感情、彼が政治家として考慮に入れねばならなかった感情を基準にして測ると、リンカーン氏の動きは素早く熱意があり、急進的で確固たるものだった。……全体的に見れば、大統領の目の前に積まれていた膨大な量の仕事を考慮に入れ、目的を果たすために必要な手段を検討し、出発地点から最終地点までを吟味すると、無限の英知をもってしても、エイブラハム・リンカーンよりもこの使命によりふさわしい人物がこの世に送り出されたことはまずない。

あの春の日にダグラスの行ったことは、もしも私たちが周囲の世界をもっと明確に理解したいのであれば、誰もがそうするように努力しなければならないことだ。自分自身の世の中の見方は、単に自身の視点から、歴史から、自分のもつ知識から形成されたものであるということを認識しなくてはならない。

ダグラスが称賛した人物は、同じような柔軟さを備えていた。リンカーンが政敵について語った有名な言葉がある。「あの男のことは好きではない。だから彼をもっとよく知らないといけない」。この思いやりのある対応から、ある重要な真実が見えてくる。発言や行為が不快に感じられるような人に出会ったとき、その人が出来事をどのように理解しているのかがいったんわかれば、その人にたいする嫌悪感が消えることがよくあるのだ。

もちろん、自分以外の人をよりよく理解するためには、その人が世の中をどう見ているかだけでなく、その人が周囲からどのような影響や制約を受けているかも把握することが大切だ。その人の行動を意外であるとか不合理であるとか感じる場合にこそ、このことがとりわけ当てはまる。この点については次章で論じよう。

感じの良い若い男性があなたの家の玄関をノックして、通りに面した庭の芝生に「安全運転」と書かれた看板を立ててもらえませんか、と頼んできたとしてみよう。写真を見せてもらうと、看板の文字は雑で、それを立てると玄関すべてと家の正面のほとんどが隠れてしまいそうだ。看板は一週間立てておいてほしい、と言われた。あなたはどういう返事をするだろうか。

驚いたことに、一九六六年に行われた実験の条件のもとでは、北カリフォルニアにある中流階級の住宅街で応対した人の七六パーセントが依頼を受け入れた。[1] その実験を行った研究者たちはどうやって、それほど高い率の同意を引き出したのだろうか。気前よく報酬を支払ったのか。熱弁をふるったのか。縁起でもないことを言って脅かしたのか。いや、どれでもない。ある種の取っ掛かり《フット・イン・ザ・ドア》を作るテクニックを使ったのだ。*

その一週間ほど前、研究チームの別のメンバーが同じ家の住民たちに「安全ドライバー」と書かれた一〇センチ四方のステッカーを家か車の窓に付けてもらえませんか、と頼んでいた。ほぼ全員がこの小さな頼み事に同意し、それによって、その後になされるもっと大きな頼みを受け入れやすくなる状態を作っていたのだ。**

社会心理学者たちはずっと以前から、インセンティブや脅かし、説得力のある議論などをあまり提示せずとも、驚くようなことをする気にさせることができるということを示してきた。置かれる状況を先ほどの例のようにわずかに変化させることで、その人のふるまいにかなり大きな影響を及ぼしうるのだ。約数千例の研究からわかったことは、私たちの大半が理解しているよりも、人は状況による微妙な影響をもっと受けやすいということだ。研究者らの実験と、実世界での出来事の観察の両方からは必然的に、善良な人、あるいは少なくとも多くの文脈では立派なふるまいをするような人でも、ひどいふるまいをすることになるような状況に身を置くことがある、というメッセージが引き出される。

たとえば、プリンストン大学神学部の学生たちが、ある建物を出て、善きサマリア人のたとえについて説教を行うことになっている別の建物へと歩いて行く途中に、ぼろぼろの服を着て入り口に座り込み

＊「フット・イン・ザ・ドア」という用語は、昔の戸別訪問セールスマンが使っていた作戦を指す。家のなかに入るため、あるいは買い手の顔を見るために、セールスマンはしばしばささいな頼み事をした（「ちょっと立ちくらみがする」からお水を一杯くださいとか、椅子に座らせてくださいとか）。住民のほうが最初にささいな頼みを受け入れれば、人と人とのつながりが生まれて、売り込みのトークを始めて商談成立にもっていくのが容易になるというもくろみだ。ここで紹介した実験で使われたテクニックは、最初の小さな頼み事と、その後のもっと大きな頼み事を別々の人物がしたという点で、古典的なテクニックとは異なる。

＊＊この実験の対照条件では、事前に小さな頼み事はされず、一七パーセントの人だけが大きくて見苦しい看板を掲げることに同意した。実際にはかなり高い割合だが、フット・イン・ザ・ドア条件における同意率のほんの数分の一にすぎない。ここでの高い同意率でさえ、おそらくは、お金や時間を求めるとか何か価値のある物を貸してほしいとかいう頼み以外の、あまりされない頼み事を拒むことが難しいという事実を反映しているのだろう。よくある頼みにたいしては、ほとんどの人が断る練習をしているが、この実験のようなあまりない頼みを断るための準備はできていないだろう。特に、目的が明らかに誰もが賛同するようなものである場合には。

助けを求めている男に出会ったときの反応について考えてみよう。将来は聖職者や神学の教授となる学生のうちの何パーセントが、助けの手を差し伸べたのか。たとえ話のなかで善きサマリア人がしたように慈悲深い対応をしたか、祭司やレビ人のように先を急いだかを分けたのは何なのか。どちらの対応を取ったかは、説教をするように依頼してきた人から、会場まで行く時間はたっぷりあるとあらかじめ言われていたか、予定より遅れているから急がなければならないと言われていたかで、大きく左右された。時間に余裕のある学生たちの六七パーセントが立ち止まって手を貸した一方、急いでいた学生のうちそうしたのはわずか一〇パーセントだった(2)。

この二つの実験のどちらも、人は私たちが思うよりもずっと影響されやすいという事実をはっきりと示している。しかし、人に影響を与えることはとてもたやすいという間違った結論に飛びつく前に、読んでおくべきただし書きがある。これほど強烈な結果を出すような実験を設計するためには、多くの技術と詳細への注意が必要だ。たとえ、そこで説明されている心理学的な原則をおおむね理解できている場合でも。

これらの実験から得られた驚くべき結果も、実験を行うために必要となる技術や注意力も、まったく同じ趣旨を述べている。すなわち、人は置かれている状況の特定の側面にたいして非常に敏感であるというものだ。その結果、表面的にはとても似通っているように見える状況において大きく異なる行動を取ることがしばしばある。そしてふつうの人が、周囲の文脈にある見たところはささいな特徴に引きずられて、肯定的なものであれ否定的なものであれ、あなたを、友人や家族や近所の人たちを驚かせるようなことを行うことがある。殺人事件や、テロリストの攻撃や、金銭がらみのスキャンダルが起こった後、犯人の一番近くにいた人たちが、彼（ほとんどつねに彼）がこんなことをするなんて、と驚きの声を上げるのを何回聞いたことがあるだろうか。

状況的な影響にある微妙な性質はとても容易に見過ごされるため、例に出した二つの実験の結果を聞かされたときの自然な反応として、実験の対象となった人たちが何らかの点でふつうとは違っていたのだろうと想定してしまう。五〇年前の主婦たちは今よりもっと人が良かったにちがいない。学生たちは、たとえ神学生であっても、アイヴィーリーグという狭い世界で良い成績を取ることばかり考えていて、周囲の人たちに気を配る暇がないのだろう。そのうえ、彼らの多くは偽善者で、助けを求めている人に本当は関心をもっていない。状況的な文脈のもつ力を理解していれば、驚くようなことをした人についての結論に飛びつく前に、躊躇するようになるはずだ。部屋のなかで最も賢い人は、その人が直面していた状況からかかっていた圧力の詳細について当然なされるべき検討を重ねるまで、判断を差し控える（そして賢い人は、詳細をもっと知るためにちょっとした探偵のまねさえする）。

状況的な影響がもつ驚くべき力についての教訓は、巧妙に設計された社会心理学実験からのみ得られるのではない。方針や事情の変化から、あるいは別々の土地における習慣の違いから生まれた多数の自然実験からも得られる。人間や、人間が決断を下す方法についてもっと賢くなりたい人なら誰でも、これらの自然実験の結果から学ぶことができるだろう。

### アンクル・サムにお金を貸す

第二次世界大戦が長引くなか、アメリカ政府は、戦争努力を支える役割を果たすとともに投資で多少の利益を上げたい国民に向けて、戦時債券を発行した（代表的な債券の購入価格は七五ドルで一〇年後の満期日には一〇〇ドルが戻ってくる）。一九四三年四月から一九四四年六月にかけて四回発行されるあいだ、戦時債券を購入するアメリカ人労働者の比率は急激に上昇した。千人以上を対象とした聞き取り調査によれば、第一回発行時の約二〇パーセントから、最後の発行時の四七パーセントまで増加したと推測される。なぜ、これほど急激に上昇したのか。アメリカの若者たちが続々と志願兵となり、前線からいっそう明るい知らせがもたらされるようになってきたため、愛国心がますます高まったのか。労働者たちが軍需に応えるために残業をしていて、懐に余裕があったからなのか。

これらの要因それぞれが影響していたのかもしれないが、他のある点が特に重要だったことが判明した。それは、マーケティング戦略の変更だ。最初の宣伝では主に、広告板や新聞紙、ラジオ、映画館で愛国心に訴えかけていた。一方その後の宣伝は、職場で直接的に勧誘をすることにますます力が入れられた。同僚にたいして、その場ですぐに債券を購入するように求めるのだ。第一回の発行では調査対象となった人たちの二五パーセントだけがこうした直接的な勧誘を受けていたが、第四回では五八パーセントが勧誘を受けていた。

この戦略の変更は、ただちに効果を生んだ。相手の顔を見て「今すぐここでサインして」と訴えかける手法の効果は、債券の発行を重ねるごとに明らかになっていった。一九四三年四月の発行では、直接勧誘された人の四七パーセントが債券を一口または複数購入したのにたいして、直接勧誘されなかった人のうち購入したのは一二パーセントだけだった。この数は上昇し、一九四三年九月には五九パーセント対一八パーセント、一九四四年一月には六三パーセント対二五パーセント、一九四四年六月には六六

パーセント対二二パーセントとなった。(3)

面と向かって頼まれなかった人のなかでも、発行を重ねるにつれ、債券を購入した比率が上昇していったということも注目に値する。対面での勧誘がいっそう多くなり、購入する人が増えるにつれて、何が一般的で期待されることなのかという規範が変化していったようだ。ますます多くの友人や近所の人や同僚が債券を購入していると耳にするにつれ、自分もそうしようという気持ちになっていったのだ。

## オプトイン対オプトアウト　なぜスウェーデン人は臓器移植に賛成で、デンマーク人は反対なのか

もうひとつの自然実験では、立派にふるまいたいという気持ちは、まさに、そうするための機会がどのように提示されるかによって変わってくるかもしれないということが、いっそう明確にされている。その研究とは、臓器移植についての異なる「初期設定《デフォルト》」政策をもつヨーロッパ諸国での臓器移植率を調べたものだ。(4) アメリカと同じく、多くのヨーロッパ諸国では参加方式《オプトイン》を採っている。潜在的なドナーになるには、いくつかの行為をしなくてはならない。一般的には、運転免許証の裏に署名をすることだ。署名がないと、その人の臓器は必要としている人のために使うことができない。それ以外のヨーロッパ諸国では、その反対がデフォルトとなっている。つまり、国民たちはドナーになっても構わないと考えていると見なされているが、ドナーになるつもりはないことを表明する——たいていの場合、免許証にそう署名すればよい——という選択肢ももっている。言い換えれば、臓器移植プログラムから脱退《オプトアウト》しなくてはならない。

図2・1にあるように、オプトイン方式とオプトアウト方式の国では、臓器移植プログラムへの参加

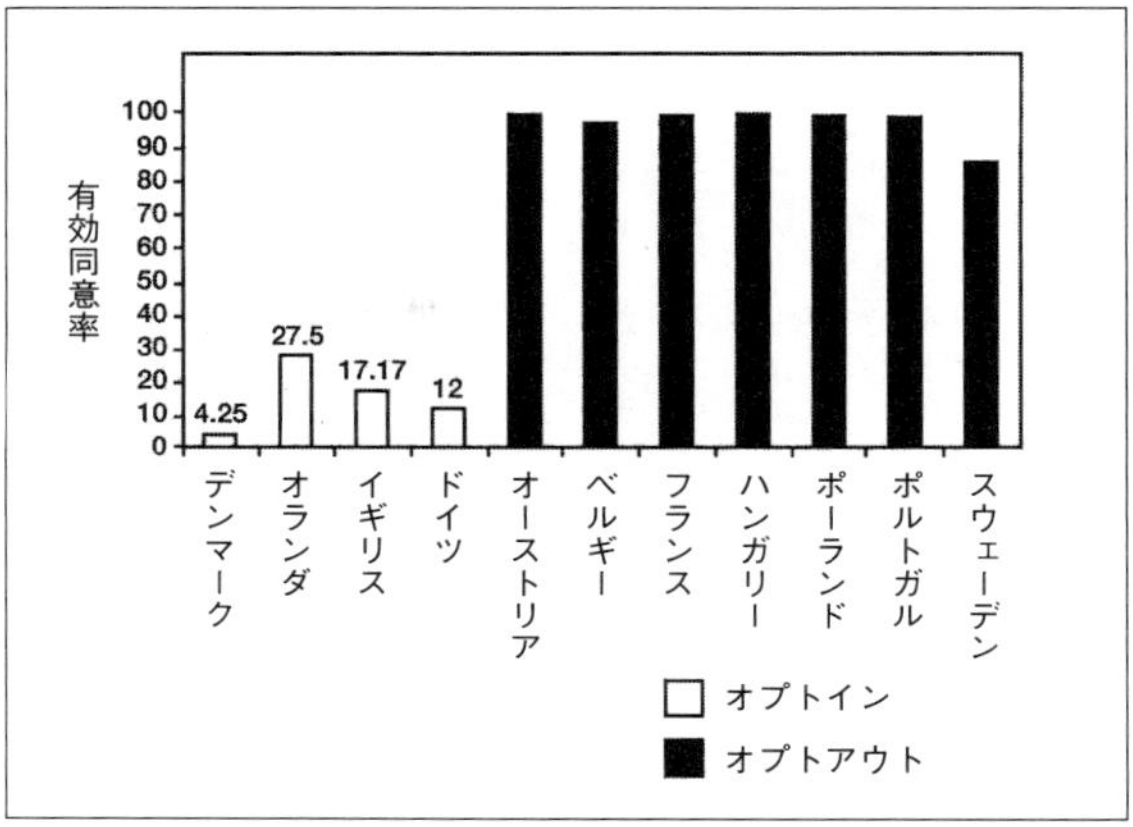


**図 2.1** 国別の同意率

率が、おそらく想像されるよりもはるかにかけ離れている。世論調査では、これら複数の国々における臓器提供への関心度は同程度であることが明らかになっているのに、オプトアウト方式の国々では参加率が一〇〇パーセントに近いが、オプトイン方式の国々では平均がわずか一五パーセントだ。オプトアウト方式の国々での最低の参加率は八五パーセント強（スウェーデン）であるが、オプトイン方式の国々での最高の参加率は三〇パーセントを切っている（オランダ）。

こうした大きな差が出る理由は、人はするのが簡単なことを行うものだからなのか。望ましい行動を取りやすくするという工夫は、確かに重要な仕組みのひとつであり、部屋のなかで最も賢い人なら、ここから始めるだろう。もしも人々がすでに何かをする気があるなら（自分の臓器を提供するなど）、たくさんの時間やエネルギーやお金を使ってその意欲を高めさせようとするのは賢明ではない。その行為をやりやすくするだけでよい。善意から効果的な行動へとつながる道を、もっとはっきりと提示する。同様に、してほしくない行為を少し取りにくくさせる。しかし、話はこれだけではない。小さな違いに見えるものがとても大きな影響をもたらすのは、ふつう、そのような小さな違いに見えるものに、人間の心理という視点から見るととても大きな何かが関わっているからだ。第3章で見ていくように、デフォルトの選択肢によって変わってくる大きなことのひとつに、人が目の前にある選択に与える意味がある。

### より良い退職後の生活を送るための、たやすい方法

私たちは誰でも、退職後に豊かに暮らしたい。孫の家を訪れたり、世界を旅したり、あるいは今後の支出を心配せずに家でくつろぐだけでもよい。しかし、こうしたことを実現するためにお金を貯めておくことは難しい。今、お金を必要とするようなことがたくさんありすぎて、退職後のお金の必要性をついつい忘れてしまう。貯金をするために積極的な決定を下さなくてはならないとしたら、貯金がとても困難になるだろう。だが、デフォルトが貯金することであって、貯金をしないために積極的な手を打たなくてはならないなら、将来に備えて貯蓄をすることはそれほど困難ではないはずだ。実際のところ、困難ではない。

ご存じのように、雇用主が給与のたびに数パーセントを天引きし、課税繰延貯蓄プランに投資するという選択を多くの従業員が取ることができる。ほとんどの場合、これには401(k)プランという、こうした投資について規定するアメリカの税法の条項に由来する名前が付けられている。しばしば、雇用主が一定額まで(たとえば従業員の給与の六パーセントまで)、従業員の拠出するパーセンテージと同額を負担

する。従来、こうしたプランに加入するには、従業員のほうが積極的な手続きをすることが求められた。従業員が能動的に登録しなければ、デフォルトで非加入となった。暗黙のうちに、ほとんどの人が貯金をしたいだろう、だから大半がプランに登録するだろうと想定されていたのだ。しかし、二つめの想定は間違いだったことがわかった。どういう報道を見ても、アメリカ人の貯蓄率は惨憺たるものだったのだ。

アメリカ人は目先のことしか見えなくて、登録することの利点に気づかないのか。ただ、ものぐさすぎて登録しないのか。そうとも限らない。ウェブサイトで「登録」ボタンを押して登録完了することは簡単かもしれないが、利用できる投資オプションをすべて調べることは決して簡単ではない。どれだけをアメリカ国内の株式に投資すべきか？　どれだけを外国企業の株式に投資すべきか？　不動産はどうか？　公社債投資信託（ＭＭＦ）は？　こうした決定を行うことは難しいため、多くの従業員が決定を下さずに、「今は決められないな。後で決めよう」と独り言を言う。問題は、ここで言っている「後」というのは決してやってこないということだ。

ある調査では、こうしたオプトイン方式の加入プランを備えている、とある企業の従業員のうち五〇数パーセントだけが、雇用されてから半年以内に登録することを選択していた。加入率は、従業員の勤続年数が長くなるにつれて上昇したが、雇用されてから二年たっても従業員の五人にひとり以上がまだ登録をする（そして雇用主から提供される「ただのお金」を手に入れる）ところまで行っていなかった。加入率を上げるために、その企業はオプトアウト方式の登録プログラムに変更した。*

そうして新入社員は簡単な貯蓄プランに自動的に登録され、貯蓄のために天引きされる金額の一部か全部を貯蓄ではなく給与として受け取るには自分から行動を起こさなくてはならなくなった。給料の三パーセントを401（k）プランに自動的に天引きされるコースと、六パーセントが自動的に天引きされるコースがあった。

貯蓄に回されるパーセント値は、あまり重要ではないことがわかった。しかし、デフォルトを変更することは非常に重要だった。オプトアウト方式のどちらのプログラムでも、加入率は、以前のオプトイン方式のプログラムだった時期に入社した従業員の加入率よりはるかに高かった——入社後三か月では三五パーセント、二年後では二五パーセント上回っていた。[5] ここでの教訓は明らかだ。貯蓄を殖やす方法を探しているなら、もっと簡単なやり方にすること。こうした理解と、そこから考案されたオプトアウト方式の貯蓄プランを、ノーベル賞を受賞したダニエル・カーネマンは、行動経済学の代表的な功績であると語っている。

## 障壁と経路

クルト・レヴィンは、多くの人からアメリカの社会心理学の父と見なされている。レヴィンは確かに、本書で扱う非常に重要なアイデアや洞察の多くを生み出した。一八九〇年にプロシアで生まれ、当時のユダヤ系ドイツ人科学者の大多数と同様の青年時代を過ごした。第一次世界大戦に従軍し、戦闘で負傷してベルリンに戻り、博士号を取得した。一九三三年にヒトラーが政権を掌握すると、自分のような人間にどのような未来が待ち受けているかを見透かしてドイツを離れた。

＊この企業では、MMFへの投資がデフォルトだったが、従業員は七つの投資オプションから選択できた。企業によってデフォルトの配分は異なり、多くの企業はMMFに五〇パーセント、株式ファンドに五〇パーセントの配分を選択している。

一九三五年の夏、スタンフォード大学の客員教授を務めてから、日本やソビエト連邦などさまざまな国で研究を行う選択肢を検討した後、アメリカに渡り永住するというもうひとつの賢明な選択をした。最初はコーネル大学で教鞭を執り、その後、アイオワ大学に移り、さらにはマサチューセッツ工科大学でグループダイナミクス研究所を設立した。ミシガン大学に異動し、新設された社会調査研究所の所長に就任することになっていた矢先の一九四七年に他界した。*「優れた理論ほど実践的なものはない」という格言で有名なレヴィンは、アメリカで過ごした比較的短い期間に、社会心理学の原理が当時の切迫した問題に対処するためにいかに有用であるかを証明するために休みなく働いた。彼の努力から生まれた理論や研究手法はこの分野を再構築し、今日なお有用であり続けている。(6)

心理学にたいするレヴィンの多くの貢献のひとつが、焦点の移動という単純なものだった。人が誰かの行動を変えようとするとき、たいてい望ましい方向へと後押しする、という点にレヴィンは注目した。すなわち報酬を約束したり脅かしたりするのだ。従業員たちがもっと率先して仕事をするようにもっていくために、自己啓発の講演会を企画する。子どもにお金を与えて、成績を上げさせる。正しく食事をすること、浪費をしないこと、安全なセックスを心がけることの重要性について熱弁をふるう。変えようとしているのが自分自身の行動である場合、成功したら自分に報酬を与えることにしたり、失敗したら大きな代償を払うことになると肝に銘じたりして心構えを作ろうとする。やる気をもらえるような手本となる人物を探したり、あるいはただ、もっとがんばろうと誓ったりする。もっと運動をしよう、もっとセールスの電話をかけよう、クレジットカードの支払残高をもっと減らそう、ミステリー小説を読むのをやめて読書の時間をもっと頭を良くするようなものに充てよう、と自分に約束するのだ。

ときにはこれがうまくいく。やる気の問題である場合、意欲を高める方法を見つければ成功に結びつくだろう。しかしたいてい、本当の問題はやる気ではない。ほとんどの人がすでに、もっと健康になること、もっと裕福になること、仕事の生産性をもっと高めることにたいしてとても意欲的だ。若い女性は望まない妊娠を防ぎたいという気持ちが強く、定年の近い労働者は、お金の心配をせずに退職後の生活を送れるだけの貯金をしたいという気持ちが強い。こういう場合、やる気を高めようとしても、あまり効果は望めそうにない。もっと成果の上がる戦略は、望ましい行動の障害になるものを見きわめて、それを取り除くことだ、とレヴィンは提案した。

レヴィンの洞察は広い範囲に当てはまる。変化をもたらすためには、道を平らにならしたり、善意が効果的な行為へとつながるような明確な経路を切り開いたりすることだ。なかなかお金が貯まらない？　自動天引きプランに入ればよい。体重がなかなか減らない？　食品棚においしそうな食べ物を入れておかなければよい。息子がコンピュータ・ゲームをする時間を減らして、読書の時間を増やしたい？　ソール・ベロー、ジェイムズ・ボールドウィン、ジョン・バースよりも、まずはグラフィック・ノベルや漫画本を読ませればよい。

同じ原則が、特定の集団や社会全体の慣習を変える場合にも当てはまる。不利な条件下にある生徒たちの成績を向上させ、悲惨な結果につながりうる気候変動問題に対処し、紛争を終結させる協定を結ぶ手助けをするためには、熱心に説いたり、脅かしたり、報酬を与えたりする以上のことをしなければな

＊ミシガン大学社会調査研究所は、今日でも、理論の構築と、重要な社会問題と差し迫った現代的な課題に取り組む努力とを結びつけるという、レヴィンの伝統を引き継いでいる。

らない。本書でここまで説明してきたように、心理学的にもっと賢い戦略は、望ましい変化が起こることを妨げているものを見つけてから、そこに関係する障壁を取り除くための戦略を実践することだ。

最近、アメリカの多くの地域で、リサイクルされるごみの量がいかにめざましく増えてきたかについて考えよう。今ではほとんどのコミュニティで、人々が従順に缶や瓶や紙をリサイクルしている。この成功の秘訣は、報酬や罰則が導入されたことではなかった。ごみであふれたごみ捨て場の写真や、環境への利点を並べた説得力のあるメッセージを使った大々的なキャンペーンをメディアが実施したからでもなかった。鍵となったのは、道路脇での収集用のごみ箱の隣に特別に色分けされた容器を置くようにしたことだった。

リサイクル可能な物を保管、分類し、最寄りのリサイクルセンターに車で運び入れなくてはならなかった頃、リサイクルという行為は、ヒッピーや環境保護活動家や、リベラル派たちのすることだと多くの人々が見なしていた。こうしたことを行う必要をなくしたことで、障壁が取り除かれ、リサイクルをすることが容易になった。おそらくはもっと重要なことに、リサイクル可能な物を適切な容器に入れることが、一般的な良き市民がふつうに行うことであると見なされるようになってきた。このメッセージは、ごみ収集の日に道路を歩いたり、近所を車で通ったりするとつねに強化される。そっと促す《ナッジする》ことで規範が変わり、その過程において、問題となっている行動のもつ意味そのものが変わるのだ。

## 聖人、だまされやすい人、それとも善良な市民？

本書の執筆が終わろうとしていたとき、ヨーロッパは長期的な経済不安のただ中にあった。ギリシアが想定以上の巨額負債を抱えていて債務不履行の恐れがあることが明らかになったのをきっかけに、景気が下降に転じたのだった。この事実が明らかになるやいなや、アイルランドやイタリア、ポルトガル、スペインの支払能力も疑問視されるようになった。ここからさらに懐疑的な雰囲気が生まれ、世界中の金融市場に影響が広がり、ほぼどこの地域でも経済成長が鈍化した。

ギリシアの財政問題の大部分が、同国では従来から脱税が習慣化しているせいであるという事実が明らかになると、ギリシアへの同情心が薄れた。経済分析の結果、ギリシア国民が支払うべき税金を払いさえすれば、ギリシアの財政問題のなんと三分の一は即座に解決されるだろうということがわかった。[7]しかしギリシアでは、脱税行為はふつうのことであるだけでなく、規範的な慣習であると見なされている。これは周りの誰もがやっていると誰もが考えている行為であり、収入を隠したり、支出を水増ししたりといった行為を行わないことは「だまされやすい人」だけがやることと見なされているのだ。たまたま、税金を払いたがらないことは決してギリシア特有のものではない。また、税率がとても高いとか、法律の施行が生ぬるいとか、長年、政府内部に汚職がはびこり、非効率性に悩まされているような国だけに限ったことでもない。アメリカ財務省は、収入を低く申告したり、控除を不正に報告したりする人々がいるために、毎年二〇〇〇億ドルをごまかされていると推定されている。[8]多くの納税者が、収入を低く申告したり、控除を大目に申告したりする誘惑に屈して、自分の悪い行いを合理化する(「みんなやってることだ」、「スイス銀行に口座があって、高い報酬を支払って納税コンサルタントを雇っている億万長者の収入に占める税金の割合は、自分のような中流階級の人間よりも低いのに」)。こういった行いに対していったい何ができるだろうか。さらに厳しい罰則で脅かしたり、大量の会計士を雇って追徴課税の件数を増やしたりせずに、もっと正直な申告を奨励するような方法はあるのか。

最近の研究から、ひとつの可能性が見えてくる。被験者の学生らが一連の数学パズルを解き、どのくらい正解できたか、ひいてはいくらを支払わなくてはならないかを報告するように求められた。学生たちは、自分がどれくらい正解したかを実験者は知らないと思っていたが、実際には彼らの成績は密かに観察されていた。実験で用いられた操作はとても簡単だった。被験者の半分は、成績を報告する用紙の最後にある「誠実性の宣言」への署名を求められた。アメリカ人が、所得税申告書の最後のページで求められるのと同じように。残り半分の被験者は、用紙の冒頭にある誠実性の宣言に署名するよう求められた――作業でどれくらい正解したかを記入する前に。誠実性の宣言を冒頭にもってきた結果、過剰な申告が劇的に減った――七九パーセントから三七パーセントへと。(9)

これに続いた実験では、自動車のドライバーが有名な保険会社に申告した走行距離計の値――それにもとづいて保険料が決定される――が調べられた。その結果、走行距離計の値を報告する後ではなく前に、その内容が正確であるとドライバーに宣言させることで、報告された走行距離が一〇パーセントも増加した。* 倫理性という点からすれば(喜劇性ではなく)、報告のタイミングがすべてではないかもしれないが、明らかにこれは重要だ。人間の弱点を賢く見抜く人なら、より一般的なメッセージを見て取るだろう。すなわち、正直であるか不正直であるかは、その人の性格によってのみ決まるのではなく、不正直であることを魅力的なものにするか、そうでないものにするかという状況の細かい部分によって、さらには正直さの規範が目立つものであるかそうでないかによって決まるかもしれない。

だからといって、私たちが、正しい糸を引っ張るだけで操つられる受身的な操り人形だというわけではない。それよりも、顧客と従業員と株主を幸福にし、競合相手や市場の変化、連邦の規制に目を光らせ、コミュニティにおける自社の評判に気を配るといった複数の目的を同時に達成しようとしている小さな会社のCEOのほうに似ている。影響が複雑に絡み合う網の目のなかのひとつの要素を変えれば、その効果は広範囲に及ぶ。このような複雑さを前にして部屋で最も賢い人が念頭に置くことは、レヴィン的な処方箋だ。奨励したい行為を、下り道を進むことに似たいっそう容易なものにする。そして、あまり奨励したくない行為を、上り道を進むことに似たいっそう難しいものにする。

## 砂糖と塩と脂肪の誘惑に抗う――強い意志の力がなくても

経路と障壁を活用する手法は、日常生活のどこにおいて最も上手に使えるのか。そのひとつが食べ過ぎだ。誰もが、統計学的な数値を読んだり耳にしたりしたことがある。アメリカの人口の三分の一以上が肥満で、子どもの場合、五人にほぼ一人が肥満。さらに人口の三分の一は太りすぎだ。体重の超過は、新兵候補者が軍隊への入隊を許可されない医学的な原因の筆頭となっている。[10]もっとやせたいという意欲に欠いていることが問題なのではない。アメリカ人一〇人のうち四人がつねに食事制限をしていて、七〇〇億ドル規模のダイエット産業にお金をつぎ込んでいる。しかし悲しいかな、ダイエットをしている人の大多数が目標を達成できていない。[11]

状況主義者的な視点からすれば、これらのどれひとつとして意外ではない。脂肪や塩や砂糖が豊富な

---

＊走行時間が長いことからリスクが高まるために、走行距離数が長ければ保険料が高くなる。

食べ物――言い換えればみんなが好きな食べ物――を食べたいと思わせる誘惑はどこにでもある。そして、巧妙なマーケティング担当者が設計した、誘惑から購買へ、そして消費へとつながる平坦な経路はいとも容易に通ることができる。私たちは、魅力的なスナックやファストフードの宣伝の攻撃を次から次へと受けている。食料品店は、食品科学者たちが私たちの奥底にある生物学的な欲求に訴えかけるように処方した品物で天井までぎっしりと埋まっている。私たちにとって最も悪い（しかし売り手にとっては最も利益が出る）食品が、しばしば最も目立ち、最も手に取りやすい場所に置かれている。

ばかでかいチョコレートバーをかじったり、おいしいアイスバーを食べたり、特大サイズの炭酸飲料を飲み干したりするように誘ってくる商品棚を目にせずに、車にガソリンを入れることは難しい。近頃の大学図書館ではショッピングセンターに負けず劣らずコーヒースタンドがあり、ミルクシェークとほぼ同等のカロリーの、いろんなものが混ざったおいしいコーヒーが売られている。控えめに食べるには、ほぼつねに意志の力を働かせることが必要となる――あるいは、意志を働かせない力と言うべきか。

幸いにも研究者らは、誘惑に抗えと戒めるだけに留まらない成果を上げてきており、正しく食べる手助けとなるようなツールを与えてくれている。心理学者のブライアン・ワンシンクは過去二〇年にわたり、ダイエットをする人に戦うチャンスを与えるために、どのようにしたら食事環境を変えられるかを調べる実験を行ってきた。(12)「意識的《マインドフル》」なダイエットは継続することが難しいとワンシンクは警告する。顕著な成果を上げるために必要とされるまでカロリーを減らすと、空腹を痛いほど感じて決意がくじかれる。それもとりわけ、避けられないことではあるが減量の進み具合がいったん鈍くなってしまうと。ダイエットをすると、体は飢餓に似た状態に陥り、エネルギーがいっそう効率的に消費されるために、体重を減らすことがますます難しくなる。ワンシンクは、意志の力や最新の流行のダイエット法を使ってこうした生物学的な力に対抗しようとするのではなく、食べる量を「意識せずに」減らす手助けとなるような、状況主義者的ないくつかの具体的な戦略を提示している。

ある注目すべき研究でワンシンクと同僚らが、映画館に向かう途中の人たちに、ジャイアントサイズの容器に入ったポップコーンと、小ぶりなサイズの容器に入ったポップコーンのいずれかを渡した。前者のほうが後者よりもはるかに大きかったが、どちらの容器にも、ひとりの人がふつう食べ切れるよりも多い量が入っていた。そして顕著な結果が得られた。大きいほうの容器を渡された人が食べた量は、五〇パーセントも多かったのだ。この結果は、ポップコーンが数日前に作られたもので、粒状の梱包材料のような舌触りだったという事実に照らすと、いっそう際だってくる。

この結果はメディアの注目を集め、ワンシンクの研究成果の一部がテレビで放送されることになった。その番組の収録に、ワンシンクはコーネル大学栄養学部の同僚たちを招いた。楽しい雰囲気を作るために、全員にアイスクリームをふるまった。同僚たちには知らされていなかったが、半数には大きな容器と大きなスクーパーを渡して、どれだけでも好きな量をすくってよいと伝えた。残り半分には、小さめの容器と小さめのスクーパーを渡した。彼らは栄養科学者であり、おそらくは地球上の誰にも劣らず、自分の食べる物に注意を払い、自分が何を食べるべきかについての知識をもっている人々であったということを心に留めておいてほしい。それにもかかわらず、大きい容器をもらった人は、今回もまた、小さい容器をもらった人よりも五〇パーセント多い量を食べたのだった。

これらの研究が示すメッセージは明確だ。食べるという行為の多くは、意識されたものではない。したがって、健康的な食事を促すためには、経路と障壁の分析が必要となる。健康的な食品と消費量の低減につながる道をより通りやすいものにして、不健康な食品と意識しない消費につながる道をより通りにくいものにすれば、私たちはみな利益を得ることができる。まさにこれが、元ニューヨーク市長のマイケル・ブルームバーグが、レストランでスーパーサイズの炭酸飲料を提供することを基本的に違法とする、物議を醸した提案を出したときに目指したものだった。その結果、必然的に、一方では「過保護国家」の再現を非難する声と、もう一方では暴利をむさぼる業者たちが、利益を追求するあまり子どもたちを危険な状態に追いやろうとしていることへの非難が噴出した。しかし、人々の生活への政府の介入についての個人的な意見はさておき、ソーダ・ファウンテンのコップのサイズを小さくすれば、砂糖入り飲料の消費が抑えられるだろうという点については疑いの余地はない。たとえ、お代わりを「意識的」にするという選択肢が残っていても。

より健康な食事を促すために、食品を取り巻く文脈を変える方法はたくさんある。人は、自分の皿に載っているものを食べる傾向がある。だから、もしも食べる量を減らしたいなら、あるいは、同じテーブルにいる人たちの食べる量を減らしたいなら、小さめの皿を使い、少なめの量を盛ればよい（平均的な皿のサイズは過去五〇年のあいだに著しく拡大し、この期間に平均的なウエストのサイズが増加したことに間違いなく貢献している）[13]。砂糖菓子は、透明な容器に入れず、見えないように何かで覆うこと。誘惑されるような食品は、冷蔵庫や食品棚の奥にしまっておくか、そもそも家に置かない。チョコバーやクッキーを買い置きする必要がある場合、いろいろな種類の入った詰め合わせは買わず、一種類だけを買うこと。なぜなら、いろいろなおいしい物が手の届くところにあれば、それぞれの味を試そうとする傾向があるために、詰め合わせが置いてあればたくさんの量を食べてしまうから。要するに、決意を固め、その決意が誘惑に負けたときに自分を責めるよりも、心理学的に賢くなることだ。食べる量を多くしたり少なくしたりすることにつながる経路を調節すれば、より健康的な食事へと向かうことになるだろう。

## 滑りやすい坂道に気をつけろ——ボールを転がしたいのでなければ

スタンリー・ミルグラムが行った権威への服従についての実験は、心理学の歴史のなかで最も有名な実験のひとつである（悪名高いと言う人もいるだろう）。(14) コネティカット州ニューヘイブンで行われたミルグラムの実験に参加した被験者の三分の二が、自分と同じ被験者であると思っている「生徒役」の人にたいして危険なレベルの電気ショックを与えろという指示に従った。被験者は実験者に強く求められ、「生徒役」の被験者が痛みのあまり叫び出し深い苦悶の声を上げた後でもショックを与え続けた。実際のところ生徒役はミルグラムの協力者であり、被験者からはその姿が見えず、隣の部屋から声だけが聞こえるようになっていた。さらには、生徒役が実験の続行を拒み、学習テストと称された質問への回答を止めて沈黙してしまい、不穏な雰囲気になってもなお、被験者はショックを与え続けた。*

ミルグラムの実験は、半世紀以上がたってからでも論争を呼び続けている。実験での生徒役は、実際には電気ショックを一切受けていなかったが、被験者たちは、生徒役は電気ショックを受けていると信

＊ミルグラムの被験者は最初、生徒役に一五ボルトのショックを与えるように指示された。この指示には、ほぼ全員が従った。それから、生徒役が間違った回答をするたびに、電圧を一五ボルト上げるよう求められた。電気ショックの電圧はまもなく非常に高くなり、生徒役の反応はとても不穏なものになった。

じており、自分がショックを与えたと思い込んだまま生活していかなければならなかった。私たちが検討すべき問題は、この被験者たちの行為は、人間の行動について何を表しているかというものだ。彼らの行為は、権威への盲目の服従を表していたのか？　他人の苦しみへの無関心か？　ふつうに見える人間のなかに隠されたサディズムの源か？　他のどういう理由で、これほど多くの人が、以前に会ったこともなく、その人についてほとんど何も知らない実験者の指示に進んで従うというのだろうか。それも、四〇〇ボルト以上あると思い込んでいた電気ショックを、自分以外の人間に与えろという指示に。

こうした疑問に答えるには、これらの実験について書いた人の多くが行わなかったことをすることが不可欠だ。それはすなわち、ミルグラムの実験手順の詳細をもっと綿密に検討することである。彼は、生徒役に四五〇ボルトの電気ショックを与えろとだけ要求したわけではなかった。最初はそうではなかったのだ。被験者たちは最初、一五ボルトのショックを与えるように指示され、それから、三〇ボルト、四五ボルトと指示が変わっていった（ミルグラムはぬかりなく、この最後のショックレベルを実験の「学習」段階に入る前に各被験者に伝えていた。生徒役がどういうことを体験しているのかを被験者に知らせるために、そして、電気ショックが現実のものであると被験者に信じさせるために）。いったい誰が、このような「フィードバック」を与えることを渋るのか。生徒役は実験に参加することに同意しており、どの役割を引き受けるかはコインを投げて決定されており（不正に操作されていた）、見たところ役割は簡単に交替できそうだった。被験者たちは少なくとも最初のうちは、いっそうひどい行為へつながる道を一歩ずつ進まされているとはまったく思わなかった。そのうえ、その道から降りることがどれほど困難であるかも想像できていなかった。

**写真 2.1**　スタンリー・ミルグラムと電気ショックの機械。実験の被験者たちに、生徒役が間違えるたびに電気ショックを与える（と被験者に言われていた）ために この機械を使うように指示した。

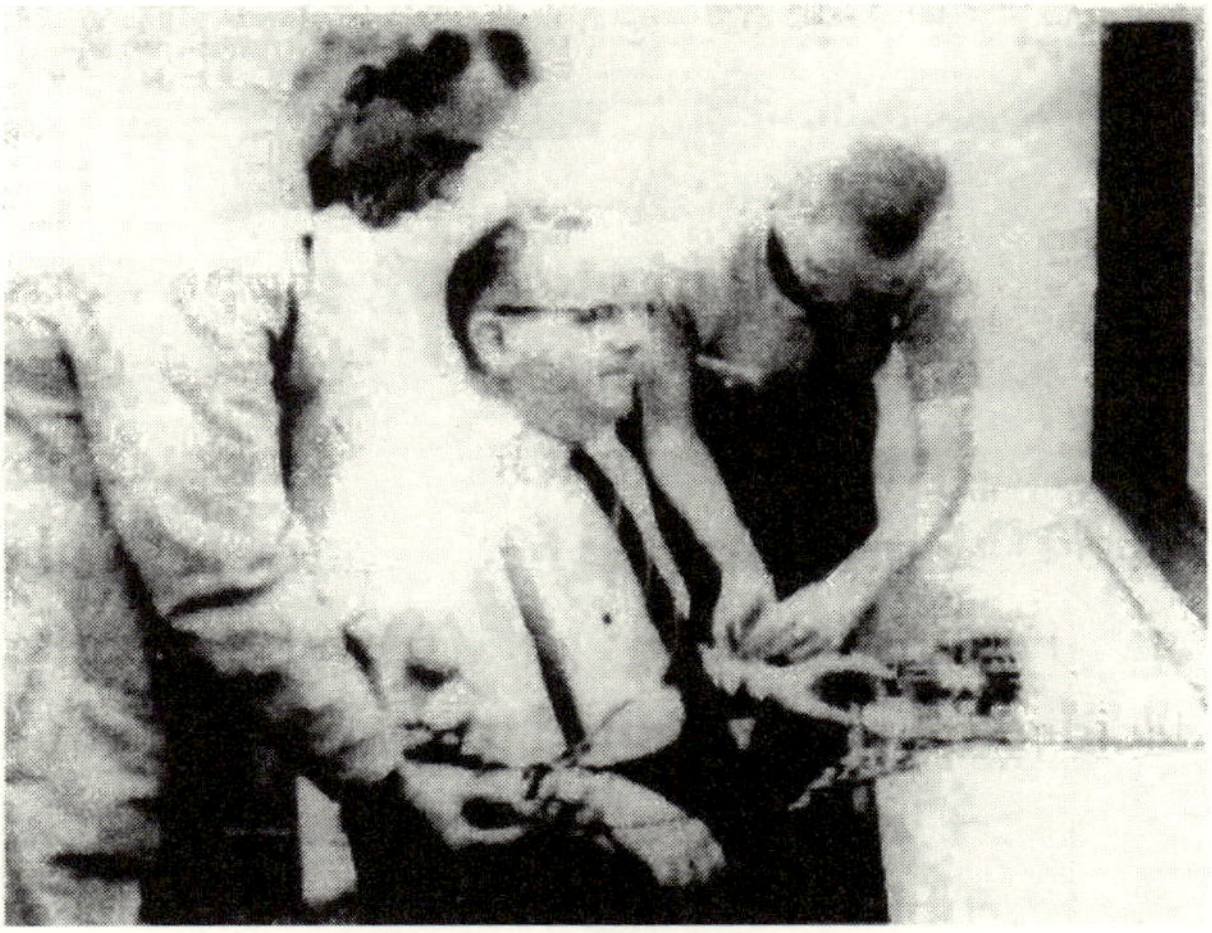

**写真 2.2**　生徒役が電気ショックを与える装置につながれている。

ミルグラムの実験は実際のところ、特定の種類の行動の経路がもちうる可能性を明示していた。その経路とは、滑りやすい坂道、すなわち、一度に一段階ずつ、ごくふつうの行動から例外的な行動へと導かれるようなものである。自分と同じ実験の被験者に、いきなり四五〇ボルトの電圧を加えようとする人など、ほとんどいないだろう。しかし、一五ボルトずつ強度を増加させて連続して長くショックを与えた後なら、そうすることはもっと容易になる――一度に一歩ずつ踏み出すだけだ。これまでにたどった段階を正当化することを可能にした論理的な根拠（むしろ合理化）が、それがどのようなものであれ、次の段階を正当化することを可能にした、いや、強制的にそうさせたのだ。

被験者たちは、実験者の指示を例外なく守ることに始まり、人に害を及ぼすまでの服従につながる道から降りることがいかに難しいかを予想できていなかった。たとえ被験者たちが、自分たちがたどっている道から降りたいと決心しても、どうすればそうできるかがまったく不明だった。被験者たちが置かれている（トラウマを与えるような）状況から逃れ出る、明確な出口がなかった。被験者たちがいかにためらおうとも、生徒役の状態を確認してほしいと実験者に丁寧に頼もうとも、実験への参加報酬はいらないから中止してほしいと言っても、実験者は、「責任は私が持つ」から実験を進めるようにと冷静に主張するだけだった。

実際に多くの人がしたように、被験者が席から立ち上がって、これ以上続けられないと宣言しても、実験者は「続行しなくてはなりません」と言い張った。被験者が、「あなたが何を言おうと、あなたが誰であろうと、あなたにどう思われようと構わない。私は実験を止めるし、私に続けるように無理強いすることはできない」と実験者にじかに異議を申し立てるというまさに異例の行動に出ないかぎり、選択肢はただひとつ、実験を続けながら、この試練がすぐ終わってほしいと、はかない望みを抱くことだけだった。

実験者の容赦ない主張が、ほとんどの被験者が取りたかった行動、すなわち実験を中止して生徒役の苦痛を終わらせることの強大な障壁となった。さらに、その障壁を回避するための明確な経路は存在しなかった。被験者たちが直面している状況にわずかにでも変化があれば、結果がどれほど違っていただろうか。ショックを与える機械のすぐ横に、「大学研究倫理委員会：実験を中止して、大学運営担当者と実験について話し合いたい場合にはこれを押してください」と表示されたボタンがあったら、どうだっただろう。こうした簡単な出口が与えられていたとしたら、ますます強力になっていく電気ショックを与え続ける被験者は何人になるだろうか。

確信は持てないが、はるかに少数の被験者だけが実験を続行しただろうと想定するのに十分な根拠が、社会心理学の中核にある状況主義的な考え方に認められる。ミルグラムの実験結果が心理学入門の授業でこの実験について学ぶ何世代にもわたる学生たちに与える衝撃は、多少は小さくなっていただろう。そして、(巧みに作り出された) 社会的な状況のもつ力について、今と同じ教訓が与えられることはなかっただろう。

ミルグラムの実験手順をこれほど詳しく説明したのは、滑りやすい坂道と、簡単な出口がないという状況から、いかに極端な行動が生まれるかということを理解してほしいからだ。ときにその結果は、残酷さや強欲や愚行の物語となる。だがときには、何かを示唆するような物語となる。英雄的な行為や、崇高な目的に生涯をかけた取り組みはしばしば、それぞれの人がたまたま置かれた特定の状況におけるささいな行為から始まる。たとえば、ある子どもが、ペットが好きだからという理由で、動物虐待防止協会の地元支部で犬を散歩させるボランティア活動を始める。それから、協会への寄付の依頼に賛同する。まもなく、地元に生存するフクロウの種の生息地を保護するための署名を集めるようになり、やがてグリーンピース活動家たちの仲間に入る。

多くの州で同性愛者の結婚が合法化されたり、軍隊に同性愛者が受け入れられたりするまでにかかった長い道のりは、小さな一歩から始まった。軍隊の場合、最初はごく数人の勇敢な兵士が「カミングアウト」し、障壁を破ったこれらの兵士と個人的に知り合いであり、彼や彼女らの兵士としての仕事ぶりを認め、その勇気を称えた仲間の兵士たちから暗黙のうちに受け入れられた。これにより、「聞くな、答えるな」という一時的な方針が実現し、最終的に今日見られるようないっそう包括的な容認につながった。

効果的な行為はしばしば、勢いのある行動を活用し、段階的な進展のもつ力を利用することによって最もうまく実現される。長い論文（あるいは一冊の本！）を書くことは難しいだろうが、書くという敷居をいったんまたげば、それも少しは容易になる。インスピレーションがわいたり、やる気がみなぎったりするのを待つよりも、まずは飛び込んでみて、いくつかの文やパラグラフを書くことが最善の手であることが多い。友人にあてた手紙を書いているようなつもりで、言いたいことを（おおまかに）述べるのもよいだろう。

落ち込んでいる人は、日常生活の問題や用事が手に負えないと感じるかもしれないが、椅子から立ち上がり、憂鬱の原因とはまったくかけ離れたことを何かしたら、困難と感じていることもそれほどやっかいだとは思わなくなるだろう。たとえ、ちょっと散歩に出たり、シャワーを浴びたりするだけのことでも。面倒くさがりのティーンエイジャーは、自分の部屋を掃除しろと言われるとおじけづくかもしれないが、床にある物を拾うくらいなら何とかできそうに思うかもしれない。そうやって勢いをつけて、さらに徹底した努力へと向かわせるのだ。

人が望ましい方向へといったん進み始めれば、進み続けることはもっと簡単になる。千里の道もたった一歩から始まるという考え方は、障壁と経路の分析や実証的な研究から十分に支持されている。部屋のなかで最も賢い人は、大きなことを成し遂げるための秘訣は、まずは何かを開始して、それに加えて一度にひとつずつ小さい一歩を踏み出し、脇道にそれやすくさせるような経路をすべて封鎖してから、目標が見えたときに訪れるやる気の高まりをうまく利用することだとよく理解している。

## 根本的な帰属の誤り

ティーンエイジャーの子どもと大学キャンパスを見学中に、心理学の実験に同席する機会がめぐってきたと想像しよう。その場では、実験者が二人の被験者に、この実験では一般知識のテストも行うと説明している。コインを投げて選ばれたひとりの被験者が、もう一方の被験者にたいして、難しい雑学の質問を考えて出題する。ただし出題者は、その問題の答えを知っていなければならない。少しの準備時間の後、テストが始まり、ひとりの被験者が「『風の遺産』の映画版で、H・L・メンケンをモデルにしたE・K・ホーンベック役を演じたのは誰か?」、「トランジスタを共同で発明した三人の名前は?」、「『もし、音楽が恋の食べ物となるなら、続けておくれ』で始まる独白のあるシェイクスピアの戯曲は何か?」のような質問を放つ。*

二人めの被験者、すなわちこの質問タイムの回答者は、困惑しきりで、出された一〇個の質問のうち二つか三つしか正解できない。あなたも、正解を思い出そうと頭のなかで（声に出さなくてよかった）考えても、同じくらいしかわからない。それから実験者が、二人の被験者と、驚いたことにあなたにも、出題者と回答者はそれぞれ、どれくらいの一般知識をもっていると推定するかと聞いてきた。

あなたはどう推定するだろうか。もしも、リーと彼の二人の教え子が三〇年以上前に実施したこの実験の被験者と同様なら、あなたも、そして難問に悩まされた回答者も、出題者は、雑学の知識が非常に豊富で、幅広い事実についての知識をもっていると結論づけるだろう。[15] さらには、自分自身の一般知識について少し自信を失うことだろう。出題者が披露した奥深い知識――あなたや回答者がもっていると思われる知識よりもはるかに豊富――を前にして、あなたが（あるいは回答者が）他のどんな結論を下せるというのか。

これとは異なる結論を引き出すには、あなたと回答者は、出題者が自分たちと比べてどれほどの知識を披露していたかではなく、出題者に明らかに（いったんそうと気づけば）与えられていた状況的な優位性のほうにもっと注目するべきだったろう。出題者は、たまたまよく知っている特定の雑学についての質問だけをしていた。他の無数のトピックについての知識不足を披露していたのではなかった。また、ある特定の題材についての特定の事実をたまたま知っていたからといって、その題材について他にも多くのことを知っているとは限らない。実際のところ質問者は、その前の晩にテレビで観た古い映画で仕入れた知識や、地元企業の創設者の死亡記事に書かれていた内容や、ティーンエイジャーの頃に両親に連れられて観に行った演劇で得た知識を使っていただけかもしれない（もしかするとその演目からの引用を混同しているのかも）。

しかし、実験の参加者のなかには、出題者という役割によって与えられた優位性のおかげで知識を見事に披露しているように見えるというからくりを見抜けるほど賢い人はほとんどいなかった。そう気づけずに、社会心理学者が（この用語を作ったリーに倣って）根本的な帰属の誤り（FAE）と呼ぶものに屈した。人の行動、とりわけ成功や失敗、美徳や悪徳のように見える面が、どの程度、その人がどういう種類の人であるかを表しているかを過大に評価するとき――そして、それらが状況的な影響の産物であることを過小評価するとき――にはいつでも、この誤りを犯しているものだ。

社会心理学研究の歴史全体から、私たちがこの誤りにおおいに陥りやすいということがうかがわれる。実験の被験者が四五〇ボルトの電圧を他の人に自ら与えたという研究について聞かされると、その人は、他人のことはどうでもよいという人か、もしかすると少々サディスト的なところがある人だろうと推測する。誰かがちょっとした深い知識を披露するのを目にすると、その分野についてたくさんのことを知っていて、もしかすると他の分野でも知識が豊富なのかもしれないと推測する。近所の家の屋根にソーラーパネルがあると知ると、その家の人は環境保護に熱心で、おそらくはさまざまな社会問題についてもリベラルな考え方をするのだろうと推測する。さらに、近所の人が、通りに面した庭の芝生に安全運転を訴える不格好な看板を立てるのに同意したと聞くと、その人はこの問題にとりわけ関心があるか、

＊回答は、（1）ジーン・ケリー、（2）バーディーン、ブラッテン、ショックレー、（3）『十二夜』。

もしかすると危険な運転のせいで大事な人を失ったのかもしれないと推測する（取っ掛かりを作る《フット・イン・ザ・ドア》テクニックを駆使した頭の切れる社会心理学者の策略に引っかかったとは夢にも思わない）。

根本的な帰属の誤りは克服するのが難しく、他人の行動についての理解以外にも適用される。アリストテレスと、それから二千年近くも彼を信奉してきた人々は、物体は、それがもつ本質のために、そのようにふるまう――岩が落ち、丸太が浮き、月が昇る――と主張した。科学者たち（ならびに哲学者たち）が、何かの存在物がいかにふるまうかを理解するためには、そこに作用している周囲の力の場を観察することが必要であるということにようやく気づいたのは、コペルニクスやガリレオ、なかでもニュートンによる貢献が、さらには時代が下って、ファラデーやマクスウェル、ならびに大勢の二〇世紀の物理学者たちの貢献があってからのことだった。本質主義から始まり、物理世界における場への注目へと緩慢に移行していったこの流れは、人がどのように人間の行動を解釈しがちであるかに類似している。[16]人間の行為の原因を、それを行っている人の性格や気質に認めることはありがちなことであり、反射的でさえある。[17]だが、ジョージ・エリオットが『ミドルマーチ』の最後で述べたように、「内面の本質があまりに強いために、外側に存在する物からあまり大きな影響を受けないような人間はいない」。したがって、本当に賢い人は場の理論を支持し、周囲の状況の性質が明らかになり、それを入念に検討するまでは、判断を控えるものである。

## 私はスポックではない

人の就いている役割が、その人の性格を表していると解釈されるような一定の行動を求めるものである場合に、根本的な帰属の誤りが生じる。だから、コピーライターは細かいことにこだわる人で、看護師は思いやりがあり、警官はタフで、消防士や兵士は自己犠牲的だと見なされる。そういう人も確かにいて、だからこそそういう職業を選んでいる。しかし、コピーライターが全員、仕事以外のところでも細かいわけでも、看護師が全員、配偶者や子どもにたいして優しいわけでもなく、兵士のなかには家を離れたいという理由だけで軍に入った者もいる。人と役割を混同する傾向はとても強く、プロの俳優についても同じことが起こる。だから、テレビドラマ『ドクター・ウェルビー』で主演したロバート・ヤングが、有名な広告キャンペーンで「テレビで医者を演じているが、実際には医者ではない」と発言したのも無理はない。さらには、根強い人気を誇るテレビシリーズの『スタートレック』で極端に合理的なスポック博士を演じたレナード・ニモイが、自伝の題名を『わたしはスポックではない（*I Am Not Spock*）』にしなくてはならないと思ったのも、それが原因だ。*

根本的な帰属の誤りの行き着くところは、ときにもっと過酷なものにもなる。二〇〇五年にハリケーン・カトリーナがニューオリンズの町を襲ったとき、アメリカ国民と世界中の人々は、何千万人もの住民たちが避難せずに町に留まったことに当惑した。そうした人々のうち一五〇〇人近くが犠牲になり、その後の数日のあいだに、さらに多くの人々が命を落とすという悲惨な結果となった。世間が当惑したのは、町に留まることは選択肢のひとつだったととらえたからだ。国土安全保障長官のマイケル・チャートフは「職員たちは強制的な避難を要求した。一部の人々がこの支持に従うことを選択しなかった。

*根本的な帰属の誤りはあまりに強力で広くまん延しているために、ニモイは最終的に考えを変え、二作目の自伝のタイトルを『わたしはスポック』〔富永和子訳／扶桑社〕にした。

それは彼らの側の誤りだった」と発言した。このハリケーンにたいする連邦側の対応の責任を取り、連邦緊急事態管理庁長官の地位を失うこととなったマイケル・ブラウンは、これと同様の感情をにじませた発言、「多くの人々が……動かないことを選んだ」をした。

しかし、どれだけの人たちが本当に、留まることを「選択」したのか？ 町に残った人たちは、避難した人たちよりも、お金がなく、車の所有率がとても低く、ニュースにあまり接しておらず、社会的なネットワークに恵まれていなかった。町を出ていくための車をもっていなければ、避難した先で宿泊するお金がなければ、友人や家族やメディアからハリケーンの脅威がいかに大きいかという情報を聞かされる可能性が低ければ、実際にそうなったように、家から動かず、ハリケーンが通り過ぎるのを待つことになったのもしかたないだろう。それなのに、全国から支援に集まった人たち（医師、カウンセラー、消防士、警官）が、ハリケーンが襲来する前に避難した人たちと、町に残った人たちを描写する三つの単語を挙げるように求められたときの回答は印象的だった。町を出た人たちは「知的」、「責任感がある」、「自立している」と評されることが最も多く、一方で町に残った人たちは「愚か」、「頑固」、「怠惰」と評された。こういう場面では、とても容易に根本的な帰属の誤りを犯してしまう。なぜなら、町を出た人と残った人がいて、前者のほうが後者よりも、結局はよい状況になったとわかっているからだ。わかりにくいのは、一部の人たちにとって、避難することを他の人たちよりもはるかに容易なものにした、さまざまな背景的な因子である。(18)

重要な著書『いつも「時間がない」あなたに』〔大田直子訳／ハヤカワ文庫〕でセンディル・ムッライナタンとエルダー・シャフィールは、一般の人々の多くからどのように見られているかなど、貧困者の抱える問題のあいだには類似点があると書いている。[19] 二人の基本的な論理は、何かが欠乏していることにより、注意の「帯域幅」やその他の認知資源が減少するというものだ。こうした欠乏の効果の一部は順応性がある――人が当面の危機や難題に対処する後押しをする――が、多くは順応性がない。後者の例には、衝動性が高まったり（払う余裕がないような賢明でない買い物をする）、長期的な成り行きを軽視したり（高利な給料日ローンを組む）、さまざまな判断や意思決定の課題においてよい成果を上げられない、などがある。

こうした考えは、まったく新しいというわけではない。過去の研究者らも、慢性的な高いストレスに同様の効果があることを記し、意志の力とは枯渇しうる資源であり、負担が長くかかりすぎたり重すぎたりすれば、同じように、衝動的で順応性がなく、賢明でない行動につながるということを示す証拠を提示してきた。しかし、ムッライナタンとシャフィールがこの社会における経済的に恵まれない人々の日常生活について描写した人間像を検討すると、こうした人々が根本的な帰属の誤りの犠牲にはるかになりやすいという注目すべき点に気づく。最適ではない判断や望ましくない意思決定をするという結果が、彼らの状況から抜け出すことができていないことの原因としてとらえられ、困難な状態を改善することがほとんどできていないと批判される。

根本的な帰属の誤りの歴史上最も有害な例のひとつが、奴隷所有者が、奴隷たちは自分の力で働く能力がないと見なしがちだというものだ。所有者が理解していなかったのは、奴隷であるというまさにその状況が、自身の能力を発揮する機会を奪っていたということだ。トーマス・ジェファーソンほどの並外れた知識人でさえ、これを防ぐ措置は講じることができなかった。

ジェファーソンが著書『ヴァージニア覚書』のなかで、白人と黒人を比較する際に気をつけるべきこととして「状況や教育、社交、活動範囲における違いをしっかりと考慮すべきであろう」と述べており、そこには根本的な帰属の誤りに必死で対抗しようとしているようすが感じられるだろう。それにもかかわらず、結論はこのようになっている。「記憶力については、黒人は白人に匹敵するが、推論においてははるかに劣る。ユークリッドの研究をたどって理解する能力のある黒人はほとんど誰も見当たらないのではないかと思われる。さらに想像力という点では、鈍重で悪趣味であり、一貫性がない」。あるときなど、友人のエドワード・コールズに、彼の所有している奴隷たちを解放しないように説得しようとして、黒人は「子どもと同じくらい自分で自分の面倒が見られない」と主張した。[20] もしもジェファーソンが、このような気質ばかりを根拠とした推論と、さらにこの引用においては人種差別的な推論に抗い、奴隷として生きることがどういう影響を及ぼすかをしっかりと認識していたなら、きっと彼はいっそう賢い人間であると見なされ、アメリカの歴史における彼の位置はさらに称賛に値するものとなるだろう。

## 幅広いメッセージ

特徴や能力、性格の違いはもちろんある。優れた目的のために自分の時間やお金を使ったり、失敗しても辛抱したり、引き受けた仕事を確実にこなしたり、賢明な経済的選択をしたり、バックパックを背負って旅するときに気持ちのよい道連れになったりする可能性が他の人よりも高い人たちがいると考えることは、間違いではない。

しかし、このような予測をする能力は、一人ひとりの特徴や性格、能力の評価だけによって決まるのではない。そうではなく、日常的な環境において行為者と状況は一体化している――心理学者なら混同されていると言うだろう。特定の役割を担う人や、特定の問題に取り組んでいる（そうした役割や仕事を大切にしなければ成功が難しいような）人たちを私たちは知っている。そのうえ彼らの多くが、自分自身の優先順位や好み、価値観、意思についていくらか語っており、彼らの現在の生活の状況や、どういう動機があって彼らが活動しているかについても、私たちはいくらか知っている。

CNNのニュースキャスターは、FOXのニュースキャスターよりもリベラルな見解を示すが、MSNBCのニュースキャスターほどリベラルではないと確信がもてる。週末に家を空けているあいだに、隣人が約束してくれたとおりに朝刊を取り入れてくれる、行きつけの酒場でギタリストが悲恋の曲を演奏する、南部のテレビ伝道者が、婚前交渉や快楽目的の麻薬、さらにはおそらくラップ音楽をとがめる説教をする、と推測しても間違いはないだろう。しかし、こうした人々と出会うことに慣れている状況とは異なる状況下において、まさにこうした人々にたまたま出会うと、きっととても驚くだろう。

本章で検討した研究を参考にすれば、社会心理学者たちが何世代にもわたって、人の行動を導くにあたりとても有益である――驚くほどに有益である――ことを証明してきた特定の状況的な因子について、いっそう賢い見方ができるだろう。そうした理解ができれば、学校での成績がふるわない子どもは知能が低い、生産性の低い自動車組立工場の従業員たちは怠惰で非協力的な気質をもっている、大統領選挙で投票をしなかった町の人々は政治に無関心だ、という結論に飛びつくことが避けられるだろう。

いずれの場合でも、ここで紹介した研究を知れば、ありうる微妙な状況的な影響をもっとしっかりと観察しようと思うはずだ。成績不振な生徒たちの負荷となっているのは何なのか、職場環境のどういう点が、よりよい仕事をしようという従業員たちの気持ちをくじいているのか、どのような直接的な障壁や信条が、町の住民たちの多くが投票に行く妨げとなっている可能性があるのか、などという状況的な影響を。毎晩のニュース番組を観たり、集団間の紛争を背景に発生した恐ろしい行為について耳にしたり、かつては称賛されていた新しいCEOが、ぐらついている組織の財政を立て直せなかったという記事を読んだりするとき、いっそう思慮深い反応ができるようになるかもしれない。[*] 部屋のなかで最も賢い人は、状況を変えるために何ができるかを、どのような障壁や、意欲をそぐものを取り除く必要があるのか、望ましく建設的な行動を取ることをもっと容易にするために、そして望ましくなく非建設的な行動を取ることをもっと難しくするために何ができるのかを、つぶさに詳しく検討する。

根本的な帰属の誤りは、異なる状況においても行動に一貫性があるという誤った予測や、個人の欠陥についての根拠のない推論（人生において非常に有利な立場にある人のもつ美徳についての根拠のない推論）につながる。[**] また、成功を阻む障壁を取り除くために設計された社会プログラムの価値を、根拠なく悲観することにもつながる。この点については第8章でふたたび検討しよう。そこでは、いかに比較的単純で費用のかからない介入によって、不利な立場にあり、落ちこぼれの烙印を押されている生徒たちの学業成績を向上させることができるかを説明する。しかし、特定の実験的な操作や、問題の特定な提示方法が、いかに驚くほど強力な影響を与えるかを本書の残りの部分で論じる際には、いつでも、根本的な帰属の誤りを思い出してほしい。

もしもあなたが部屋のなかで最も賢い人になりたいなら、影響を与えていると思われる状況的な力や制約が見えて、それらを本当に理解できると感じられるまでは、慌てて人を判断してしまわないように気をつけるべきだ。そして、次の章で論じるが、身に付けるべき教訓がもうひとつある。状況にある客観的な特徴だけでなく、そうした状況に直面している人がどのようにそうした特徴を解釈しているのかについても注意を払うことが重要なのだ。

＊おそらくはアメリカで最も賢い投資家であるウォーレン・バフェットは、（当然ながら）根本的な帰属の誤りに陥りにくいだろう。「オマハの神託」には、「頭脳明晰という評判の高い経営者が、根本的な経済状況が困窮しているという評判のある事業に取り組むとき、損なわれない評判は、その事業の評判のほうである」という賢明な発言がある。

＊＊さまざまな状況や、時間の経過における状況的な影響と気質的な影響についての研究は、ウォルター・ミシェルの画期的な著書『パーソナリティの理論』〔詫摩武俊監訳／誠信書房〕をきっかけに始まった。ミシェルと同僚らは、ほぼ半世紀もかけて、こうした問題についての私たちの理解を洗練させる努力を続けている。[21]

# 第3章　ゲームの名前

今日、積年の夢であったことの多くが実現している。過去数百年のあいだに築かれた文明によって産業が劇的に変化し、生活がますます不安定になってきている。若者たちは、自分が年老いたときにどのような運命が待ち受けているのかと不安に感じている。仕事に就いている人も、その仕事がいつなくなるだろうかと心配している。

この社会保障政策により、三〇〇〇万人の米国市民に少なくともいくらかの保護が与えられる。彼らは、失業保険と年金によって、さらには児童手当と健康保険が手厚くなることによって、直接的な恩恵を受けるだろう。(1)

これらの言葉とともに、フランクリン・デラノ・ルーズベルトは、一九三五年社会保障法に署名し、これを成立させた。彼が署名したかったのは、もっと違う法律だった。米国市民には、人生において見舞われる恐れのある逆境から、ゆりかごから墓場までにいたる生涯にわたり、ある程度までの保護が与えられるべきだとルーズベルトはずっと以前から考えていた。しかしこの社会保障法は、彼の理想からはほど遠かった。* そのためルーズベルトは、そのようなゆりかごから墓場までの補償プログラムをイギリスにおいて構築した功績がイギリス人経済学者ウィリアム・ベヴァリッジ卿に与えられていることを知り、逆上した。「なぜベヴァリッジの名前がついているんだ？　これは私のアイデアだ。だからベヴァリッジ・プランではなく、ルーズベルト・プランだ」(2)

しかしルーズベルトは、イギリスのような政策は、ここアメリカでは政治的に成功する見込みがないことを知っていた。総国内生産高は半減し、失業率は二五パーセントを超え、高齢者の半数は自活できず、一万もの銀行が破産するという惨状が大恐慌によってもたらされたにもかかわらず、アメリカ人の大半は、社会主義のにおいがするものをすべて恐れていた。どのような生涯保証政策でもそうあるべきなのだが、他人を助けるために税金を課すような計画は社会主義的であると多くの人が受け止めた。

そこで、ルーズベルトと顧問たちは、社会保障法を通過させるために、そのような収入の移動を見えにくくするようなやり方でプランを構築し記述しなければならないとわかっていた。そこで一種の保険証券の付いた貯蓄口座といった形式が採用された。すなわち、労働者の賃金の一部が給与ごとに確保され、何年もたってから、退職後の、あるいはさまざまな不運な出来事に備えたささやかな額の年金として労働者に与えられるようになっていた。しかし、現在と同様に当時も、本物の個々人の貯蓄「口座」などは存在しなかった。しかも労働者たちは共同で蓄えを積み立てて、自分自身と家族の将来のための保証を獲得していたわけでもなかった。社会保障とは、過去も現在も現金払いだ。現在の労働者たちの収入から得たお金が、現在の退職者に約束された義務を果たすために使われている。すなわち、今の世代の労働者たちが、前の世代の人たちの収入を提供するために税金を払わされているのだ。

＊当初の社会保障法では、給付金は主要な労働者、すなわち圧倒的に男性だけに支払われていた。

部屋のなかで最も賢い人とは限らないが、確実にとても賢い人ではあったルーズベルトは、収入を世代間で移動させる方式としてではなく、労働者が思慮深く自身の給与の一部を蓄えておく方式として、新しい方式を枠組み《フレーム》に入れることが重要だとわかっていた。こうしたフレームに入れることで、必要な法律が議会で通過しやすくなっただけでなく、退職者たちが、若い労働者に頼って支えられているのではなく、自分がこれまでに稼いだお金を回収していると感じられるようになった。こういう類いのフレームは、公共政策において、さらには、私たち誰もが求められる日常生活における数多くの決断において重要であることが多い。

しかし、私たちがここで指摘したいもっと大きな点は、第2章で伝えた主要なメッセージを補足するものだ。人は、目の前の状況にある特定の特徴におおいに影響を受けるが、部屋のなかで最も賢い人は、重要なのは、状況にある客観的な特徴だけではないということに気づいている。同じくらい重要で、時にはさらに重要であることは、人がどのようにその状況を主観的に解釈するかということだ。すなわち、自身の経験や価値観や目標という観点から見て、さらには関係していそうな社会規範に照らして、状況が自分にとってどのような意味をもつかということである。

## 政治の言語と言語の政治

偉大なイギリス人作家ジョージ・オーウェルは、「政治の言語は……嘘を真実らしく、殺人を品良く、単なる風を中身の詰まったものに見せるように設計されている」と書いた。オーウェル流の皮肉な見方をしなくても、この意見が妥当であることは理解できる。新しい社会保障システムの売り文句が立証しているように、政治的な議論に使われる言語を支配する者は、市民の考え方や行動を支配するのだ。
南北戦争は銃で戦われたが、両陣営の主張した戦争の目的は異なっていた――「州の権利」と「分離の権利」にたいして、「南部の反乱」に対抗する「合衆国の保持」というように〔奴隷解放は後に付け足されたものにすぎない〕。

女性の中絶する権利を認めた一九七三年のロー対ウェイド事件以降、「生命派《プロライフ》」〔胎児の生命を優先させる考え方〕と「選択派《プロチョイス》」〔女性の選択を優先させる考え方〕それぞれの擁護者は、激しい政治的な論争を戦わせ、一方は相手方に「アンチライフ《反生命派》」で「まだ生まれていない子どもの殺人」を黙認しているという標識《ラベル》を暗黙のうちに貼り、もう一方は敵対する側を「アンチチョイス《反選択派》」で女性が「自身の体をコントロール」する権利を否定していると決めつける。両者とも、この白熱した議論にたいする世間の反応は、それぞれの人が問題をどうとらえるかによって決まってくることをよくわかっている。

同様に、移民制度の改革を検討するとき、法的な認可を受けずにこの国で仕事を探している人々を「違法外国人」と呼ぶのか、「法的書類をもっていない労働者」と呼ぶのかが重要になる。第二次世界大戦終結後まもなく、アメリカが、戦争長官ではなく国防長官を戴くようになったのは偶然ではない。また、今日の指導者たちが、拷問の代わりに強化された尋問、民間人の犠牲者の代わりに巻き添え被害のような用語を使うことも偶然ではない。計画や政策、提言に与える名前によって、それらについて考えたときにどのような連想やイメージが心に浮かぶかが決まる。そうして次には、私たちがそれらについてどれくらい肯定的あるいは否定的に感じるか、どういう行為に賛成するか、そうした行為にどの程度の緊急性を認めるかに影響を及ぼす。

政治活動家たちは、どのようなイデオロギーをもつ者たちも、私たちが特定の脅威と結びつけるイメージや連想を操ろうと奮闘している。過剰な意味づけをするという手法が、大きな成功を収めている。肥満問題に取り組む公衆衛生勧告について事業者たちは、過保護国家の押し付けであると決めつけ、そのような方策は、大人になると与えられるはずの多くの自由（と後ろめたい喜び）を奪おうとする陰謀の第一歩であるとほのめかす。高額な相続金への課税は、服喪期間中に追い打ちで攻撃される犠牲者のイメージを呼び起こすために「死の税金」と称される。

政治的な革新主義者たちも同様に、彼らの目的にかなうイメージや連想を呼び起こす。たとえば保守派がワシントンで膠着状態を引き起こしたと非難する。法案を通過させることがいかに難しいかを述べるためにではなく、交通渋滞につかまったときに誰もが感じるいら立ちを喚起させるために。気候変動への警鐘を鳴らすにあたり、現在の傾向が続けば、これから数十年内に「シアトルの気候はティワナの気候のようになる」と言う。これは巧妙な比較だ。少なくともこれを聞かせる標的となる人々の大半にとって、「ティワナ」には、この予測が不吉なものに聞こえるような過剰な意味（危険、ドラッグ、無法状態）がくっついている。しかしティワナの気候は、アメリカとメキシコの国境をはさんで反対側にあるカリフォルニア州ラ・ホーヤの気候とほぼ同じであることに注目してほしい。ラ・ホーヤの天気に耐えなくてはならないということが脅威とされている予測は、それほど悲惨なものと感じられるだろうか（特にシアトルの住民にとって）。

## ゲームの名前とそれが重要な理由

人は、あるがままの周囲の状況にではなく自分が解釈した状況にたいして反応するために、用語やラベルを賢く使うことによって、自分が反応していると思っている状況の性質を規定することができる。したがって言語そのものが、状況主義者にとっては大きな影響を及ぼすものになりうるのだ。このことを、リーと同僚らが実施したある実験が示している。その実験とは、行動科学の定番である囚人のジレンマゲームを使ったものだ。ご存じのようにこの名称は、二人の容疑者が、実際に犯した犯罪（たとえば強盗）の疑いで拘留されているという設定に由来する。しかし警察は、もっと軽い罪（盗品の所有など）の判決を下すくらいの証拠しかもっていない。したがって、どちらか一方を厳重に処罰するために必要な証拠を得るには、ひとりの容疑者に、もうひとりに不利な証言をさせる必要がある。

容疑者たちは別々に取り調べを受け、それぞれが、もっと寛容な措置を受けることと引き換えに、もう一方を売ることをもちかけられる。もしも二人とも黙秘を続ければ、より軽微な犯罪での判決を受け、二年の禁固となるだろう、とそれぞれに告げられる。もしもひとりが密告をして、もう一方がしなければ、密告した人は放免されるがもう一方が罪をかぶり、強盗罪の最長の判決、十年の禁固刑となるだろう。もしも二人ともが密告をすれば、どちらにも特別な措置は与えられないが、最長の判決よりは短い五年の刑を受けるだろう、と告げられる。

このジレンマを決定づける特徴は、もう一方の容疑者がどうするかにかかわらず、黙秘を続けるよりも密告をしたほうが、どちらの容疑者もましな結果になるというものだ（相手が黙秘を続ければ禁固刑で

| | | プレーヤー1 | |
|---|---|---|---|
| | | 協力 | 離脱 |
| プレーヤー2 | 協力 | プレーヤー1が5ドル得る | プレーヤー1が8ドル得る |
| | | プレーヤー2が5ドル得る | プレーヤー2が2ドル失う |
| | 離脱 | プレーヤー1が2ドル失う | プレーヤー1が0ドル得る |
| | | プレーヤー2が8ドル得る | プレーヤー2が0ドル得る |

**表 3.1**　囚人のジレンマゲームの修正版

はなく釈放される、相手が密告すれば十年ではなく五年の刑）。ただし、相手のことを密告するという有利に思われる戦略を二人ともが採れば、二人ともが黙秘を続ける場合（二年の禁固）よりも、二人とも悪い結果となる（五年の禁固）。

このゲームが実験室で行われる場合、二人の被験者がふつうはお金を賭けて、「協力」または「離脱」の決定を別々に下す。しかし、感じるジレンマは同じである。ここでも、相手がどうするかにかかわらず、それぞれは、協力をするより離脱したほうが多い報酬を得る。表3・1に示した例では、相手が協力した場合には五ドルではなく八ドルとなり、相手が離脱した場合には二ドルの損失ではなくゼロとなる。だがここでも、二人とも協力した場合（二人とも五ドルもらう）よりも、二人とも離脱した場合（二人とも何ももらわない）のほうが、それぞれの利益は低くなる。

リーの実験では、賭け金はやや小額で、選択肢と潜在的な報酬は同一のままゲームが五回行われた。しかし、この実験には特殊な特徴が二つあった。第一に、被験者の半分は、寮の管理人によって、寮生のなかからゲームをするときに協力する可能性の最も高い人（管理人による標準的な推測が九〇パーセント）として特に選ばれ、残り半分は、寮の管理人

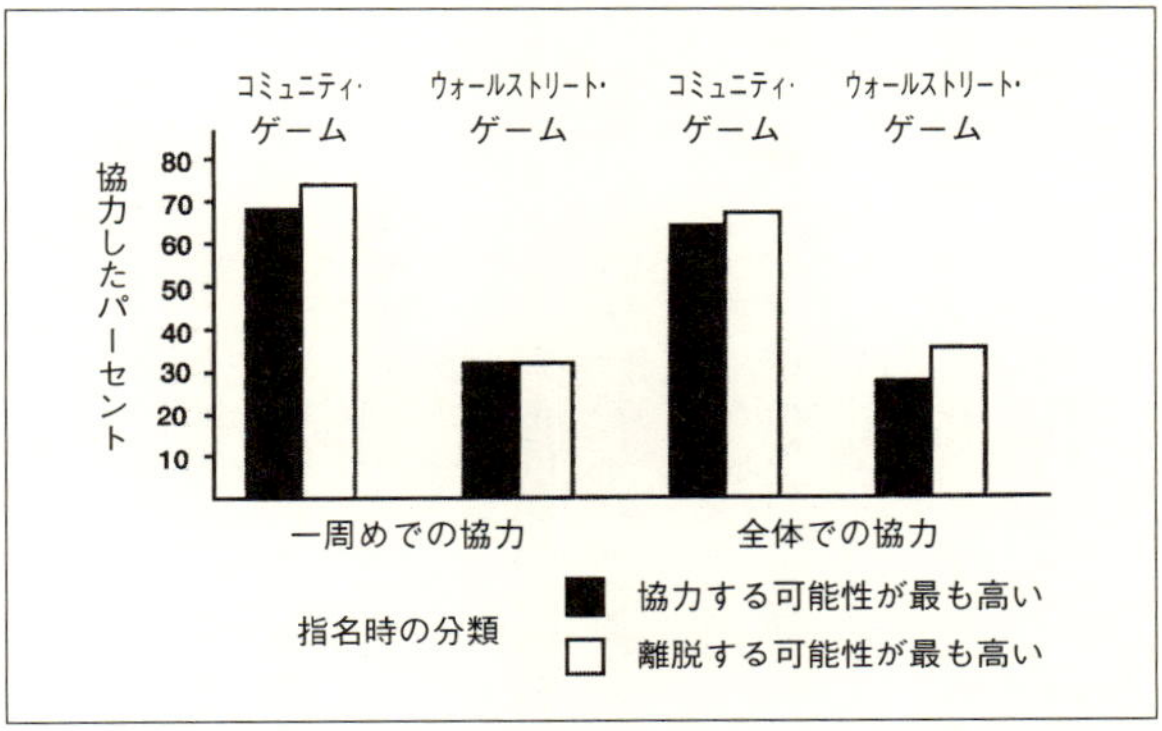


**図 3.1**　囚人のジレンマーゲームがウォールストリート・ゲームあるいはコミュニティ・ゲームと名付けられた際に、「協力する可能性が高い」「離脱する可能性が高い」として指名された被験者のあいだの協力率（リバーマン、サミュエルズ、ロス、2002 年より）

によって、協力する可能性が最も低い人（標準的な推測が二〇パーセント）として選ばれていた。この学生たちはその後、実験へ参加するように誘われたが、協力性や利己性についての自分の評価をもとに指名されていたとは知らなかった。二つめの特徴は、学生たちに提示されたゲームの名前だった。選ばれた学生の半分には、「コミュニティ・ゲーム」を行うと告げられ、残り半分には「ウォールストリート・ゲーム」を行うと告げられた。

注目すべき第一の所見は、寮の管理人による指名には、予測力がまったくなかったと判明したことだ。それも一切なかった。第二の所見は、ゲームの名前が、協力するか離脱するかの被験者の決定に甚大な影響を与えたというものだ。コミュニティ・ゲームと称した場合には、寮の管理人によって協力する可能性が高いと見なされた学生と、協力可能性が低いと見なされた学生の両方ともに、協力する頻度がおよそ二倍になった。これは、ゲームにおいて最初に行った選択についても、五回すべての回での選択についても当てはまった（図3・1を参照）[3]。なぜ、ゲームに付けられたラベルのほうが、プレーヤーが協力的であるという評判よりも、誰が協力するかをより良く予測するものとなったのか。第2章で重ねて指摘したように、これは一部には、人は一般的に思われているよりも、さまざまな状況においてあまり一貫性のないふるまいをするという事実による。このことは、誰かがさまざまなよくある状況においていかにふるまうかから、囚人のジレンマのような目新しい状況においてどのようにふるまうかへの一般化を試みる場合に、とりわけ当てはまる。しかし、被験者の評判からはどのようにふるまうかが予測できなかったということは、ラベルが、被験者がそのゲームが何に「ついて」のものであると考えるか、ひいては協力するか離脱するかを決める際にどのような考察を行うかに影響を与えたためでもあった。言い換えれば、ゲームの名前が、被験者がプレーしていたゲームが何であるか、そしてどのようにプレーするかを決定づけたのだ。

ウォールストリートというラベルによって、被験者たちは、金融トレーダーたちの生き馬の目を抜くような世界、すなわち利益を最大にすることだけに注目する世界を想像した。対照的にコミュニティというラベルからは、公益を達成するために協力をするというイメージが喚起された。協力をしないという選択は、ウォールストリート・ゲームのほうによく見られた。被験者たちがゲームをどう解釈していたかだけでなく、相手がゲームをどう見なしているかと考えていたか（さらにはその結果、相手がどのように反応しそうか）ということも、その理由だった。さらに、ウォールストリート・ゲームをプレーしていた被験者たちは、相手のプレーヤーが離脱することを期待しただけでなく、相手が自分に離脱することを期待している――その結果、相手がそれに応じたふるまいをする――だろうとも考えた。

ここでの重要な点は、単に、実験室で行われるゲームに付けられたラベルが、人がどのように反応するかに影響するということだけではない。得られる教訓はもっと幅広く、大半の人が、それも利己的であるとの評判のある人でさえ、他の人たちもそうすると期待できるかぎり（とりわけ他の人から見られている場合）、「正しいことをする」つもりがあるということだ。反対に、自己の利益が最も大事な規範となる状況においては、ふだんは社会や仲間を大切にする人でさえ、「だまされやすいやつ」と見なされるのを嫌った。誰ひとりとしてだまされやすいやつにはなりたくないし、「聖人」にならざるを得ないと感じる人はほとんどいない。ほとんどの人は、適切にふるまって、「良い市民」になりたいだけであり、適切なふるまいと良い市民であるとはどういうことかを決定づけるのは、周囲の文脈――およびそれに付与されたラベル――をその人がどう理解するかなのだ。

状況をどのように解釈するかは、二つの明確なやり方で、私たちの行動のしかたを左右する。自分の置かれている状況が何についてのものなのかという自分の考えが、その状況にたいしてどのように考え、感じ、行動するかを決定づける。下院に提出された法案の修正は、法案を改善させるためのものなのか、法案をだめにするための政治的な作戦なのか？　ロマンスの芽生えについての会話のあいだの友人の沈黙は、同意のしるしなのか、それとも不快感の表れなのか？　状況をどのように解釈するかは、自分自身が取りうる行動に自分が付与する意味にも影響を及ぼし、それによって、どういう行動を選択するかも決定づける。利益を最大にしようとしなければ、自分はうすのろになるのだろうか？　いやだと断るのは不親切だろうか？

言い換えれば、どのように状況を解釈するかは、同時に、目の前にある刺激についての、そして取りうるさまざまな反応についての解釈でもある。誰もが、ある程度はそのことをわかっている。しかし、部屋のなかで最も賢い人だけが、特定の行動や状況が受け止められるやり方を制御している人によって、人々の反応がどの程度支配されているのかを十分に理解している。部屋のなかで最も賢い人でも、そうしたことを行う微妙なテクニックすべてには気づいていないかもしれないが、賢い人なら間違いなく、選択肢にどのようにラベルが付けられたり、フレームに入れられたりしているかに注意を向けるだろう。

## デフォルト選択による臓器提供の詳細

人が目の前の選択に付与する意味がもつ重要性をもっと理解するために、ヨーロッパにおける臓器提供率についての注目に値する調査結果に立ち戻ろう。ドイツ（およびアメリカ）のようなオプトイン方式の国では提供率が一〇から二〇パーセントであるのにたいし、フランスやベルギーのようなオプトアウト方式の国では提供率が九〇パーセントを超えていることを思い出してほしい。このような大きな差を目にすると、単純な状況主義者的解釈が生まれる。オプトイン方式の国よりも、オプトアウト方式の国でのほうが、潜在的なドナーになるのが少々簡単なのだろう。人はときに怠け者で、惰性に流されやすいため、オプトアウト方式の国でのほうが提供率が高くなるに決まっている。

この結果を素直に状況主義者的に解釈することは、ある程度までは確かに的を射ている。惰性と、最も簡単なことをすることは、実際に大きな要因となっている。しかし、二〇一二年に、私たち二人と、トーマスの指導する大学院生のシャイ・ダヴィダイが、これ以外の要因があるかどうかを確かめるために、一連の実験を設計して実施した。とりわけ、オプトインかオプトアウトの政策があることが、臓器

の提供者になることに人が付与する意味そのものに影響を及ぼすかどうかを明らかにしたかった。(4)

オプトイン方式の国では、署名をして潜在的な臓器移植者になることは、道徳心が特に強い市民だけが行うことだと見なされる可能性が高い、と私たちは推論した。対照的にオプトアウト方式の国では、自分をプログラムから除外する行動を取らないことだけによって潜在的な提供者になることは、それほど注目に値することでも利他的なことでもなく、ただふつうの良き市民としてのふるまいなのだろうと推論した。プログラムから脱退することは、極端に利己的か人間嫌いの人だけが、あるいはもしかすると、独特の宗教的な背景のある人だけのすることだ。

私たちの予想を検証するために、研究の被験者たちに、オランダのオプトイン方式の臓器提供政策か、ベルギーのオプトアウト方式の政策のどちらか一方について説明した。それから、さまざまな行為が、提示された国の方策にどの程度似ているかと質問した（たとえば「税金を支払う」、「列に並んでいるときに自分の前に誰かを入れてあげる」、「信念を貫くためにハンガーストライキをする」、「危険な軍事任務に志願する」）。行為のリストのなかには、「死亡後に自分の臓器を提供する」もあった。

こうした行為と行為の比較結果に認められる全体的なパターンを分析すると（多次元尺度構成法と呼ばれる統計学的手法を用いて）、それぞれのもつ意味がどの程度似ているかを見分けることが可能になった。この作業からは驚くべきものが見えてきて、潜在的なドナーであることの意味についての私たちの予想と一致していた（図3・2を参照）。オランダのオプトイン方式の文脈においては、被験者の回答した類似性の評価は、臓器を提供してもよいとすることは、死後に財産の半分を譲ることや、危険な軍事任務に志願することとだいたい似ているということを示していた。一方でベルギーのオプトアウト方式

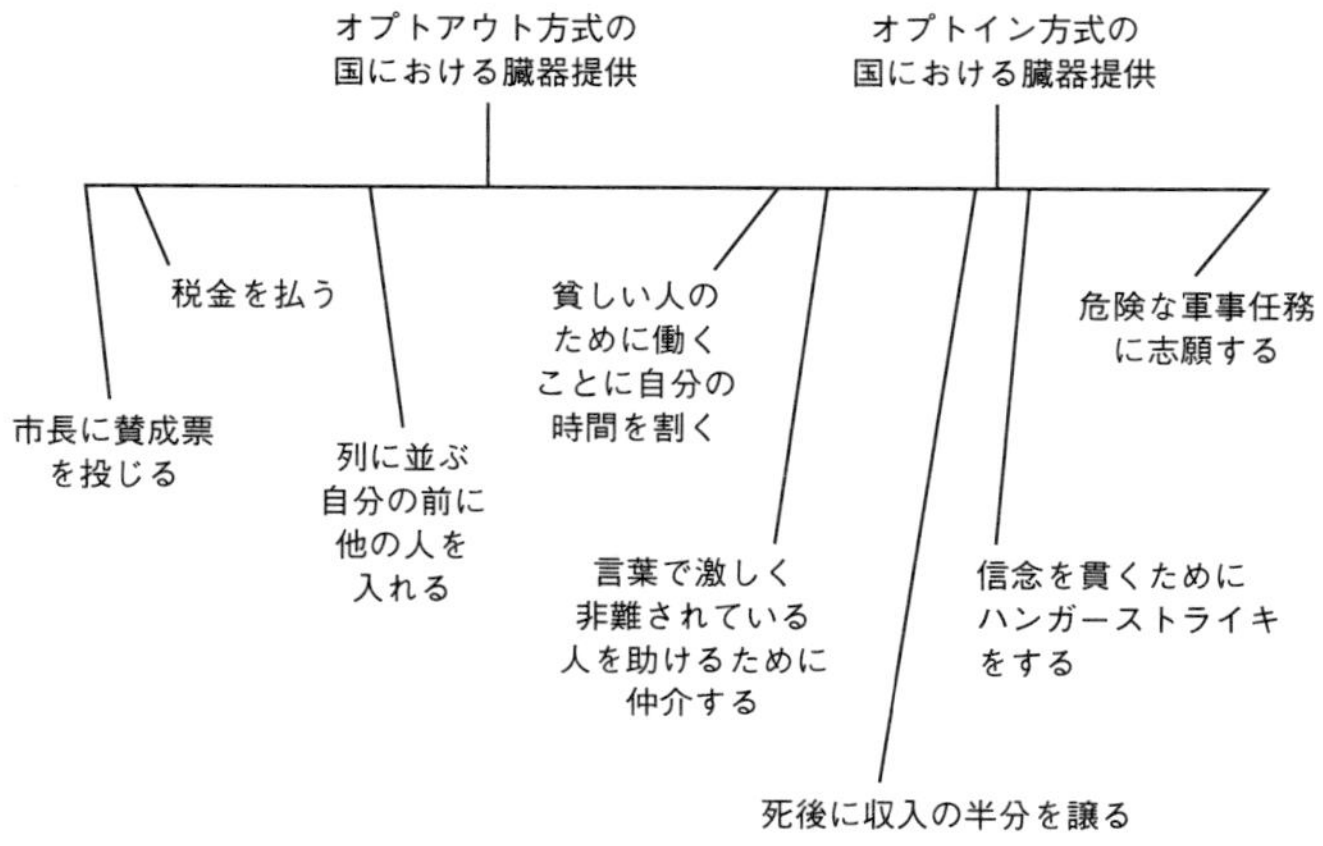


**図 3.2**　オプトイン方式またはオプトアウト方式の国で潜在的な臓器提供者となること。それぞれの行為からの距離は、被験者の感じる類似性の程度を表す。*

の文脈においては、潜在的なドナーであることは、それほど極端なものとは見なされなかった。列に並んでいる自分の前に誰かを入れてあげることと、貧しい人のために働くことに自分の時間の一部を割くことの中間くらいに位置していた。

要するに、私たちの疑いは裏付けられた。図3・2に示した距離からも明らかなように、オプトイン政策の国において臓器を提供すると申し出ることは、オプトアウト政策の国においてそうするよりも、はるかに重大な行為として見なされる。同意を選択《オプトイン》する、同意を選択しない《オプトアウト》を決めなくてはならないということは、ある選択の実行を、もう一方の選択の実行よりも単に容易にすることよりも、大きな効果がある。そうすることはまた、潜在的な臓器提供者であるという行為に人が与える意味そのものも作り上げるのだ。

## 価値に代わるものとしての値段

『USニューズ・アンド・ワールド・レポート』や

『ザ・プリンストン・レビュー』が行う大学ランキングの重要な決定因子は合格率だ。入学を許可された学生の数を、入学を志願した学生の数で割る。合格率が低いほどその大学は入りにくく、ランクが高くなる。したがって大学は、志願者を増やすためにできることを何でもする。そういう理由で、高校三年生のもとに、全国の大学からパンフレットがどっさりと送りつけられるのだ。なかには、そんな大学があることすら知らなかったところもたくさんある。

　これを念頭に置いておこう。さて、二〇〇〇年の初めに、アーサイナス大学の評議員会が、最初は直観に反するように思われるかもしれないような、志願者を増やすための提案を採択した。授業料を二〇パーセント近く値上げしたのだ。その方針は、従来の経済理論、すなわち価格を下げることが需要を増加させる最も確実な方法であるというものと反対だった。従来と同じであろうとなかろうと、この方針はうまくいった。志願者数がはね上がったのだ[5]。この戦略は、ブリンマーやノートルダム、ライスなど、他の多数の大学も採用し、同様の成功を収めた。

　標準的な経済理論が推奨することではないが、なぜ授業料を上げることで志願者数が増加するのかは、すぐに理解できる。親は子どもを質も格も高い学校に入れたい。だが、教育の質と格は評価が難しいため、それを示す指標として値段を用いる。値段が高ければ、良いものにちがいない、と自分に言い聞かせるのだ。

　アーサイナス大学が授業料を値上げしたことで志願者数が急増したという事実は、ラベルとデフォル

＊臓器提供以外の行為についての二つの被験者グループによる評価は、非常によく似ていた。

トの影響について先ほど論じた際に述べた人間の行動についての洞察を、またもや浮き彫りにしている。人は、客観的な状況を主観的に解釈したものにたいして反応するのであって、客観的な状況そのものに反応するのではない。アーサイナス大学への潜在的な志願者は、ばか高い授業料が意味すると自分が考えるもの（入りにくく質の高い教育）にたいして反応するのであり、金額そのものに反応するのではない。もちろん、製品の価値がよくわからないときに人が用いる手掛かりは価格だけではない。広告主やマーケティング担当者は、他に価値の代替となるもの、さらには、贅沢や権力や若さの代替となるものを見つけるために、何百万ドルもつぎ込んでいる。フォーカスグループを構成し、車の名前にするにはジャングルに住むどのような種類の動物が最適か、香水やアイスクリーム、チョコレートを買う人にとってどのような容器の種類や色が贅沢さを感じさせるのかを決定している（スーパーやギフトショップの商品棚から判断すると、その答えは黒のようだ）。

## 意味を作る

主観的な解釈の及ぼす影響は、人がふつう認識しているよりも多くの領域へと深く入り込んでいる。確かに、主観的な解釈のもつ大きな力とその勢力の及ぶ範囲を理解しているかどうかは、部屋のなかで最も賢い人とその他大勢を区別するもののひとつだ。成人した子どもへの親からの金銭的な贈り物は、寛大さを示す行為なのか、それとも支配的な行為なのか？　譲歩は、善意のしるしなのか、弱さのしるしなのか？　成人の子どもが贈り物にたいしてどう反応するか、相手側からの譲歩がどのように受け止められるかは、それらがどのように解釈されるかによって変わってくる。他の人たちの行動を理解したいなら、彼らが、目の前にある状況と選択をどのように解釈しているかを理解しなければならない――私たちならどのように解釈するかでも、もしも私たちが彼らの立場ならどのように解釈するかでもない。賢い人はこのことをわかっていて、自分自身の行動が、自分の意図したとおりに解釈されるようになるように苦心する。

それなら、人がどのようにさまざまな行動や状況に意味を与えるかは、何によって決まるのか。あいまいな顔の表情が、微笑みか、しかめつらか、流し目のうちのどれとして受け止められるのかを決めるのは何なのか。暗い夜に外で出くわした見知らぬ人が、脅威を与える者として受け止められるのか、それともただ自分と同じように散歩している人として受け止められるのかを決めるのは何なのか。

ある状況を人がどのように解釈する可能性があるかに影響を与える要因の一部は、とても単純でなじみのあるものだ。しかし、全然わかりやすくないものもあり、解釈がどのように形作られるかという一般原則のいくつかを熟知できれば、影響を与えたり、それに抗ったりするにあたってもっと賢くなれる。

### 文脈

夜中に、自分以外は誰もいない歩道で見知らぬ人に出くわしたとしてみよう。それは、恐怖を感じるべき人物なのか？　ロマンチックコメディの映画を観たばかりのときよりも、ホラー映画を観たばかりのときには、そう結論づける可能性がはるかに高い。心理学者はこのことを「プライミング」効果と呼ぶ。映画館で見たものが、危害や暴力という概念をいっそう「得やすい」（あるいは得にくい）ものにしたのだ。すなわち、その前の出来事のせいで頭にたまたま浮かぶものがなんでも、その後に遭遇するど

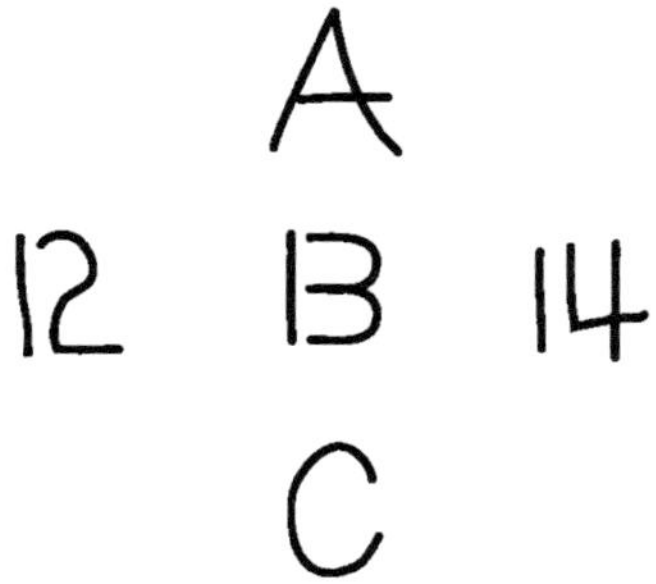

**図 3.3**　中央にあるものは、文字か、それとも数字か？　それは、左から右に見ていくか、上から下に見ていくかによって変わる。

のような刺激にも容易に適用される。したがって同じ刺激でも、すぐ前にたまたまどのような体験をしたかによって、まったく異なる反応を引き起こしうる。

もっと広い見方をしよう。周囲の文脈——ついさっき起こったことと、どこか他の場所でたった今起こっていること——が、対象や出来事や陳述がどのように解釈されるかを決定づける最も強力な因子のひとつとなる。心理学入門の授業で、この考え方を実際に示すためによく使われる例がある。同一の刺激（図3・3を参照）が、文字の文脈においては文字として受け止められるが、数字の文脈においては数字として受け止められる。

後ほど、第7章で対立について論じるときに見ていくように、まったく同じ提案であっても、誰がそれを提案したと思われているかによって、解決に向けた役立つ一歩として受け止められたり、信用できない策略と受け止められたりするだろう。他の人たちが、ある特定の言葉や行為、提案にどのように反応するかをつねに予測することは不可能だ。しかし、部屋で最も賢い人、あるいは交渉のテーブルにつく人のなかで最も賢い人は、素朴な現実主義の犠牲になり、意味は固定されていて全員が共有するものだと単純に思い込まないでいられるだけの知識がある。

### 習慣と経験

いくつかの考えが私たちの頭のなかに浮かんでいて、いつでも私たちの解釈に影響を及ぼせる状態になっている。なぜなら、そうした考えを最近扱ったことがあったり、頻繁に扱ったりしているからだ。「彼はバンクに駆け込んだ」という一文を、銀行の重役とヨットのオーナーとなら、どのように異なる解釈をするだろうか、と考えてみよう〔bankには、銀行という意味と岸という意味がある〕。私たちはみな、何を目に留めるか、周囲の世界をどのように解析するかを決定づける特定の区分やフィルターをもっている。もっとも用いやすい区分は、関心や経験や心配事に応じて人それぞれに異なるうえに、目の前の状況の具体的な事柄によっても左右される場合がある。

学者は、学識があるかどうかという観点から人を分類しがちであり、エンターテイナーは、カリスマやスター性などの性質という観点から互いを評価することが多い。世界のスティーヴ・ジョブズは設計がエレガントかどうかという観点から電子製品を見て、苦学生なら、製品が価格に見合ったものであるかどうかを気にし、年寄りの学者は、そいつの使い方が自分にわかるかどうかと自問する。

### 動機

人がある刺激をどのように解釈しそうかを知りたいなら、その人がどのような動機をもっているかを知ることが役に立つ。このことは、映画でよく使われる手法で表わされる。つまり、砂漠におけるかす

**図 3.4** 馬それともアザラシ？ 答えは、どのように見るかによって、あるいは、何を見るように動機づけられているかによって変わる（上の「V」を耳ととらえるなら馬となり、尾ととらえるならアザラシとなる）。

かな光のきらめきが、喉がからからで死にそうな旅人にとってはオアシスのように見える。この現象を巧みに調べた研究において、コーネル大学でのトーマスの二人の同僚、エミリー・バルセティスとデイヴィッド・ダニングが、人の欲求がどのように、多数の認知的な錯覚に内在するあいまいさを解消する方法に影響を及ぼすかを証明した。たとえばある実験で、被験者たちが作業の最終段階に挑んだ。その結果で、好ましいこと（ゼリービーンズを一袋食べる）もしくはとても嫌なこと（「ゼラチン状で部分的に液体状になった缶詰の豆」を食べる）のどちらを体験するかどうかが決まることになる。彼らの運命は、目の前にあるコンピュータの画面で最後に光った刺激が陸の動物であるか海洋生物であるかによって左右される。実際に見せられたのは、図３・４に描写した画像だ。

画像が画面に現れるとすぐに、被験者は自分が見たものを声に出して答えた。画像は一秒だけ表示された。はっきりと見えるだけの時間はあるが、二通りに見えることに気づくには時間が足りない。人は自分が見たいものを見る場合が多いという考えを裏付けるかのように、陸の動物が現れたらゼラチン状の豆を食べることを免除される場合、被験者たちは陸の動物だと答える率がとても高かった。しかし、海洋生物が見えたら免除される場合、海洋生物だと答える率がとても高かった。(6)

しかし、この実験の被験者たちは、自分が見たいものを本当に見たのか、それとも良い結果につながるような刺激を見たと単に報告しただけなのか? バルセティスとダニングは追跡実験を何度も行い、被験者にあった動機が、口頭での報告ではなく知覚に影響を及ぼしたということを確認した。*

動機が人の判断に与える影響は、もちろん広く認識されている。親が子どもの賢さやかわいさや芸術の才能をほめるとき、目配せをするのは部屋のなかで最も賢い人だけではない。第1章で論じたように、

---

*心理学者がどのようにしてそう確定できるのかをわかってもらうために、ひとつの実験についてここで詳しく説明しよう。バルセティスとダニングは、コンピュータの画面に、実際の単語とただの文字列(「flacter」、「ombute」)を素早く表示した。実際の単語のうちのいくつかは「アザラシ」に関連したもので(blubber〔鯨脂〕など)、いくつかは「馬」に関連したもの(cowboy〔カウボーイ〕など)だった。被験者は、画面に表示された刺激が単語であったかどうかをできるかぎり素早く決定しなければならなかった。被験者の頭に「アザラシ」という概念が浮かんでいれば(ちょうどそれを見たところだから)、blubberのような単語をより素早く識別するだろうと研究者らは推論した。この実験の設計上の重要な特徴は、一部の被験者は図3・4にある両義的なイメージを見せられたすぐ後にこうした単語対非単語の推定をしたのにたいし、他の被験者はその画像を見る前にそうした推定をしたという点である。実験の結果、両義的な画像を見た後にこの作業をした被験者は、見たいものが陸の動物だった場合にはcowboyのような単語をより素早く識別し、見たいものが海洋生物だった場合にはblubberのような単語をより素早く識別したということがわかった。すべての被験者が、自分の利益に合うような種類の動物を見たいという同じ動機をもっていながらも、両義的な画像を前もって見せられていた被験者だけが、それに関連した単語をより素早く識別した。

政党の党員は、ディベートで優勢だったのは自分の党の候補者だと考える傾向がある。さらに、何百もの調査から、どの年代、どの地域、どの社会階級の男女とも、いかなる肯定的な特性のほとんどすべてについて、自分は平均より上だと評価する傾向がある。平均よりも感覚が鋭く、偏見をもたず、優れたリーダーで、上手なドライバーであるなど、とにかくどんなことについてもそう評価する。[7] おそらく最も驚くべき結果は、自動車事故で怪我をして入院している人でさえ、平均すると、ふつうのドライバーよりも運転が上手だと自己評価をしたというものだろう。[8]

こうなる原因の一部は、単なる人のうぬぼれにある。人は、自分の自尊心が脅かされ、それを支える必要があるときには、自分を平均より上と見なす傾向が強い。[9] しかし、この平均より上と見なす現象の原因はすべて自分自身を高く評価したいという動機にあると決めてしまう前に、ほとんどの人が、少なくとも自分の得意分野が念頭にある場合には、本当に平均より上にあるという可能性について考えよう。ノーベル賞を受賞した経済学者、トーマス・シェリングが述べたように、「注意深いドライバーは注意を重視し、技術のあるドライバーは技術を重視し、他にはなにも長所がなくても自分は少なくとも礼儀正しいと思っている人は礼儀を重視することによって、自分自身の尺度においては評価が高くなる。このようにして、どんな子どもにも近所で一番の犬がいるのだ[10]」

この考えにもとづき、研究者らは、平均より上の効果は、複数の解釈の余地がある特徴（「才能がある」、「分別がある」）についてのほうが、定義の狭い特徴（「背が高い」、「時間を守る」）についてよりも、はるかに強いということを発見した。[11] 自分は運動能力が高いか、芸術的か、利他的かどうかを考えているときには、さまざまな「判断の対象」を容易に頭に思い浮かべることができる。そこで選択する対象は、自分自身の才能に有利なものである傾向が強い。だから、人が自分を平均より上だと判断する例がこれほど多いことは、まったくもって意外ではない。

したがって、人が自分は平均より優れていると見なすとき、必ずしも自分自身をだましているわけではない。私たちは、自分の長所に沿って人生を組み立てる傾向がある。これまでに成功を収めた分野を追求し、今後も見返りを手に入れることを期待する。仲間よりも力の強い若い男性は、スポーツのなかからサッカーを選び、そうすることで、体が大きく力の強いことを重視するような運動の世界で生きていく。これに対して、もう少し体の細い若者は、テニスやバドミントンを選ぶかもしれない。これらの競技の世界においては、運動能力が高いということは、手と目の協調性が優れているということだからだ。

同じように、そしてさらに重要なことが、良き市民であるということは、税金を払い財産をしっかり管理するということであるととらえる人、信念のために働くことであるととらえる人、政府がすべきことを果たしていない場合には外に出て抗議行動をすることであるととらえる人は、誰もが自分なりの生き方をしており、それに応じて自分の時間とエネルギーを使っている。だから彼らは、少なくとも自分自身の基準にもとづき、自分は「平均より優れた」市民であると主張できるのだ。

### 時間的な近さ

翌週の選挙で応援している候補者への票を集める手伝いをしてくれないか、と誰かから頼まれたとしよう。あなたの答えは、いつ何をするかと、具体的に何をするかによって変わるだろう（投票者を投票所まで車で送っていく？　電話をかけたり戸別訪問をしたりするなら、ちょっと気が重いかも。資金集めをするとしたら、もっと大変かも）。そうではなく、内容は同じような選挙運動の手伝いを二年間してくれないかと誰かに頼まれたとしてみよう。この場合、あなたの答えは、市民の義務とは何か、何が自分の個人的な価値観を実現させると考えているかなどといった、もっと抽象的な考察によって変わってくるだろう。

はるか遠い先を見るときには、私たちは森を見ている。目前のことを見るときには、木を見ている。この視点の違いが、私たちが出来事に与える意味そのものに影響を及ぼす。大学へ進学することは、学問を身に付け成長することを意味する。大学生活は、勉強をこなし、課題を提出し、子どもっぽいルームメートと付き合うことを意味する。[12] こうした視点の違いは、ひいては、遠い先に行うと決めたこと（「何もかもから完全に解放されるには、外国に行くしかない」）と、その時がきたときにどう感じるか（「言葉がしゃべれないなら、どうやって意思疎通するんだ？　パスポートはどこだっけ？　留守のあいだ、犬のバスターの世話は誰がみてくれるんだ？」）の対立を生じさせるだろう。自分の選択が、自分自身の抽象的な価値観を反映したものにしたいなら、もっと遠い視点に立って選択する、あるいは選択することを想像するとよい。たとえば、実際の決断をしてから一年くらい後にこの決断を振り返ったらどう感じるだろうか、と想像してみるのだ。*

他の人にはどういう決断を勧めるだろうかと考えてみることで、同じような距離を置いた見方をすることができる。自分自身が体験する出来事は、他の人が体験した出来事よりも心理的に身近なので、そうした出来事についてはもっと詳しく具体的に考える。だから人はしばしば、自分自身がどの選択をすべきかよりも、他の人にどの選択を勧めるべきかのほうがわかりやすいと感じる。良くも悪くも、自分以外の誰かのもっと遠い視点に立って問題について考えるほうが、複雑な詳細は脇へ置いて、最も重要だと思われる点に集中することが容易になる。知恵を構成する重要な要素のひとつは視点である。そこで、部屋のなかで最も賢い人は、さまざまな視点を切り替えて、ある決定を最も包括的にとらえるのだ。

## 枠組み《フレーム》と財産

よく知られているが、明らかに本当の話ではなさそうな逸話がある。ヤンキースの偉大なキャッチャーだったヨギ・ベラが、ニューヨークのピザ屋でピザを注文した。ピザを四つに切るか八つに切るかと聞かれて、ヨギは「四つに切ってくれ。八切れも食べるほど腹は減っていない」と答えたらしい。

この話のおもしろさは、同じピザが、ひとつが大きめの四切れにカットされているか、ひとつが小さめの八切れにカットされているかで、食べ応えが違ってくると考えるほど頭の鈍い人は誰ひとりとして――あるいはほとんど誰も――いないだろうという前提から生まれる。** しかし、心理学者たちはこの三〇年間、質問の表現のしかたや選択肢の記述のしかたをごくわずかに変えるだけで、人のとらえ方や、

*同僚だった故エイモス・トヴェルスキーは、翌年の講演の依頼を受けるかどうかを決めるときには、その講演が翌週にあるものだと想像するとよいと述べた。結局のところ、実際に多忙なスケジュールのなかに講演の準備を何とかねじこもうとする時点では、講演は翌週に迫っているのだから。

**もしもヨギが、第2章で取り上げた食べ過ぎについての研究を知っていたら、ピザを八つに切ってもらうほうが、体重の増加を避けるためには良いだろうとわかったかもしれない。人は、何切れ食べたかを無意識のうちに気にかけるので、小さめの八切れを食べるよりも、大きめの四切れを食べる可能性のほうが実際には高くなるだろう。

ひいては回答が大きく変わるということを何度も繰り返し示してきた。

トーマスが大手保険会社と共同で行った調査について考えよう。全国から抽出された比較的裕福な家庭から選ばれた回答者の半分に、収入の二〇パーセントを貯蓄しても不自由はないかと質問し、残りの半分には、収入の八〇パーセントを使って不自由なく生活できるか、と質問した。もちろん、収入の二〇パーセントを貯蓄することは、すなわち収入の八〇パーセントで生活することだ。それにもかかわらず、収入の二〇パーセントを貯蓄できると答えたのは回答者の半分にすぎなかったのにたいして、八〇パーセントで不自由なく生活できると答えたのは五人に四人だった。

この反応の違いは、お金の計算ができないという単純な理由のせいにすることはできない。人は、赤身八〇パーセントの牛肉のほうを脂身二〇パーセントの牛肉よりも好ましく感じる。[13] メーカーが成功率九五パーセントとうたうコンドームのほうに、失敗率五パーセントとうたうものよりも、良いイメージをもつ。[14] 収入格差について、裕福な人が平均の人よりもいくら多く稼いでいるかという観点から語った場合のほうが、平均の人が裕福な人よりも稼ぎがどれだけ少ないかという観点から語った場合よりも、富裕層への税金を支持する割合が高くなる。[15]

このような使われる言葉が与える影響の一部は、人が特定の言葉にたいしてもつ特有の連想の結果生じるものである。その枠組み《フレーム》は独特だ。先に述べたように、違法外国人と法的書類をもっていない労働者にかかわる政策にたいして、人は違う反応をする。なぜなら、一方がもう一方よりも否定的な連想を想起させるからだ。これとはまったく異なる否定的な連想によって、人は、強化された尋問よりも拷問のほうにより否定的に反応する。さらに別の否定的な連想によって、人は、世界貿易センターが以前あった場所の近くに文化センターが建てられるということよりもモスクが建てられるという予定のほうに、より大きな不安を見せる。ケムローンというブランド名は、この芝生ケアサービス会社が創設されたときにはなかった、とても強い否定的な連想を今では喚起させる。だから同社は今、トゥルーグリーンと呼ばれている。

しかし、効果的なフレーミングの原則のいくつかが幅広く応用されている。収入の二〇パーセントを貯蓄することのほうが、収入の八〇パーセントで生活することよりも難しく思われるという事実や、脂身二〇パーセントの牛肉を食べることのほうが、赤身八〇パーセントの牛肉を食べることよりも好ましく思えないという考えは、これらの原則のうちの一例である。本章ではこれから、これらの原則を見ていく。原則を知っていれば、自分が賛同する政策をもっと効果的に支持することができるようになるはずだ。また、あなたや、あなたの大切な人たちに影響を与えようとする巧妙な試みに抵抗したり、重要な問題について取り組む際の手助けとなるはずだ。

## 損と得

では、収入の二〇パーセントを貯蓄することに気が向かないことと、脂身二〇パーセントの肉を避けることと、失敗率五パーセントの製品を嫌うこととのあいだには、どういうつながりがあるのか。これら三つはすべて、ネガティブ優位性から生じていると心理学者は主張する。客観性の度合いを一定に保った場合、良いことで気分が良くなる程度よりも、悪いことで気分が悪くなる程度のほうが大きい。郵便で予期せぬ五〇〇ドルの小切手を受け取ると気分が良くなるが、予期せぬ五〇〇ドルの請求書を受け取って気分が悪くなる度合いほどには大きくない。こういうわけで、脂身二〇パーセントの肉のほうが、赤身八〇パーセントの肉よりも好ましいものでなくなるのだ。前者のほうがより重みのある否定的な情報を際立たせ、後者はそうした情報を背後に追いやっている。ネガティブ優位性はとりわけ、日常生活において誰かを説得する場面との関係が深い。なぜなら、説得の成果は、善悪や損得といった言葉で等しく語られることができるからだ。何百もの研究から、論理的に等価な言い回しは決して心理学的には等価ではないということが実証されている。

ダニエル・カーネマンとエイモス・トヴェルスキーは、数値的なフレーミングが人の判断や決断にどのように影響を与えうるかを明らかにするにあたり、最も大きな貢献をした。そこで、この考えについての説明を、彼らの行ったなかで最も有名な研究から始めることにする。[16] そこでは、被験者たちに以下のようなジレンマが提示された。

国が珍しい病気の発生に備えて準備をしていると想像しよう。この病気によって六〇〇人の死者が出ると予想されている。この病気を撲滅するための二つの計画が提案された。

- 計画Aが採用されれば、二〇〇人が助かるだろう。
- 計画Bが採用されれば、六〇〇人が助かる見込みが三分の一、誰も助からない見込みが三分の二となる。

あなたなら、どのような選択をするだろう？　確実に二〇〇人を助けることを選ぶなら、あなたは多数派のひとりに入る。もとの研究(何度も繰り返し実施された)の被験者たちは、リスクを嫌悪した。二〇〇人ではなく六〇〇人を助ける見込みは、誰も助けられないというリスクには値しないと受け止められたのだ。確実なほうを選び、二〇〇人を絶対に助けたほうがよいというわけである。

しかしカーネマンとトヴェルスキーはまた、別の被験者たちに同じ選択肢を異なるフレーミングで提示した。今回の選択肢は以下のとおり。

- 計画Cが採用されれば、四〇〇人が死ぬだろう。
- 計画Dが採用されれば、誰も死なない見込みが三分の一、六〇〇人が死ぬ見込みが三分の二となる。

こうした状況では、どのような選択をするだろうか? 今回は「確実」な選択をして四〇〇人を確実な死に追いやるなら、あなたは少数派に入るだろう。この形式の選択肢を見た人のほとんどは、リスクを求めるように見えた。いや、損失を嫌悪したと表現するほうがふさわしいだろう。確実な損を受け入れるという考えをおおいに嫌うせいで、それを回避するために大きなリスクを冒すことをいとわないのだ。実際、被験者の七八パーセントが、四〇〇人を確実に死なせるよりも、誰も助けられないというリスクを冒してまでも全員を助ける可能性に賭けたいと答えた。

もちろんここには落とし穴がある。六〇〇人のうち二〇〇人を助けることは、四〇〇人を死なせることと同じであるという点だ。しかも、六〇〇人を助ける見込みが三分の一ということは、すなわち誰も死なない見込みが三分の一ということだ。確実なものを選ぶか、いちかばちかの勝負に出るかは、リスクへの一定の姿勢ではなく、選択肢がどのようにフレーミングされているかによって大きく違った。

これらの結果に着想を得て、リーとデイヴィッド・フェザーストンホーは、サンノゼ空港にいる旅行者たちに、年金が年に二五〇〇ドル増えて、現行の六五歳で一万ドルから一万二五〇〇ドルに増額されるなら、三年間余分に働き、六五歳ではなく六八歳で退職しても構わないかどうかと質問した。また他の旅行者たちには、年金額が二五〇〇ドル減ること、すなわち現行の六八歳で一万二五〇〇ドルから六五歳で退職した場合の一万ドルに減ることを回避するために、三年間余分に働いても構わないどうかと質問した。

同じ選択をこのように二通りにフレーミングした質問への回答は、とても大きく違っていた。とりわけ、回答した人の年収の中央値（六万ドル）よりも年収が低い人のあいだで顕著だった。六八歳まで働く代わりに年間二五〇〇ドルの利得を提示されると、収入の低い人のおよそ三分の二が断った。その額には、三年間余分に職に留まるだけの価値がなかったのだ。しかし、同額の二五〇〇ドルが、もっと長く働くことで回避できるような罰金として提示されると、収入の低い人の三分の二以上（七一パーセント）が、三年間余分に働くだけの価値があると答えた。[17]

意思決定のバイアスについての心理学的な研究に懐疑的な経済学者たちは、この種の所見が、専門職の仕事に就いて重要な問題を扱っている経験豊富な意思決定者が行う選択にも当てはまるかどうかに疑問を唱えた。ある研究で、肺がんの二つの治療法についての仮定の決定を開業医に突きつけることによって、その疑問を検証した。二つの治療法とは、（1）放射線治療で、差し迫った死の危険はないが、生存年数の数値はあまり好ましくないものと、（2）外科手術で、差し迫った死のリスクは小さくないが、長期的な数値の点ではより好ましいものである。[18] 実験者らは、数値の表し方に変化をつけた。医師の一部には、死亡率という観点からフレーミングした情報が与えられ、他の医師たちには、同じ情報を生存率という観点からフレーミングしたものが与えられた。まずは左の選択肢にあなたならどのように反応するか、それからその次の選択肢にどのように反応するかを考えてみよう。

**死亡率でのフレーミング**

**外科手術**
治療中に10パーセントが死亡する
1年以内に32パーセントが死亡する
5年以内に66パーセントが死亡する

**放射線治療**
治療中に0パーセントが死亡する
1年以内に23パーセントが死亡する
5年以内に78パーセントが死亡する

**生存率でのフレーミング**

**外科手術**
治療中の生存率は90パーセント
1年以上の生存率は68パーセント
5年以上の生存率は34パーセント

**放射線治療**
治療中の生存率は100パーセント
1年以上の生存率は77パーセント
5年以上の生存率は22パーセント

死亡率の観点からフレーミングした選択肢（右側）を見せられた場合、医師たちの回答は、外科手術と放射線治療のあいだで均等に分かれた。ちょうど五〇パーセントずつが、それぞれの選択肢を選んだのだ。彼らには、放射線治療を選ぶことで直近の死亡率が下がるという利点が、外科手術によって長期的な生存率が上がるという利点と同じくらい魅力的に見えたのだ。しかし、データを左側のように提示したものを見せられた医師たちは、圧倒的大多数（八四パーセント）が、長期的な生存可能性を高めるために、外科手術中の死亡リスクが高くとも外科手術のほうを選んだ。実験者の弁を借りれば、「この結果は、生存率の観点から提示された場合よりも、死亡率の観点から提示された場合のほうが、術中死のリスクが大きく見えるという事実に起因する」

## 基準となる数

たった今、トーマスの机には、一日わずか一ドルで高級紙が毎日配達されるとか、一か月わずか三〇ドルでインターネットのサービスがアップグレードされるとか、一日わずか三セントで「ヨーロッパの自然を守る」ことのできる方法とかの勧誘の案内があふれている。合理的な人間なら、いったいどうやって断れようか。なぜトーマスはまだ、これらの機会に飛びつかないでいるのか。ひとつには、一日当たりではなく一年当たりで費用を計算すると、トーマスの熱意がしぼむという理由がある――新聞は年間三六五ドル、より高速なインターネットサービスは年間三六〇ドルというように（でも、年間わずか一一ユーロしかからないのに、どうしてまだヨーロッパの動植物を守ろうとしていないのかとは聞かないであげてほしい)。

こうした勧誘をしてくる組織は、大きな額を使うという予測よりも、比較的小さな額を使うという予測のほうが人にはなじみやすいということをわかっている。しかし、多数の研究が明らかにしているように、大半の人は、自分の手で計算をして情報にもとづいた選択を行うのではなく、目の前に示された生の数字だけを見る。これと同じ理由で、人は、イギリスのポンドのような強い通貨で表示され、比較的小さな数字になっている場合(レチナディスプレーのアップルiPadが三一八ポンド)のほうが、メキシコのペソのような弱い通貨で表示されているために比較的大きな数字になっている場合(同じiPadが六三九五ペソ)よりも、高価なブランド品を買いがちだ。[19]

この現象の特によくある例が、心理学者たちが分母の無視と呼ぶものである。ある数値の与える印象を強くしたいなら、大きな目盛り(「年間三六五ドル」)を選ぶこと。強い印象を与えたくないなら、小さな目盛り(「一日わずか一ドル」)を選ぶこと。正しい目盛り(すなわち正しい分母)を戦略的に選ぶことは、とても大きな効果を生じうる。ある実験において被験者たちは、罹患者一万人当たり一二〇〇人が死ぬ病気のほうが、一〇〇人のうち二四人が死ぬような危険性が二倍も高い病気よりもいっそう危険であると判断した。[20]

だからといって、人が分母にまったく注意を払わないというわけではない。一九八〇年代初め、ファストフードレストランチェーンのA&Wが、マクドナルドの人気商品クォーターパウンダー(四分の一ポンドという意味の名称)に対抗するために、三分の一ポンドの牛肉を使ったハンバーガーを売り出した。味覚テストではほとんどの客がA&Wの新商品のほうを好んだにもかかわらず、市場では大失敗に終わった。A&Wがフォーカスグループを組織してこの矛盾の原因を突き止めようとしたところ、多くの客が、牛肉三分の一ポンドのハンバーガーは、牛肉四分の一ポンドのハンバーガーよりも肉が少ないと思っていることがわかった。客たちは、あまり賢くないことに分母に注目していた。「3」のほうが小さいことから、三分の一は四分の一よりも小さいと多くの人が結論づけてしまったのだ![21]

人は——適切であろうとなかろうと——分母に注目しがちだ。それも、抽象的な数値だけでなく、実際の意味を付与できるようなものの場合に。ある有名な思考実験について考えよう。そこでは被験者たちが、たとえば、買うと決めていた四九ドルのiPodシャッフルを一五ドル安く手に入れるために、町の反対側まで車を運転していくかどうかと質問される。ほとんどの被験者がイエスと答える。しかし、ほしいと思っている六四九ドルのiPhoneを一五ドル安く手に入れるために町の反対側まで車を運転していくかどうかと質問されると、ほとんどがノーと答える。

純粋に合理的な見方をすると、車を運転していく時間と手間よりも一五ドルのほうを重んじるのは、最初の質問の場合には非合理的だが、二つめの質問の場合にはそうではない。四九ドルのiPodを購入するにあたり一五ドル安くなる(三一パーセント)ことは、六四九ドルのiPhoneを購入するにあたり一五ドル安くなる(二パーセント)ことよりも、間違いなく得だ。しかし被験者たちは、これに係わる分母——iPodまたはiPhoneの値段——が、一五ドル節約するために町の反対側まで車を運転していくのに値するかどうかという計算には影響を及ぼさないはずだ、という点を見落としている。分母を戦略的に選ぶことは、省エネについての人の判断にも影響を与える。節約できる特定の金額は、暖房費用の一部として表示された場合には大きく感じられ、水道光熱費の一部として表示された場合には小さく感じられ、家計の一部として表示された場合にはさらに小さく（そしてかける手間には値しないだろうと）感じられるものだ。

## 隙間に気をつけて

遺伝子検査をした後に、重い神経系の病気になる可能性が二五パーセントあると医者から告げられるとしよう。リスクを二四パーセントに下げるために、いくらなら払うだろうか。あまり多くは払わないだろう。では、病気になる可能性が一パーセントあると告げられるとしよう。リスクをゼロにするために、いくらなら払うだろうか。あなたがたいていの人と同じなら、リスクをゼロにするためにとてもたくさん払うだろう。程度ではなく種類を変えるためだからだ――「可能性がある」から「可能性がない」へ。

同じ原則が、確率の目盛りの高いほうにも当てはまる。大好きな映画スターにキスする特権を獲得できる可能性を七五パーセントから七六パーセントまで高くするために、どれだけなら払うだろうか。九九パーセントから一〇〇パーセントまで高くするためならどうだろう。ここでも、一パーセント高くして七六パーセントに到達するためには、ほとんどの人はあまり（もしくはまったく）払わないだろうが、確実な結果を手に入れるために一パーセント高くするためなら、かなりの額を払っても構わないだろう。

確実性の目盛りのさまざまな地点において心理的にどういう選択をするかが異なることから、さらにいろいろな結果が生まれる。そのひとつに、確実な地点に近づくほど、提示される内容の影響が強くなる。何か悪いことが起こる可能性を四パーセントから二パーセントに下げることのほうが、二四パーセントから二二パーセントに下げることよりも、たいていの人はもっと重要だと考えるだろう。

このことがおそらく、先ほど述べた医師たちによるがん治療の選択にも影響を与えたのだろう。九〇パーセントの生存率があるとされた治療のほうを、一〇パーセントの死亡率があるとされた治療法よりも好む傾向には、損失と利得の予測にたいする反応には非対称性があるということ以外の要素も絡んでいたかもしれない。心理的には、一〇パーセントと〇パーセントとの差よりも、九〇パーセントと一〇〇パーセントの差のほうが小さく見えるのだ（同じように、九〇ポンドと一〇〇ポンドのバーベルの差のほうが、一〇ポンドのバーベルと何も持たないこととの差よりも小さく感じられる）。その結果、死亡率のフレームで示された一〇パーセントの死亡率は大きなものと思われながらも（ゼロからはかなりの差がある！）、生存率のフレームで提示された同じ一〇パーセントはわずかな値に思われる（九〇パーセントは一〇〇パーセントにとても近い！）。ここで得られるさらに一般的な教訓は、確率の目盛りの両端かそれに近いところの事象にたいする私たちの感覚を利用して、取りうる行動や起こりうる結果の危険性の程度や、魅力の程度、注意を向ける価値の程度を上げ下げすることができるということだ。

## 選ぶか拒むか？

多くの場合、選択は二つの選択肢に絞られる。コーネル大かスタンフォード大か、スバルかボルボか、ファイナンス部門から女性社員を受け入れるか、人事部から男性社員を受け入れるか。そして、そのような選択をする場合、必然的に二つのことが同時に起こる。ひとつの選択肢が選ばれ、もう一方が拒まれる。それなら、どちらを選ぶか、あるいはどちらを拒むかの問われ方が、問題になるはずはないのでは？　同じことを違うやり方で質問しているだけなのだから。

しかし今ではもうみなさんは、同じことを違うやり方で述べれば、つねに同じ反応が返ってくるとは限らないということを理解できているだろう。だから、意思決定をする人が、一方を選ぶこととして、あるいは一方を拒むこととして、二つの選択肢に向かい合っているのかどうかは大きな問題であるということを知らされても、おそらく驚かないだろう。選ぶことに意識を向けると、人は、選択を正当化するようなことがらについて考える傾向がある。対照的に、拒むことに意識を向けると、拒否を正当化するようなことがら――ひとつあるいはもう一方の選択肢を除外するための理由――について考える傾向がある。

これが意味することは、選ぶときよりも拒むときにおいては、安全で中庸な選択肢のほうが、目立つ点や欠点がある選択肢と比べて優位にあるということだ。プリンストン大学の心理学者、エルダー・シャフィールは、被験者に子どもの親権を争う問題を解決させた実験において、この傾向を明らかにしてみせた。[22]どちらの親に子どもの親権を与えたいかと問われると、被験者の大半は、子どもとの関係がほどほどで、時間的にも場所的にも仕事上の問題があまりない親よりも、複雑な要素をもつ親（子どもとても親密だが出張が多い）のほうに味方する。しかし、どちらの親に親権を与えるべきではないかと問われると、大半が逆の意見を述べる。すなわち、奇妙なことに同じひとりの親が、子どもの親権をもつに値するとも値しないとも見なされたのだ。

教訓は明白なはずだ。上司や職場のグループや家族から認めてもらいたい人が派手でリスクが高そうな人物なら、どちらを選ぶかという選択方法にする。あまり派手でなくリスクが低そうな人物なら、どちらを拒むかという選択方法にすればよい。

本章の冒頭あたりで、言語がもつ政治的な思想を形作る力についてのジョージ・オーウェルの発言を引用した。その後に取り上げた研究は、まさにオーウェルの言うとおりだっただろう。これまで見てきた所見からは、巧みな操縦者がどのような言葉を使ってどのようなフレームに入れて問題を提示するかによって、人の判断や決定が左右されるという印象が感じられる。* これは確かに、フレーミングについての研究のひとつの見方だ。オーウェルの言う脅威は実際に存在する。しかし、状況主義について前章で述べたように、人はひもで操られる受身の人形ではない。人は、周囲にある刺激や出来事の意味を能動的に探しに行く。そして部屋のなかで最も賢い人は、問題や選択をフレーミングする別の方法について考える。それもとりわけ、そうした問題が議論を呼ぶものであったり、大きな利害が絡むものであったりする場合には。次の章で見ていくように、採用する（あるいは採用するように仕向けられる）フレームが選択する行動に影響を与える一方で、その行動が今度は、フレームや解釈に影響を与えるのだ。

---

＊北アイルランド紛争の解決に向けた努力のなかで、リーは、警察組織が二〇〇一年に変更されたことに注目した。王立アルスター警察隊（カトリック教徒にとっては、イギリス人であると自認するプロテスタントの利益を守るために作られた警察部隊を意味する）であったものが、北アイルランド警察（カトリックもプロテスタントも同様にコミュニティ全体を公平に保護し治安を維持するための機関を意味する）になった。この変更は、単に、満足できない現状を市民がより受け入れやすくする目的のために行われただけではなかった。警察活動の目的や、暴力に終止符を打ち、コミュニティ間のより良い関係を作ろうとしている政治指導者たちのもつより大きな目的が変化したというメッセージを強化するためのものだった。

# 第4章　行動の優越

テニス界のGOAT（Greatest of All Time）〔史上最高の選手〕としばしば称されるロジャー・フェデラーが二〇〇六年の全仏オープン決勝戦でラファエル・ナダルと対戦したとき、フェデラーの力は最盛期を迎えていた。彼はその前のウィンブルドン、全米オープン、全豪オープンで優勝。全仏で勝てば、四つの主要トーナメントを連続して制覇しグランドスラムを達成するプロテニス史上わずか二人めの選手になるだろう。この決勝戦への関心は、一九歳のナダルが前年の全仏準決勝でフェデラーを破っていたことから、おおいに高まっていた。この試合はフェデラーにとって、雪辱を果たすチャンスだった。

フェデラーが好調な出だしを切り、第一セットで五対〇とリードを広げたときまでは、その目標を果たせそうだった。その後ナダルがサーブ権を握り、決勝戦で最初のゲームを取った。しかしナダルは、セットを落とすことが避けられない状況を先送りにしただけといった態度を見せず、次のゲームでフェデラーのサーブを受ける準備をするために、ベースラインまで全速力で走っていった。実際、世界中の人の目には、ナダルは五対一で負けているのではなく**リード**している選手のように見えた。それからナダルはゲームを落とし、セットを奪われた。ところがその後、ナダルが続く三セットを取り（六対一、六対四、七対六）、試合に勝った。ナダルが自信ある態度を見せたことは、試合中にフェデラーの何らかの弱点に気づいたことの表れだったのか、それとも、あらかじめ計画していた戦略変更で、それが流れを変えたのか。あるいは、活力と自信を体で表現したことが、どういうわけか、調子を上げることを可能にしたのか。

その日テニスファンが目撃したことは、テニスのコーチたちが長年にわたり力説してきたちょっとした知恵が正しかったことを実証した。流れが悪くなってきたら、ボールを足下でバウンドさせて、肩を張り背筋を伸ばし、調子が良いときに自然と取るような姿勢をしろ、と選手はアドバイスされる。これは、「うまくいくまで、うまくいっているふりをしろ」のテニス版だ。敗者の姿勢をしていては、トップ選手を相手にするときに必要とされるような大胆なテニスはできないのだ。

このアドバイスにある知恵は、テニスやスポーツ全般の枠に収まらない。誰もが、自分の感情が自分の行動のしかたに影響するということを知っている。気分が落ち込んでいるとき、動きは遅くなる。明るい気持ちのとき、あるいは怒っているとき、動きは速くなる。しかし心理学者たちは、その逆もまた真であることを明らかにしている。すなわち、さまざまな行為をしているときの姿勢とふるまい方が、どのような感情をおぼえるか、そしてナダルのように到達する結果にも影響を与えることがあるのだ。[1]

一般的な世間の知恵にも、まったく同じメッセージを伝えるものがある。仕事中に口笛を吹こうとか（仕事を楽しく感じられるようにするために）、怖かったり落ち込んでいたりするときに楽しい歌を歌おうとか（気持ちを持ち上げるために）。その昔、幽霊に会うかもしれないという恐怖心を打ち消すために、墓地を通り抜けるときには口笛を吹くこと、という忠告もあった。

心理学者たちはさまざまな状況を対象に、どのように行動するかが、どのように感じるかに与える影響について調べてきた。しかし、人間の営みを研究する二人のとても賢い人が、実験的な研究から得られた証拠が学術誌に掲載されるよりもはるか以前に、こうした方向に影響が働くことを十分に理解していたようだった。ひとりは二〇世紀初頭に活躍したアメリカ人の哲学者兼心理学者であり、もうひとりはそれより二〇世紀も前に存在したローマ人の詩人である。

## ジェイムズの感情についての過激な理論とオウィディウスのレシピ

一〇〇年以上も前、心理学を開拓したウィリアム・ジェイムズが、あまりに直観に反するような感情についての仮説を提示した。常識から見ると、体験する感情が反応のしかたを決めるように思われるが、実際にはその逆である、とジェイムズは述べた。すなわち、私たちが体験する感情は、出来事に反応している体の感覚だというのだ。たとえば恐怖の体験は、脅威から走って逃れるときの心臓の鼓動の感覚や、顔がゆがむ感覚、あるいは脚の筋肉が収縮する感覚である。彼は次のような有名な言葉を残している。「泣くから悲しく感じ、こぶしを打ちつけるから怒りを感じ、体が震えるから恐怖を感じるのであって、悲しいから、怒っているから、恐れているから、それに応じて泣くのでも、こぶしを打ちつけるのでも、体が震えるのでもない[2]」

後に社会心理学者たちは、ジェイムズの洞察をもとに、感情のラベリングという概念を加えた理論を打ち立てた[3]。この理論では、ジェイムズの気づきは重要ではあったが、感情と関連する生理学的な手掛かりは比較的散漫であるため、体験が状況的な手掛かりや標識《ラベル》の影響を受ける余地もある、とされている*。だから私たちは、怖いと見なすようなものが周囲に存在するときに体験している興奮状態に恐怖というラベルを付ける。そして、出会えてとても嬉しいようなことを見たり聞いたりしたときに体験している興奮状態に喜び（あるいはもしかすると安心）というラベルを付ける。

ジェイムズの理論と、後にそれに修正を加えたものには、いくつかの問題があることがわかっている（一例として、肯定的および否定的な出来事にたいする顔の表情や体の反応は、これらの理論で言われるよりも細かな差異がある）。しかし、身体的な行動を変えることで、感情が高まったり、鎮まったり、まったく変化したりするかもしれないという考えは正しいことが判明している。たとえば、ある有名な研究で、漫画がどれくらいおもしろいかを学生たちに評価させた。ある実験では、ペンを歯で噛んで「微笑み」の表情を作らせ、またある実験では、ペンを唇にはさみ微笑みを作らないようにさせた。行動のしかたによってもたらされた手掛かりが感じ方に影響するという考えと合致して、微笑みながら漫画を見た学生たちは、しかめつらに近い表情で漫画を見た学生たちよりも、その漫画をはるかにおもしろいと感じた。[4]

もしも同一の体の感覚がさまざまにラベリングされることがありうるなら、自分の感じているものが一体何なのかということがわからなくなる恐れがある。周囲の環境からある感情が引き起こされているかもしれない状況で、それとは別の感情をもつことがあるかもしれない。この考えは、ローマの詩人、プーブリウス・オウィディウス・ナーソーによって予期されていた。彼はキリストと同世代で、英語圏にはオヴィッドという名で知られている。『恋の技法』〔樋口勝彦訳／平凡社ライブラリー〕でオウィディウスは、ローマ人たちに向けて、妻や愛人（あるいは気に入ったどんな女性でも）の情熱をかき立てるために必要なことは、剣闘士の試合に行くことであると書いている。すなわち、欲情という感情であるとしてラベリングされる、あるいは間違ってラベリングされるのにふさわしい、強い興奮の感情を生じさせるために必要なものであると。

ロマンティックな関心をかき立てるオウィディウスのレシピのさらに現代的なバージョンには、怖い映画を観ることや遊園地でジェットコースターに乗ることなどがある。さらには地元のジムで運動することも挙げられる。ジムでは、高い心拍数と汗と薄着という組み合わせから、同じような間違ったラベリングがされる可能性がとても高くなる。[5] これはまた、激しいけんかの後の「仲直りのセックス」がしばしば、とても情熱的で満足感が得られるものであることの理由のひとつだ。

オウィディウスのレシピは、ブリティッシュコロンビア州にあるぐらぐらと揺れるキャピラノの吊り橋で行われた興味深い実験において検証された。この橋は、ふつうなら恐怖や不安とラベリングされるような不安定な気持ちをほとんどの人に感じさせるような構造をしている。そこで、若い男性が魅力的な女性と出会い、その女性からアンケートに答えてほしいと頼まれる。アンケートには、若い女性が片手で顔を隠し、もう一方の手を伸ばしている写真に合うような短いストーリーを書くという設問もあった。アンケートを頼んだ女性はまた、この実験について質問があれば自分に連絡してほしいと言って電話番号を渡した。他の若い男性の被験者たちは、もっと低く安定していて、「興奮」をさほどかき立てない橋で、同じように女性と出会った。

どちらの被験者のほうが、アンケートで書いたストーリーのなかで、より多くの性的な内容を描写し

＊この理論において最も大きな役割を果たした心理学者、スタンレー・シャクターは、リーの博士課程の指導教官で、師と仰いでいた人物であり、著者二人の心理学についての考え方と研究のしかたに大きな影響を与えた。彼は特に、理論と実世界での出来事や体験とを結びつけ、そうした結びつきを調べるための巧みな実験を考案することに長けていた。

ていたか、そしてどちらの被験者のほうが、「追加の質問」があるからと言って電話をかけてくる確率が高かったのか。実験者が予測したように、そうしたのは、興奮をかき立てる吊り橋の上で女性と出会った人のほうだった。この実験の追跡研究が行われ、ロマンティックな関心が明らかに高まったのは、橋を渡っている最中に男女が出会い、揺れる橋と強い風のために心拍が速く呼吸の回数が多くなり、その他の興奮した状態が生じた場合に限られたということが明らかになった。男性が橋を渡り終わった後に、そして生理学的な興奮が静まるまでの十分な時間がたった後に男女が出会った場合には、「レシピ」はもはや効かなかった。(6)

## 心よりも体

オウィディウスが知っていたように、人はときおり、心と体から発せられるメッセージを正しく理解できない。ある感情（恐怖）から生じた興奮が混同され、次には、それとは関係のない感情（欲情）が生まれるということが研究によって確認されている。実際、心と体のあいだでどの程度の混線が生じているかを、研究者たちが明らかにしている。たとえばある実験では、表向きはヘッドフォンの試し聞きをしている最中に、首を縦に振る（ふつうは同意と関連する動き）ように指示された被験者たちは、たまたま首を横に振る（ふつうは不同意と関連する動き）ように指示された被験者たちよりも、ヘッドフォンから聞こえてきたメッセージをいっそう好意的にとらえた。(7)

同様の効果が、肯定的な反応または否定的な反応と関連づけられる他の動作からも得られている。ある実験では被験者たちが、両手を身体のほうへ引き寄せながら（札束を受け取るときのように受容と関連した動き）目の前の情報を評価し、別の被験者たちは、両手を外側へ突き出しながら（嫌な味や匂いがする物を押しのけるときのように拒絶や回避と関連した動き）同じ情報を評価した。予測されたとおり、両手を引き寄せた被験者のほうが、両手を突き出した被験者たちよりも、情報をいっそう好意的に評価した。(8)「親指を立てる」しぐさと「中指を立てる」しぐさにたいするまったく異なる連想についてはどうだろう。これらのしぐさをまねすることは、そのとき同時に行っている評価に影響を与えるのか。これを明らかにするために、研究者のグループが、「マルチタスク」を調査する実験であると被験者に信じ込ませ、仮説に感づかれないようにして実験を行った。被験者たちは、ドナルドという名前の人物が出てくる文章を読むように指示された。それと同時に動作感知装置のなかに手を通すように求められた。被験者の一部は中指を上に伸ばし、一部は親指を伸ばすよう指示された。予想されたとおり、中指を立てた人はドナルドを敵意のある人物だと判断し、親指を立てた人はドナルドを好ましくて頭のよい人物だと判断した。(9)

これとは別に、心と体のあいだでこの種の混線が生じていることを実証するために、地球と密接な関わりのある実験が、トーマスの教え子であるジェーン・ライズンとクレイトン・クリッチャーの二人によって行われた。彼らは、地球温暖化による脅威について被験者に質問した。(10)その際、質問をしている部屋の温度に変化をつけた。特別に暖かくした部屋で質問された人は、寒い部屋で質問された人よりも、地球温暖化ははるかに深刻な問題であると考えると回答した。実際のところ、暖かい部屋にいて、政治的には保守派であると自認している人たちが、寒い部屋にいて、リベラル派であると自認している人と

同じくらい、地球温暖化への懸念を表明した。*(11)

体が心の状態に与える影響についての研究からは、自分自身の思考や感情のいくつかを自在にコントロールするために役に立つヒントが得られる。もしも気分が落ち込んでいたり、自信がなかったりするなら、ラファエル・ナダルからヒントをもらおう。絶好調のときに自然としているような姿勢をするのだ。

この独特な自助的戦略についての研究を、ダナ・カーニーとエイミー・カディが行った。実験では被験者たちに、地位の高い人や低い人、権力《パワー》をもつ人ももたない人と関連した姿勢を取らせた。地位の高い人は広い空間を占める傾向がある。つまり、両手を頭の後ろで組み、肘を張ったり、腰に両手を当てたり、机や椅子の上に足を上げたりする。地位の低い人は、空間をあまり使わない。ぎゅっと縮こまり、両手を胴に巻き付けたり、両手で顔に触れたりする（そして一部を隠す）。これらの姿勢を取るように被験者たちに求めると、パワーをもつ人の姿勢を取った人では、テストステロン濃度が急激に上がり、ストレスホルモンのコルチゾール濃度が低下した。パワーの弱い人の姿勢を取った人では、その逆になった。テストステロン濃度が下がり、コルチゾール濃度が急増したのだ。(12)

研究者たちはまた、模擬の就職面接を受ける直前に、被験者たちにどちらかの姿勢を取らせた（面接官の態度が不可解で、いかなる種類の言語的または非言語的な励ましを与えるフィードバックもない、かなりのストレスを与えるような面接）。面接は録画され、後から、この実験の目的や面接を受ける人がその前にどの姿勢を取っていたかについて何も知らない人によって採点された。面接の前にパワーの強い人の姿勢をまねていた被験者たちは、パワーの弱い人の姿勢をまねた被験者たちよりも、面接において強い印象を残し、仕事を与えるのにいっそうふさわしいと評価された。したがって、自分が「本当はどう感じているか」に意識を集中するよりも、行動に注意を払うことのほうが、ナダルのように勝利を収めるのに役立つだろう。仕事中に口笛を吹くなど、気分の良いときにすることを何でも行うことで、退屈な仕事や面倒な作業をやり遂げられるようになり、憂鬱を吹き飛ばす手助けにもなるだろう。また、衝動的な行動に出そうなときには、冷たいシャワーを浴びるのも確かに良いアイデアだろう。

## 私は行動する、ゆえに私は信じる

よく言われていることだが、私たちを他の動物から区別するものが知性だ。私たちは確かに、他のどのような生き物もかなわない認知能力をもっていて、なかでも独特な点が、内省的な思考から行動を導き出すところである。しかし、リーが学部生のときに指導してもらった教授のひとりは（どの教授だったかリーは忘れてしまった）、「人間を動物ととらえる人は、少しだけ賢くなる。そして、動物を、私たちがするように推論をして反応する生き物であって、人間に似ているととらえる人は、少しだけばかになる」と言った。ホモサピエンスとその他すべての生物とのあいだにある最も根本的な類似点のひとつは、私たち人間が真っ先に進化して、目の前の環境において有効な行動を取るようになったということ

＊アメリカとオーストラリアで行われた世論調査にも同様の効果が見られた。ふだんより暑い日では、そう遠くない将来に全員が直面すると思われる気候変動についての懸念の程度が高くなった。局地的な気温には、より広範囲な天候のパターンについての情報がいくらか含まれているから、気温が高いときに地球温暖化についての確信が強くなっても、回答者たちが非合理的なわけではない、と説明することもできるだろう。しかし、回答者がアンケートに記入している部屋の明らかに人工的に設定された温度を操作した実験については、同じことは言えない。

だ。そういう意味において、行動が第一にある。内省的な思考を行うという付加的な能力は、その後に進化した。そうした進化の歴史を考えれば、私たちの思考がしばしば私たちの行動を決定する一方で、その逆もまたある、すなわち私たちの行動がしばしば私たちの思考を決定するということは驚くほどのことではない。確かに、この一〇〇年間における行動科学研究で得られた知見のなかで最も一貫性があり注目に値するもののひとつが、人間の態度から行動を予測するよりも、行動から態度を予測できる場合が多いというものだ[13]。

行動が信念に与える影響を説明するために、多数の理論が提唱されてきた。そのうちの二つがとても有力であり、どちらも同じ結論に行き着く。つまり、ひとたび特定の信念と一致するようなやり方で行動すれば、その信念を支持する気持ちがわく、というものだ。一方の理論は、その時代において最も有名な社会心理学者であり、おそらくはこの分野からこれまでに輩出されたなかで最も才気ある実験主義者によって提示された。もう一方の理論は、その著名な年長の心理学者に対抗し、初めのうちはこの分野の権威の怒りを買った若い研究者が提案したものだった。二つの理論の従来の扱い方から距離を置くために、これら二つの理論が構築された順序とは逆の順番で説明していく。なぜそうするかというと、本書でここまで論じてきた研究に直接的に関係するのは若い研究者が後から提示した説明のほうであり、本章の後半で言及する読者への重要なメッセージの鍵を握るのは、著名な理論家かつ実験主義者の行った研究のほうであるからだ。

## 自己知覚理論——行動することが信じることであるとき

子どもが頭をどこかにぶつけて泣き始めると、親は「痛いね」と子どもに言うだろう。それで子どもは、自分の感じていることにどういう言葉が当てはまるのかをおぼえていく。しかし子どもはまた、自分のなかで起こった体験と、それが意味することについて、重大な学びを得ていく。バレエの発表会の前に「そわそわ」したり「わくわく」したりすることや、歯医者が「こわい」と思うことや、自分とは意見の合わない大人から自分のふるまいがどう受け止められているかということにたいして「困惑」するということを学んでいく。言い換えれば、自分のしていることと、それをしているときの状況に注意を払うことも、自分の感じていることを理解して標識《ラベル》を付けることに寄与するのだ。

心の哲学における基本となるこの考えは、これから登場する若き研究者、ダリル・ベムの出発地点だった。彼の自己知覚理論では、内省から得られる自分の内にある手掛かりが弱かったり紛らわしかったり、そもそも存在しなかったりする場合には、自分の行動や周囲の状況から、自分の信念や優先事項の性質や強さを推論するとされている。ちょうど、他の人についてそのような推論をするときのように。(14)

イタリア料理とメキシコ料理のどちらが好きか？　あなたはその答えを、イタリア料理店とメキシコ料理店をそれぞれどれだけ頻繁に訪れているかを確認してから出す、とベムは主張した（その選択に影響を与えたかもしれない、場所的や価格的な行きやすさの違いも考慮に入れたうえで）。つまり、友人や近所の人の食べ物の好みを知ろうとする場合に考えるような情報とまさに同じことを考えるのだ。

ロックコンサートとフォークミュージックではどちらが好みか？　サッカーと野球では？　この場合、

どちらかのジャンルのコンサートのチケットを買うのに、これまでにいくら出費してきたのかを考えるだろう。また、ひとりでホテルにいて、誰の好みも関係なく自分だけで決められるとき、テレビでどのスポーツを観ていただろうかを思い出す。どれくらい信心深いか？　誰かが生まれたり、結婚したり、亡くなったりというような社交儀礼とは関係のない宗教的な礼拝に、どれくらいの頻度で出席しているだろうか、と自問するだろう。そして、願っていたことが起こったり、恐れていたことが起こらなかったりしたときに、心のなかで祈りを唱えたり、空を見上げて感謝を唱えたりしたことがあっただろうかと確認するだろう。

一九五〇年代の冷戦時代まっただ中、かなりの数のアメリカ人が、自宅の地下室や裏庭に設置するために、大金をはたいてコンクリート製の核シェルターを購入した。ソ連との核の応酬を恐れる度合いに応じてシェルターを買ったのだろうが、ベム流に分析すれば、シェルターを買ったことで、いっそう恐怖を感じるようになっただろうとも考えられる。たとえ、購入したという行為に、滑らかなセールストークや、近所の人たちがしていることに同調したいという気持ちが大きく関係していたのであっても。同じ理由で、販売されているあらゆる子ども用の安全グッズを買いそろえて、屋外で遊んでいる子どもの動向をすべて監視している今日の親たちは、そうすることによって、自分が避けようとしているまさにその災難によってもたらされる危険の推定レベルを引き上げているのだ（そして親の行動によって、子どもたちの感じる恐怖のレベルも引き上げられている）。

外的な行動から内的な状態を推論するというこのプロセスは、空腹感や恋愛のような直接識別できそうな状態にたいしてさえも適用される。「サンドイッチをもう一切れ食べてしまった」、「それなら、思っていたよりもお腹が空いていたにちがいない」と自分に言い聞かせる。「気づくといつも、会えないかと思って彼女の家のある通りを歩いている」、「それなら、彼女にすっかり惚れているんだろう」と思う。ここでもまた、同じ状況において同じように行動する誰か他の人のことを考えるときと同様に、観察された行動から内面の感覚や優先事項へと推論をして飛躍することによって、あなた自身の内的な状態を知ることへとだいたい近づいているというわけだ。

ほとんどの人はこのことを、あまりに直観に反していると受け止める。私たちは、自分がどれくらい空腹かは「ちゃんとわかっている」と主張する。同様に、自分が誰に魅力を感じているか、何を信じているかは、ちゃんとわかっていると主張する。人はこれらのことがらを推論するという理論は、まったくの的外れに感じられる。先ほど言及したように、ベムは、より直接的で内的な情報が「弱いか、紛らわしいか、解釈不能」である場合に限って、私たちはこのような推論を働かせるというただし書きを付けた。しかし、ベムの洞察のなかで最も重要なもの——そして部屋のなかで最も賢い人に届けられるべムのメッセージ——は、内省から得られるものは実際のところ、ほとんどの人が想像するよりもはるかに頻繁に、弱く、紛らわしく、解釈不能であるということだ。

自分の胃から出される信号の多くは確かに読み取りにくく、そのために私たちは、自分がどれくらい空腹かを推論する。恋愛感情は、キャピラノの吊り橋での研究事例が示す判断ミスにあるように、測定することが難しい場合がある。大切な信念であると思われるものの痕跡でさえ、ほとんどの人が思うよりも弱い。たとえば、一九七二年の選挙と一九七六年の選挙で支持政党を変えた人の九〇パーセントは、以前に支持していた政党を間違っておぼえていた(15)。さらには、人種隔離のためのバス通学問題について、とても説得力のある議論をする人が異議を唱えて生徒たちの意見を変えさせた事例では（どちら側の意見であっても、と付け加えておくべきだろう）、生徒たちは、自分の新しい意見はずっと前からもっていたものだと主張した。[16] 要するに私たちは、自分の思っているほどには自分自身の心の中身を知っていないようなのだ。だから私たちはしばしば、人の考えていることや感じていることを推論しなくてはならない外部の観察者と同じ立場にある。

## 不協和の軽減――動機付けによる心の変化

ベムの考えは、学界の権威たちから冷ややかに受け止められた。その理由の一部は、当代随一の社会心理学の理論家レオン・フェスティンガーが以前に提唱した理論に代わるものとして出されたものだったからだ。フェスティンガーの理論は、出発地点がまったく違っていた。人は、行動や信念、価値観、優先事項にある食い違いを融和させるように動機づけられている、という主張である。[17] フェスティンガーの認知的不協和という理論（現在では心理学以外の分野においても広く知られている）はある程度まで、合理化と自己正当化についてのずっと以前からある概念の形を変えたものだった。しかしフェスティンガーと同僚らは、古い考えを作り替える以上のことをした。彼らの研究成果によって、社会心理学の歴史において非常に興味深いテーマではありながら不明な点もあったいくつかの知見において、不協和を軽減するプロセスがどのように作用しているのかについての私たちの理解が深まったのだ。そうした研究過程において、彼らは、他人の態度に影響を与えたいと考える人にとって最も重要となる原則のひとつを具体的に示した。

フェスティンガーはこの理論を構築する前には集団力学を研究し、「均一性への圧力」という作用を命名していた。彼は以前から、集団内で意見の相違が生じると、とりわけ食い違いを生じさせている問題が重要なものである場合には、一種の緊張状態が生じ、集団のメンバーがそれを解決しなくてはならなくなると述べていた。そうした緊張は、合意に到達して、調和が取り戻されたとき――たいていは多数派が少数派に賛同するように圧力をかけることによって――にだけ軽減されると論じていた。フェスティンガーが新たに主張したのは、集団の力学において人と人とのあいだに起こることが、個人の心のなかにある内面的な力学においても起こるというものだった。すなわち、自分のある意見が、自分のなかにある他の意見と衝突するとき、それもとりわけ自分の行動が、自分の価値観や優先事項や信念と一致していないようなときにはいつでも、ある種の心理学的な不快感をおぼえる。そうした不快感が次には、何らかの方法で不協和を軽減させようとする動機になる。

フェスティンガーが個人の頭のなかでのみ作用するこうした認知的なプロセスに集中したことで、社会心理学においての社会性がかなり薄れるような時期を迎えることとなった。しかし実際には、不協和の軽減はとても社会的な企てになりうる。私たちは、思考や行為のなかに自分を混乱させるかもしれない不一致を認めると、気持ちを軽くするために互いに助け合う。クレジットカードを使う額を減らそうと決心したすぐ後に、飛行機のチケットを衝動的に買ってしまって不協和を感じているときに、友人が、お金を贅沢に使って休暇を楽しむくらいがんばってきたのだからいいじゃない、と声をかけてくれる。カロリーの摂取量を減らすつもりだと宣言したというのに、友人が、いかにも太りそうなデザートを食べても大丈夫、と言ってくれる。義務を果たすのをおろそかにしたときに、それほど問題はないと強く言ってくれる。それでも、第7章で集団間の対立を、そして第9章で気候変動の問題を論じる際に見るように、不協和を低減しようとする集団的な努力が、無害とはほど遠い帰結につながることがある。

不協和低減の事例は、手の届かないところにあるブドウは酸っぱいに違いないと決めつけることで欲求不満を減らしたイソップの寓話のキツネ以来、人間の弱点を賢明に観察する者たちによって提示されてきた。宴会を欠席した人は、食べ過ぎを避けられたという事実に慰めを見出す。ブラインドデートをキャンセルされた（あるいは、デートの別れ際に「電話するよ」と約束されてから連絡がこない）人は、あの人とは絶対にうまくいかなかっただろうと決めつける。高尚なものであってもそうでなくても大義のために苦難を耐える人は、その大義をいっそう価値のあるものと見なす。しかも、苦難の度合いが大きいほど、大義のもつ価値が大きくなる。

人はまた、自分の失敗を合理化する方法を見つける。お金の失敗は「いい勉強」になる。思ったよりもきついハイキングは、不屈の精神を発揮する機会や、将来の冒険へのよい準備となる。人はまた、骨の折れる退屈な仕事に手をつけることができないことを合理化するのも上手だ（「仕事を始める前にどうしてもファイルを整理しなくては」、「ガレージのがらくたを片づけ始める前にジェニファーに婚約祝いのメッセージを送らなくちゃ」、「邪魔がまったく入らない時間ができるまで待ってから、税金の申告書に取りかかろう」）。もっと運動をする、もっと健康的な食事をする、エネルギーの消費を減らすために努力をする、困っている人にお金を寄付するなどといった行動ができていないことを合理化するために思い付くことがらのリストがどんどん長くなっていく。

フェスティンガーと弟子たちは、不協和低減のよくある事例を目ざとく見つけていた。そのなかには、彼ら自身の事例もあった。当時、喫煙のリスクについての研究が発表され始めていたにもかかわらず、フェスティンガーはタバコを吸い続け、その行為をあらゆる方法で正当化していた――まさに正当化でしかないと気づいていながら。* また、フェスティンガーが購入した車（ナッシュ・モーターズ車）についてとめどなく話をするとき、学生たちは目配せを交わした。なぜなら、美しくない車体のラインや、ガソリンを大量に食うところや、修理が頻繁に必要なところがあるにもかかわらず、車に愛着を感じているのではないということが、彼自身の理論から明白だったからだ。彼が愛着をもっていたのは、そうした残念な特徴があるからこそだった。フェスティンガーやその弟子たちが行った実験室での研究を中心として、社会心理学という分野が形成され、活発になっていった。

## 自分の行った選択についての不協和を低減する

フェスティンガーと学生たちが行った研究の第一弾は、よくある種類の不協和の低減を対象としたものだった。つまり、公職への二人の立候補者、レストランのメニューにある二つのおいしそうな料理、二つの休暇の行き先など、二つの選択肢のどちらかに決めた後にわいてくる不協和にまつわる研究だった。こうした決定を下した後に「代替案が散逸する」現象が起こるということをフェスティンガーは示した。すなわち、いったん選択を行うと、それが正しい選択だったという確信が深まる、という現象だ。深く考えれば考えるほど、経験不足ではあるが票を入れた新人候補者のほうが、前回支持した頑固な候

*それでも、命を奪うことになる病の最後の段階になっても、フェスティンガーは、がんにはかかっていても、肺がんではないとわざわざ主張していた。

補者よりも、時代遅れの政策を改革するにあたりもっと優れた手腕を見せるだろうという確信が強くなる。レストランで注文をした後、注文しなかったジューシーなステーキについて感じる不協和を、値段が高すぎたと見なすことで低減する。さらに、注文したサケ料理は、ウエイターから、今晩、特に新鮮だと勧められていたことを思い起こす。さらには減らした分のカロリーを、おいしそうなチョコレートムースを食べて補ってもいいだろうと思い付く。

ある初期の研究において、代替案が散逸する現象は、魅力という点において選択肢が近しい場合(そのために放棄した選択肢について多大な不協和を感じる場合)に最も顕著になるということがわかり、不協和理論によるいっそう微妙な予測が可能になった。[18] 別の研究では、競馬場で馬券を買う人たちに、購入窓口に来た時点でどの馬に賭けるかをまだ決めていないときと、賭ける馬を決めて金を払い窓口を離れた後のどちらかの機会に、賭けた馬が勝つ可能性について質問することによって、決定を下した直後に正当化のプロセスが著しい勢いで作動し始めることが明らかになった。[19] 不協和理論が予測するように、賭けをする人たちは、賭ける前よりも後のほうが、自分の馬が勝つだろうという強い確信を見せたのだ。他の研究からも、選挙において同じことが起こるということが示された。投票者たちは、投票所に入るときよりも出たときに質問された場合のほうが、支持する候補者が勝つ可能性をいっそう楽観視していたのだ。[20]

ここで得られる教訓は、責任を引き受けることには、心理学的に著しい利点があるというものだ。別の言い方をすれば、「態度の決定を保留する」ことが魅力的に思える場合があろうとも、そして、そうすることに明確な利点がありえようとも、責任を引き受けないことには心理学的な代価がついて回る。

職業の選択をできるかぎり先へと引き延ばすことは魅力的に思えるが、多くの人は、選択を行った後になってようやく、選んだ仕事にあるあらゆるプラスの面に気づく。結婚のことを考えると、鉄の球や鎖といったこわい比喩が心に浮かぶが、いったん責任を引き受けた場合には不協和低減の作用が大きく働く。

態度を保留したいという気持ちと、選択して退路を断つことから得られる利点との対立については、ハーバード大学のダン・ギルバートとジェーン・エバートが行った研究がうまく説明している。その研究は、先に挙げたような例ほどは重大でない決定や、ほどほどの責任を対象としていた。研究者らは、カメラマン志望者の被験者たちに数日間で十数枚の写真を撮ってもらい、その次の段階では、暗室でそのうちの二枚を現像してもらった。それから、二枚の写真のうちの気に入ったほうを選んで家に持って帰り、残りの一枚は研究室のファイルに入れておくように指示した。被験者の一部には、後で気持ちが変わってそうしたくなったら写真を取り替えてもよいと言い、残りの被験者には、選ぶのは一回限りだと言った。変更できるという選択肢によって、最終的にその写真をどれくらい好きであるかが左右されるかどうかと問われると、被験者の大半はまったく違いは出ないと回答した。しかし実際には、選択を変更できない被験者のほうが、選択は変更可能であると言われた被験者よりも、自分の選んだ写真を好きな度合いが著しく高かった。自分の選択にしっかりと責任をもつ者だけが、不協和低減のもたらす快楽の利点を享受したのだ。(21)

強化法則を覆す

何かをするために多くの金が支払われるほど、人はそれを行う可能性が高まる。これは、合理的なことだと思うのではないだろうか。選択肢を与えられれば、ほとんど誰もが、低い報酬よりも高い報酬のほうを選ぶだろう。しかし、不協和についての古典的な実験から、一見すると驚くかもしれないような結果が得られた――嫌なことをするためにもらう金額が低いほど（ゆえに感じる不協和が大きくなる）、結局のところそのことは、本当はさほど嫌なことではないと結論づける傾向が高まるというものだ[22]。

この実験では、興味深い心理学実験に参加できると期待して来た学生たちに、まったく頭を使わない退屈な作業が与えられた。板の上の隙間にはさまった杭を、もとの向きに戻るまで、一回につき四分の一回転だけ回すというものだ。作業が終わると実験者から、期待が作業能力にもたらす効果を研究テーマとしており、次回の実験の参加者たちに手を貸してほしいと頼まれる。具体的には、今行ったばかりの作業がとても楽しかった、と次の参加者に言ってほしかったのだ。この実験では、真実をねじ曲げることにたいして学生に支払われた金額に、差がつけられた。一部の学生には一ドルが（一九五九年における実験参加者への標準的な金額）、他の学生には二〇ドルが支払われた（当時では、ニューヨークの最高級レストランでの二人分の昼食代よりも高い[*]）。

実験者が断りにくい頼み方をしたため、参加者全員がそれを聞き入れた。実験の焦点は、杭を回す退屈な作業をどれくらい好んだか（あるいはより正確には、どれくらい好まなかったか）を後から問われたときに、参加者たちがどう答えるかという点にあった。そして、不協和理論研究者による直観に反するような予測が裏付けられた。二〇ドルをもらい、嘘をつくのに十分な埋め合わせをされたと感じていた（そのため、たとえあったとしてもわずかしか不協和を感じなかった）参加者は、作業を非常に退屈だと評価した。嘘をつくために一ドルしかもらわなかった（そのために、同じ参加者に告げなくてはならなかった内容についての不協和を低減する必要があった）参加者は、作業を比較的楽しいと評価した。**

このプロセスは、日常生活の多数の場面において認められる。難しく報酬の低い仕事（学校教師など）、または才能があっても成功が保証されていない分野のもので報酬が不確定な仕事（芸術家、音楽家、小説家など）を職業として自分から選ぶ人は、自分の選択を正当化または合理化しなくてはならないと感じる。低い報酬や確実性のない人生について不満を言い続けるかもしれないが、自分の仕事がどれだけ好きか、仕事がどれほど充実しているか、他の職業ではなぜ満足できないかなどと口にするだろう。

多くの人が育児にも似たところがあると気づいただろう。子育てには否応なく困難なときがあり、続けざまに問題が起こる――睡眠時間が奪われ、食事のメニューが大幅に制限され、車での送り迎えが果てしなく続き、何年も後には、ジョン・アップダイクが述べたように「体臭のする騒々しい、肌の汚い男の群れ」が娘に言い寄ってくる。しかし、親たちはしょっちゅう、育児は人生において最も楽しい経験であると言う。

＊当時、アメリカ国内で最高級のレストランであるとされていたニューヨークの「ル・パビリオン」では、一九六二年には日替わりスペシャルランチが一人前七ドル五〇セントだった。

＊＊フェスティンガーがこの研究について初めて講演したとき、遊び心から、自分の仮説を明かさずに実験手順を示し、高い報酬と低い報酬のどちらが作業についての高い評価を引き出したかを聴衆に予測させた。ほとんどの人が、当時の強化理論におおいに影響されており、高い報酬のほうがいっそう肯定的な影響を与えるだろうと予測した。

親が子どもを育てるためにに払っているまさにその代償が、子育てがそれほどやりがいあるものだと言う理由のひとつになっているのだろうか。不協和理論研究者なら、きっとそうだと考えるだろう。この説を裏付けるものとして、子どもが家族の経済的な安定に寄与する有用な一員であると見なされていた過去の時代においては、親子の関係は、今日ほど愛情あふれるものではなかったという事実がある。トムの教え子であるウォータールー大学のリチャード・エイバックは、「子どもの感情面での価値は、家族にたいする経済的な価値が減少するにつれて、文化的な面で理想化され始めた」と表現した。[23] もちろん、こうした傾向は不協和理論によって予測できることである。

親が子育ての体験を評価する際に不協和低減がどのような役割を果たすかを調べるために、エイバックとスティーヴ・モックは、一部の親たちに、子どもを一八歳まで育てる平均的な費用についての情報だけを与えた（アメリカ北東部では一九万三六八〇ドル）。他の親たちには、この情報と併せて、高齢になった親の面倒を見るようになったときに子どもから与えられる金銭的、実際的な支援についての情報も与えた。それから全員が、「人生において子育てほどやりがいのあるものはない」や、「子どものいない人は子どものいる人よりも鬱になる可能性が高い」などの、親であることの価値や喜びについて述べた多数の文について同意するかどうかを評価した。親は自分が費やしたものすべてを正当化するという理由もあって子育てを理想化するという考え方と一致して、費用だけを提示された人たちは、子どもが大人になってから親に与えることのできる経済的な利点も提示された人たちよりも、これらの文にいっそう強く同意した。*

これらの不協和にかんする研究のすべてにおいて見られることは、基本的に、日常生活における論理の反転である。たとえ困難なことでも、それをすることが大好きな人は、報酬がわずかでも、あるいはゼロでもそれをやるということを私たちは知っている（ここでまた、芸術家や音楽家やアマチュアの運動選手のことを思い起こそう）。これを応用した一ドルを与えるか二〇ドルを与えるかの実験では、嫌なことを少ない報酬ですることを選んだ人は、作業が終わってから、その仕事はそれほど嫌ではなかったと述べる。また、何かを本当に大切に思っている人は、それを得るための苦しみを喜んで耐えることもわかっている。子育てについての研究からは、何かで苦しんでいる人は、その価値を高く評価しなければならないと心理学的に思い込まされていることがわかる。

これは、男子学生の社交クラブ《フラターニティ》や、精鋭を集めた軍隊、都会のギャングを始めとする、苦しい状況において団結してふるまうことができるような結束や忠誠心、献身を必要とするあらゆる種類の集団において認められる、困難な通過儀礼の背後にある心理学的な原理である。フェスティンガーの後継者たちはこの原理にとらえにくいひねりを加えた。それはすなわち、自分の行動について最も不協和を感じさせるような状況そのものが（すなわち、低い報酬や大変な努力、多大な犠牲など。それもとりわけ、そうした行動を取ることをまったく自由に決められる場合において）、その行為を楽しんで行っているとか、自分の成し遂げたことには大きな価値があるとか思い込ませているということだ。

不協和理論の原則をいったん理解すれば、その影響をいたるところに認めることができる。消費者は、

＊エイバックとモックはまた、被験者に、不安や不快感や悩みをどれほど感じたかと質問した。不協和が親であることを理想化することにつながるという考えをさらに裏づけるように、親であることをどうとらえるかと答える前に不快感があると最もはっきりと答えた人たちは、親であることの喜びを最も強く表明していた。

自分で多少は組み立てる必要のある製品（IKEAなど）のほうを、そのような労力を使う必要のない（そして労力を投入することを正当化する必要のない）類似の製品よりも好むようだ。[24] また、高いお金を出して買った製品のほうを、より高く評価するようだ。[25] ほとんどの人が「品質は値段に見合っている」という説を指示する理由のひとつは、高いお金を払った人は、その買い物を正当化する必要性を感じるからというものだ。非常に高い効果のあった実験において、被験者たちに定価または割引価格で栄養ドリンクを与え、多くの難しい単語クイズを解かせた。割引価格の栄養ドリンクを与えられた被験者は、ドリンクに効果があることを証明してみせようという意欲が低かった。あるいは、そのように受け止められた。なぜなら彼らは、定価で栄養ドリンクを購入した被験者が解いたクイズの数よりも、はるかに少ない数しか解かなかったからだ。[26]

初期の不協和理論研究からかなりたってから開発された技術——脳のさまざまな部位における活動量を記録する機能的磁気共鳴画像法（fMRI）——を用いることで、研究者たちは、値段が高いことから、製品について話す内容が変わるだけではなく、脳の深い部分で製品について感じていることも変わるということを実証できるようになった。最近行われた実験で、被験者たちに少量のワインが与えられた。一部の被験者には、そのワインはボトルで九〇ドルすると告げられ、残りの被験者には一〇ドルすると告げられた。高い値段のワインを飲んでいると思っている被験者のほうがワインをより高く評価したということを知っても、みなさんは驚かないだろう。この実験からは、こうした評価だけでなく、fMRIの記録が、被験者が値段の高いワインを飲んでいると思っているときに、快楽の体験と関連する脳の領域において活動が活発になっていることを示していた、ということもわかった。[27]

## ボールを転がす……抵抗を上回るすれすれの力で

第2章の主なメッセージは、その人の心や頭に働きかけることによってその人の行動を変えようとすることができる一方で、ときには行動に直接的に働きかけることが最善の策にもなる、というものだった。これに加えて本章では、心理学的に賢いやり方で行動に働きかければ、心と頭もそれについてくるという教訓が得られる。あなたの子どもは家事をするのが好きではないかもしれない（好きな人なんているのか？）。しかし、家事をまじめにやるうちに、子どもは、きれいな家は良いものだと思うようになるだけでなく、生活においてやる必要のあることをすることと、ほおっておけばたまって手の付けられなくなるような仕事をためずにいることは大事なことだと思うようになるだろう。難しく長い時間のかかるような目標を達成し、必要とされる価値観や動機を形作るために最も重要となることは、まず始めることだ。遠い昔に編纂されたバビロニアのタルムード〔ユダヤ人の律法書〕には、次のような言葉で「行動の優位」が予測されていた。「人はつねに、律法《トーラ》と善き行いで自身を忙しくさせておかねばならない。〔たとえ〕善行をすることが目的でなくとも、意図せずなされた良い行いの結果、それ自体のために〔それをしたいという意欲が〕わいてくる[28]」。こうした教えを記した人物は、あえて言うなら、部屋のなかで最も賢いラビだったのだろう！

不協和理論と自己知覚理論はいずれも、行動が信念につながるという一般的な規則に、重要であるが明白ではないものを付け加えている。最初の行動（用事をする、ピアノを練習する、トーラの勉強をする）に応じて態度や価値観が変化してほしいなら（心理学者なら「内面化」がもたらされると表現するだろう）、そうした行動を引き起こすために使われる誘引は、強引なものであってはならない。インセンティブを与えたり、圧力を加えたり、正当化を行ったりということになると、少ないほうが効果が高い。言い換えれば、子どもに用事や宿題をさせたり、社会的に責任のある行動をさせたりするために、大きな報酬や極端な脅しを与えることには慎重になるべきだ。子どもは言うことを聞くだろうが、そのことを無理強いさせられたと感じるだけで、そのこと自体が行う価値のあるものだとはとらえないだろう。*

同様に、さりげない圧力や穏やかな誘引によって、人は、自分の行動は自分の信念や好みを反映させたものだと感じるようにもなりうる（一ドルしかもらわなかった人に、退屈な作業を楽しかったと言わせたように）一方で、明らかな圧力や強い誘引は、その反対の効果を生じうる。そうしたものは、強い圧力や強制があったからその行為を行っただけだと感じさせてしまうからだ。ある実験において起こったことについて考えよう。生徒たちは、新しい数学のゲームをするたびに、後から賞品と交換できるポイントを報酬として与えられた。ある意味では、このポイント方式は効果を上げた。生徒たちは、報酬方式が採られているときには、数学ゲームをたくさん解いた。しかし、もっと重要な意味において、この方式は失敗だった。報酬が与えられなくなると、報酬方式が導入される前よりも数学ゲームを行う回数が減ったのだ。もともとはおもしろくて楽しいと思われていたものが、学んだり楽しんだりするためではなく、ポイントを得るためだけに行うものになったのだ。(29)

この所見――さらにはこの章で論じた研究のすべての所見――によって、行動を駆り立てるのは刺激そのものではなく、刺激がどのように理解されるかというものであるといった、第3章で考察した論点が強化される。インセンティブや、動機や行動を強制することの影響は、それらがどのように解釈されるかによって変わってくるのだ。

この論点を調べた興味深い実験において、保育園の子どもたちに、当時は目新しかったフェルトペンで絵を描かせた。子どもたちの一部には、ペンで絵を描いたら賞をあげると告げた。絵を描き終わってから、もらえると思っていなかった賞をもらった子もいた。さらには、インセンティブをまったく与えられなかった子もいた。後から、自由遊びの時間にフェルトペンを使うようになったとき、ほうびをもらうためにペンで絵を描いていた子どもたちは、絵を描かせる「賄賂」をもらわなかった子どもたちよりも、絵を描く回数が著しく減った。突き詰めれば、報酬を約束することで、遊びが仕事に変わったのだ。しかし、思いがけず賞をもらった場合——賄賂ではなくボーナスとして受け止められたとき——には、ペンで遊ぶ興味が減少することはなかった。[30]

そのスポーツをするのが好きだからという理由もあって成功し、さらに打ち込めば打ち込むほど技術が向上していったプロの選手との類似点に着目しよう。しかし、そういう選手たちも、大きなリーグで長年プレーしていると、自分の契約が他の選手の契約とどれくらい違うかが心配になり、契約交渉で抵抗を示し、トップクラスの額からまあまあ高いくらいの額まで下がってしまうような年俸カットを受け入れるくらいなら引退すると脅かす。賢い選手なら、そして、自分の好きなことをすることで十分な給

＊ただし、十分な圧力をかけないことも危険である。圧力をかけないことは、反対の否定的な結果にもつながりうる。圧力に屈しない人は、従うことによる利点を獲得しないことから感じるいかなる不協和も低減するための方法を探そうとするだろう。おそらくは、することを怠ったことがらは特に退屈か、困難か、嫌なことであると決めつけたり、自分のしたことや、したために罰せられたことは、特に好ましいものであると決めつけたりすることによって。

料をもらうほど幸運な人なら誰でも、自分がなぜこの職業を選んだかを思い出し、自分の高い給料を、誘因や、さらには努力を継続させるための賄賂としてではなく、ボーナスと見なすことによって、自分自身をもっと幸せな状態に保つことができるだろう。

### 自身に集中する

不公平であるとか、不道徳であるとか、倫理的ではないとかいった行動を取る人は、「自分自身をよく見ろ」としばしば言われる。この助言は、人が特にやっかいだと感じるような種類の矛盾が存在するからこそ効果がある。どのような矛盾かというと、自分の行動と、自分のことを有能で信念をもち、道徳心があると見なすことのあいだにある不一致である。だから、文字通り、自分自身に意識を向けさせること――すなわち、自分の行動が、自分がどのような種類の人間であるかについてのどういったメッセージを伝えているのか、に意識を集中すること――で、望ましいふるまいを促進することができる。

選挙に関連したある研究において、単純に言葉を言い換えたことによって生じる影響を示すことで、自分自身のとらえ方と行動のあいだのこうした結びつきが明らかになった。投票日に先立ち、潜在的な投票者の一部に、選挙前調査でよく聞かれるような投票するつもりはあるかという質問をし、別の人たちには、投票者になるつもりはあるかと質問した。問いの対象となる行為を動詞よりも名詞で表現した効果は、ある実験では一〇パーセントの差となって、別の実験では一一パーセントの差となって現れた。これは、多くの選挙の結果を十二分に左右する値だ（たとえば陣営が、ふだんは投票に行きそうにない人たちが、自分の側の候補者のほうを好きだと知っていれば[31]）。もちろん、陣営スタッフがわざわざ、潜在的な支持者を見つけ出し、そうした人たちだけを対象にこの心理学的に賢い質問を投げかけるのであれば、その効果はいっそう大きくなるだろう。

研究者らは、自分自身のとらえ方と道徳的な基準とのあいだの関係に意識を向けさせることによって好ましい行動を促進させるような、さらに巧妙な方法を次々と発見している。ひとつの実験では、あるイギリスの大学の給湯室で飲み物の代金を入れる箱（オネスティ・ボックス）にどれくらいお金が入れられるかを調べた。誰でも紅茶やコーヒーを淹れて、ミルクを使うこともできるが、飲んだものそれぞれに応じた代金を払うことが期待されていた（お金を払わなくても、その様子が他の人から見えにくい部屋の作りになっていた）。研究者らは、紅茶とコーヒー、ミルクの代金の上に印刷される絵を取り替えた。数週間は花の絵にして、数週間は紙を見る人の眼を直視する二つの目の絵にした。驚いたことに、花の絵を貼った週よりも、目の絵を貼った週のほうが、箱に入れられる金額が三倍近く多かった。[32]

追跡調査では、先回と同じ研究者のうちの数名が、ごみのポイ捨て防止のためのポスターに人の目の絵を使うか花の絵を使うかでどういう効果が生じるかを調べた。ここでもまた、目の絵が効果的だった。目のポスターが貼られているときのごみの量は、花のポスターが貼られているときの量の半分だった。さらに、目のポスターの効果は、給湯室が混んでいるとき――すなわち、ごみを捨てるかもしれない人にたいしてすでにいくつかの他の「目」が向けられているとき――よりも人が少ないときのほうが、いっそう高かったようだった。[33]

自分自身を肯定的にとらえたいという欲求、さらにはそうしなくてはならないという必要性によって、人は、自尊心や、誰もがもつべきと社会から期待される価値観と一致したふるまいをするようになる。

しかし、このことは、人がそのような価値観に反するような行為を正当化することにもつながりうる。このような人間の心理にある暗い面について、これから考えていこう。

## 正当化——あまりに人間らしい弱さ

私たちはみな、ときおり正当化をする。不必要なものを買ったことを正当化したり（「この新しいマシンがあればもっと効率が上がる」）、まったく必要としていないものを食べたことを正当化したりする（「今夜は特別だからパイをもう一個食べよう」）。先ほども述べたように、そして本書の執筆中に私たちが体験したように、仕事に取りかかれないことから、いろいろな正当化が生まれてくる（「Eメールをもう一度確認したほうがいいな。重要なものがあるかもしれないし、グレッグが最新の記事を送ってくれるのを待ってから、第8章の最後の部分に取りかかるべきだよな」）。部屋のなかで最も賢い人は、目にすればそれが正当化だと認識できる——当人が正当化をしている場合にも。おそらく、自分が正当化をしているかどうかを見抜く最も確かな方法は、他の誰かが同じような正当化をしたら自分がどのように反応するだろうかと自問することだろう。

ときどきカロリーの高いものを食べたり、面倒な仕事を脇に置いて休憩したりすることを正当化することは、比較的害がない。もっと害があるのは、市民としての義務に関わる正当化だ（「できれば投票しただろうけど、列が長すぎたし、応援している候補者が勝つ見込みが全然なかった」）。利己的な行為や、他人をだます行為について自分自身を正当化することについては特に、はっきりと見きわめなくてはならない。地球温暖化関連の問題に取り組めていないことについて、個人として、そして国として数え切れないほどの正当化をしている（第9章で論じる）のが典型的な例だ（「自分の務めを果たすつもりはあるけれど、自分の努力なんてどうせ一滴の水にすぎないし……本当に悪いのは化石燃料を燃やすのを止めようとしない電力会社と……協力を拒否している中国だ。いずれにしても、科学的な証拠も完璧ではないし――それに経済が回復傾向にある今、雇用に悪影響が出るかもしれない」）。

最もよくできた合理化は、真実の要素が含まれているようなものであるという点に注意すべきだ。あなたが投票するかどうかは、選挙の結果にはほぼ確実に影響を及ぼさないだろう。あなたが空気中に排出する炭素の量も、地球の運命を左右しないだろう。それに、アメリカにいる飢えた人々やホームレスたちに食事を与えたり、過度な貧困や虐待から世界中の子どもたちを守ったりするために慈善事業があなたの寄付を募っているが、それは本当のところ政府が果たす役割であるべきだろう。しかし、こうした主張が真実であっても、疑問の余地のあるふるまいを正当化するためにあなたや他の人たちが合理化をしているのではない、ということにはならない。

この不快な真実は、合理化と悪とのあいだのつながりを理解するためにきわめて重大になる。そうした理解に到達するには、正気な人なら、仮にあったとしても、自分自身の行為を上手に合理化することができないかぎり、本当に邪悪な行動はめったに取らないということをまず意識する必要がある。ハリウッド映画は別として、堂々と邪悪な心をもつ悪党は、現実の世界にはほとんど存在しない。問題は、人は合理化が非常に得意だということだ。これは、個人の悪行だけでなく、集団大虐殺やアパルトヘイト、戦争中の残虐行為、基本的人権や人間の尊厳の否定と関連する、もっと大規模な作為的および不作為的な犯罪にも当てはまる。さらには、フェスティンガーと同僚らが行った実験の被験者たちが示した種類の不協和低減とは対照的に、社会全体が犯した邪悪な行いを合理化するプロセスは、単に個人が行う行為ではなく集団的な努力であるという問題がある。

加害者たちは、指導者や、彼らの率いる宣伝組織から、『彼ら』は、ああいう扱いを受けて当然な存在だ」とか、その行為は崇高な目的や必要な目標のために役立っているとか言われて（戦時中の残虐行為を正当化する際のよくある二つの主張）、自身の行いを合理化するように促される。事件の後、加害者たちはこぞって、自分は「命令に従って」いただけだと言い張る。一方で、悪事を傍観していた人たちも同様に、「自分じゃない、彼らがやったんだ」、「自分は無力でそれにたいして何もできなかった」、「誰も権力者に立ち向かう勇気などもてなかった」などと言って合理化をする。この種の合理化にはしばしば、否定がついて回る。奴隷制度の擁護者は、経済的な必要性を主張するとともに、どれほど残酷であるかを認めることを拒んだ。

ナチスのホロコーストが残した教訓は、第二次世界大戦後も積極的な議論の題材となり続けている。枢軸国の数々の都市を壊滅させ、何十万人もの犠牲者を出した戦略的な空襲政策も同様であり、広島と長崎に投下された原爆については言うまでもない。ホロコーストの根本は数千人によるぞっとするような行為にあったのは明らかだが、それとともに、何十万人もの人々による小さな共犯的な行為にも支えられていた――有刺鉄線を売ったり、強制労働者たちが作った品物を買ったり、スイスの銀行にある不正に取得した資産を受け取ったりした人や、さらには、周りが万歳と唱えていたときに同じく万歳と唱えた人や、疑念をおぼえながらもただ黙ったままでいた人たちも。人間の歴史におけるこのような暗い章について論じるとなると、状況主義によって社会の心理が揺り動かされ、難解で倫理的な問題が提起される。

ハンナ・アーレントが提示し論争を招いた「悪の陳腐さ」という命題は、アドルフ・アイヒマンを始めとする元ナチス高官の戦犯たちの罪を分析するために使われるには行き過ぎであったかもしれない。[34][35]しかし、もっと下位の立場からホロコーストに荷担した人のほとんどが、戦前も戦後もごくふつうの生活を送っていたという事実を否定することはできない。そして、この特別な歴史的な状態に身を置いていなかったなら、これほど邪悪な行為を犯してはいなかっただろう。[36]命令に従っていたとか、軍人としての義務を果たしていたとか、弁舌の巧みさと並ぶほどの偏執的な邪悪さをもつ指導者にだまされていたとかいう彼らの言い訳は、説明であるとともに合理化でもある。こうした言い訳は、その結果はさまざまであれ、戦犯を裁く法廷に召喚された無数の人々や、さらには、作為的というよりも不作的な罪を犯した何百万人の人たちによっても繰り返された。しかし、私たちが向ける非難の度合いは、おそらく、ミルグラムの実験を取り上げた際に述べたような段階的なプロセスに似た方法で彼らが圧力や制約をかけられたりしていたということを知っても、十分には和らがないだろう。

部屋のなかで最も賢い人は、邪悪な行いを引き出した一因となった状況的な要因について慎重に考える。そして、個人の責任を許したり否定したりしないように努力しながらも、加害者たちに影響を及ぼした圧力や制約について考察することが重要であることを理解しようと努めるものだ。

### 静かなヒーローとあまり静かでないヒーロー

アンドレ・スタインが八歳のとき、彼の生まれた町ブダペストがナチスに占領され、母を始め、家族や親戚のほとんど全員が虐殺された。拷問を受け、瀕死の状態で捨て置かれたスタインは、どうにか生き延び、後に、彼やその他大勢の人々が堪え忍んだ恐怖を描いた背筋の凍るような本を書いた。新たな祖国となったカナダに生活の場を築き、社会学者かつ心理療法士となってからも、こうした恐怖の記憶に押しつぶされたままだった。ユダヤ人の子どもたちをかくまい助けたキリスト教徒たちと連絡を取ることで重荷をいくらか軽くできないかと考えた神学者の提案を受けて、スタインは、そのような行為をした大勢の人々を彼の選んだ新しい国で見つけた。そうして、『静かな英雄たち（*Quiet Heroes*）』と題した著書に、彼らが戦時中に行ったことを記した。[37]

スタインが収集した談話を読むと、個人あるいは集団で行った悪事の合理化を正当かつ総合的に分析するには、道徳的なスペクトルの反対側の端、すなわち、個人的なリスクを冒し、相当の犠牲を払って悪に抵抗した人の行動のほうも見るべきだ、ということを思い起こされる。ここでもまた、合理化という論点が中心にある。スタインの目的は、単なる隣人や、さらには面識のなかった人々の命を救うために、自分自身の生活を危険にさらした男女のあいだに何らかの共通項を見出すことだった。しかし、そうした努力を続けるうちに、失望をおぼえた。そのような共通項が浮かんでこなかったのだ。

「静かな英雄たち」のなかには、信心深い人もいれば、そうでない人もいた。いくらかイデオロギーに突き動かされた人もいれば、そうでない人もいた。また、性格や経歴に特別な類似点もなかった。その代わりにスタインは、ここでもまたミルグラムの啓蒙的な研究がこだまするかのように、英雄的な行為にいたる道は、小さな一歩とささいな関わりから始まったということを知った。子どもを一晩かくまうことを引き受けたり、絶望的な状態にある一家に少しの食べ物を与えたりという行為が、隠れ家から出れば確実に死ぬだろうということがはっきりとわかった時点で、もっと長い期間にわたり子どもをかくまうような、さらに進んだ段階や関与へとつながった。ここからまた、その子どもが病気になったときに薬を手に入れるために危険を冒して列車で移動するというような、さらに大きなリスクを負う行為へとつながった。

しかし、こうした静かな英雄たちについていっそう注目すべきであると思われること、そして彼らをまさしく他の人々と区別するものは、ほとんどすべての隣人たちが行っていたような合理化をすることに気が進まない、あるいはおそらくそうできないという点だった。隣人たちは犠牲者たちを非難する方法をいろいろと見つけ、チャンスがあるうちに逃げるべきだった、などと言った。静かな英雄たちは、ほとんどの犠牲者にとっては逃げることが不可能であったこと、そして本当の問題は、今、何がなされるべきかということだと理解していた。

隣人たちは、力がなくて何もできないとか、知らない人の安全よりも自分の家族の安全を優先せざるを得なかったと感じていた、と言った。静かな英雄たちは、できると思ったことをしただけで、自分の負ったリスクは、少なくとも最初のうちは、かくまっていた人たちが他に誰も助けに来なければ直面することになった運命と比べればたいしたことはなかったと述べた。隣人たちは、日々の心配だけに目を向け、物事をもっと広い倫理的な観点から見ようとしなかった。静かな英雄たちは、そうした狭い視野の内に留まることができなかった。彼らはこう自問した。「もし私がこうした子どもたちの運命に無関心のままでいたら、どうなるだろう？　私はどんな人間になるだろう？　それに、戦争が終わってふつうの生活が戻ってきたとき、自分自身をどうやって振り返るだろう？」

スタインは、こうしたインタビューを行ううちに、とても多くの救済者たちが最終的には故郷を離れたことを知った。彼らが、何の抵抗も見せずに残虐行為を許したコミュニティを離れなくてはならないとどの程度感じていたのか、そして、彼らがその地に残ることが、行動を取ることができなかった人たちからどの程度歓迎されないことだったのかは、はっきりとはわからない。しかし、悪を目の前にして行動を起こさないことを合理化する多数派と、自身の取った勇敢な行為がその後もずっと、合理化をした人たちに昔を思い出させ、責められていると感じさせるような少数派とは、一緒にいて快適な仲間とはならないことは明らかだ。

## 白いバラ

ナチス統治にたいする抵抗運動にまつわる感動的な逸話に、白バラの話がある。ゾフィー・ショルとハンス・ショルの兄妹と、彼らの哲学の教授クルト・フーバーの率いたドイツ人の若者たちが参加する小さなグループは、一九四二年六月から一九四三年二月にかけて、謄写版印刷した反ナチスのビラを配布し、建物の壁に落書きもした。彼らの身元はすぐに割れ、ただちにギロチンで処刑された。彼らは最期まで勇敢だった。

今日、このグループの象徴である白いバラは、彼らをしのんでいくつかのドイツの都市や町に掲げられている。ある意味において、彼らの行動は無駄なものだった。対抗する体制の勢力と残虐性を考慮すれば、最初から失敗に終わる運命だったのだ。一部の人々にとって、彼らの払った犠牲をしのぶ記念碑は、同じドイツ人の多くが感じてはいたが、あえて口にしようとはしなかったことがらを公然と表明するだけの勇気を、少なくとも何人かのドイツ人がもっていたというメッセージを伝えている。また一部の人々にとって、これが伝えるメッセージは、もっと重く苦しいものである。すなわち、悪に立ち向かうのではなくそれを受け入れることを強いる圧倒的な圧力を前にしても、選択の道はある、というものだ。そして、何もしないこと、黙っていること、行動せずに合理化することは、共謀者であることになりうるのだ。

白バラの若者たちの記念碑からはまた、心をざわつかせるような疑問がわいてくる。なぜ、もっと規模が大きく、活動期間が長く、もっと大きな成功を収めた他の抵抗運動の事例はほとんど認識されず称賛されていないのに、ナチス抵抗運動のなかでこの特定の例だけがこれほど目立つのか。子どもたちをかくまい、身体障害者や精神障害者たちの安楽死にたいして強く反論した聖職者たちもいた。ユダヤ人の夫をもつアーリア人の女性たちが、強制収容所から夫たちを解放させたという成功例もある。おそらく最も注目に値するものが、戦前に共産党員の集団が道路を占拠してヒトラーの政権掌握に抗議をした例だろう。これは、数千人の人々が命を賭けた行動だった。

白バラだけを称賛することは、合理化を勧め、それを手助けすることなのか。そうすることで人々に、取りうる唯一の選択は、現実を受け入れて生き延びるか、無駄な抵抗をして悲惨な死を遂げるかのどちらかであったと思わせているのだろうか。そして、殉教者や聖人だけが、後者を選択することを期待できると思わせているのだろうか。

部屋のなかで最も賢い人は、悪を合理化すること、悪を目の前にして行動を取らないことは、加害者たちがもつ残忍な動機と同様に、人類にたいする大きな脅威であると見抜いている。私たちは、読者のみなさんが誰一人として、今後、ナチスドイツ時代の市民たちが迫られた厳しい選択に直面しないことを願っている。しかし、それとともに、みなさんが、まず立ち止まり、自分自身の国や世界のいたるところにある害悪に個人として集団として立ち向かうには今日どのような機会があるのかを、勇敢でなおかつ効果的なやり方で考えてほしいとも願う。

# 第5章　鍵穴、レンズ、フィルター

歴史上の出来事を用いて科学的な原理を説明しようとする心理学者は、誰もが、自分の意見を裏付けるような事例だけを選び出すというリスクを冒す。なかでも、他よりはるかに簡単に選り好みができてしまうような場合がある。とりわけトンネル視〔視野が狭まってしまい、自分とは異なる考え方に目がいかなくなること〕の例となると、二〇〇三年のアメリカによるイラク侵攻の場合にはいくらでも選り好みができる。

侵攻直前、国防長官のドナルド・ラムズフェルドは、この戦争は「六日間で終わるかもしれないし、六週間で終わるかもしれない。さすがに六か月は続かないだろう」という予測を立てた。この計算は少々間違っていた。戦争の終結は二〇一一年一二月まで宣言されなかったからだ。さらに、ディック・チェイニー副大統領は「我々は解放者として歓迎されると確信している」と述べた。自身の意見に相反する情報に従うことを嫌うことで有名なチェイニーでさえ、この件についてはそうもいかなかったことだろう。四〇〇〇人以上ものアメリカ人兵士が戦闘で命を落としたからだ。イラク侵攻とその余波についてのもうひとつの間違った予測に、アメリカ合衆国国際開発庁長官のアンドリュー・ナチオスによる次のような弁がある。「この件についてのアメリカの負担は一七億ドルになるだろう。これ以上の財政援助を行う計画はない」。復興支援におけるアメリカ国民納税者にかかる費用負担の最新の見積もり額は約六〇〇〇億ドルとなっている（議会予算局の概算では、アメリカが負担した戦争遂行費用の総額は一兆九〇〇〇億ドル）[1]。

復興事業の段階になっても間違った判断ばかりが下され、アメリカを苦しめた。最善の成果は「自由市場」によってもたらされるはずだという強い思い込みから、次から次へと決定が出された。連合暫定当局の民間部門開発部長を務めたトーマス・フォーリーは、イラク着任時に、三〇日以内に国内すべての国営企業を民営化すると宣言した。占領軍が資産を売却することは国際法に違反すると指摘されても、「国際法なんかどうでもいい。私は大統領に、イラクの事業を民営化すると約束したんだ」と言い張った。そのためアメリカ軍と連合暫定当局はしばしば、政府の資産が民間利用のために接収されても見て見ぬふりをした。

イラク復興人道支援室の経済顧問を務めたピーター・マクファーソンは当初、こうした方針を支持して次のように述べていた。「誰かが国の車を私物化したり、国が所有していたトラックを運転するようになったりして、民間企業がいわば自然とできあがっていくのはまったく問題ないと考えていた」。従来の組織が解体された後には混乱だけが残り、市場の力を過大視したことは愚かであったとわかった。復興室のあるメンバーが、「私たちは資本主義経済を構築するのに忙殺されて、全体像を見落としていた。大きな機会を見落としていて、目の前ですべてが崩壊するまで、そのことに気づかなかったのだ」と語ったように[2]。

イデオロギーのために目が見えなくなることは簡単だ。この例では、政府の役人たちは、民間市場のもつ力を信じ切っていたために、競争についての基本的な規制を課す政府がなければ市場は自由とはほど遠いものになるということに気づかなかった。ましてや、軍閥や部族のリーダーたち、さらには単なる暴漢たちでさえも、銃身を使って社会にたいして意思を押し通すことが可能である時期には、そうなるのは言うまでもない。問題は、資本主義的な世界観だけに限ったことではない。イデオロギーのために目が見えなくなることは、どんな場合にも発生しうる病気であり、あらゆる政治的な立場における判断をむしばんでいる。たとえば反資本主義的なイデオロギーのせいで多数の左派は、費用便益分析の有用性が見えなくなってしまう。そのために、環境運動の分野では、環境問題への措置として、キャップ・アンド・トレード制度のような市場主導型の取り組みを速やかに採用することができなかった。

イデオロギーと先入観はレンズやフィルターのように働く。これらを使うことで、対象が見えやすく理解しやすくなることもあれば、それが難しくなることもある。子どもの健全な発達のためには子どもを励ます家庭環境が必要不可欠だという強い意見をもつ人は、子どもをよくほめ、あまりけなさない親に育てられた、成功した人の例をすぐに見つけることができるだろう。しかし、そのような家庭で育ちナルシストに成長した人や、子どもをあまりほめず、欠点ばかりを指摘するような親に育てられたのに成功して幸福になった人に目が行かなくなりがちだ。

イデオロギーによって目が見えなくなることは、トンネル視の原因のひとつにすぎない。ある物事は見えやすく（トンネルの先にある光）、ある物事は見えにくく（その他のすべてのもの）させるのは、先入観というものがもつ性質である。私たちは、狭い視野のなかで——小さな鍵穴を通して——人や行動や出来事を見る。どのような規模やレベルで分析を行おうとしても、世界にある情報を利用できる程度には限界がある。こうした限界は、私たちの目が顔の前についており、そのために、周囲三六〇度に存在する世界のうちおよそ一八〇度しか取り入れられず、しかもそのなかでも約三〇分の一にしか焦点を当てられないという事実から生じている。＊これを、制約その1と呼ぼう。

そのうえ、私たちには一度に五個から七個の情報しか頭に留めておけないという限界がある。(3)一度にもっと多くのことを考えようとすると、何かを犠牲にしなくてはならない。一〇個めの情報に集中すれば、二番めか五番めか、他のどれかが剥がれ落ち、記憶や注意から抜け落ちる。私たちの注意能力にある限界が制約その2である。

さらに、私たちが見ているものは、目の前の問題に対処するために自分が持ち込んだ、あるいは他の人から与えられた、イデオロギーや他の何かから作られたレンズの産物である。こうした、私たちがそれを通して物を見ているレンズが、制約その3である。第3章で述べたように、質問が特定のやり方で枠《フレーム》に入れられると、その枠の内側で考える傾向がある。たとえば二つの異なる治療法が死亡率と関連づけて提示されると、生存率と関連づけた場合にはその二つの選択肢がどう見えるかを考えたりせずに、二つの治療法の死亡率を比較する。経験豊富な医師でさえ、がん患者に手術をするか放射線治療をするかを選ぶ際に、こうしたフレーミング効果に屈したということを思い出してほしい。

最後に、世界はつねに公平にふるまうとは限らない。どれかの情報に光を当て、他の情報には影を落とす。これが、私たちが何かを見て考える際のもうひとつの制約である。結局のところ、私たちがとても容易に近づくことのできる情報は、必要とする情報のごく一部にすぎず、しかもそのうちの偏りのある標本である場合が多い。部屋で最も賢い人は、とても容易に入手できる情報は、効果的な行動を取るための最適な指針ではない場合が多いということを理解している。そのために、もっと幅広く完全で正確な見方ができるように、いくつかの単純で具体的な段階を踏むのだ。

## 二つの心、ひとつの脳

あなたは休暇でスイスに来ていて、午後の気温は摂氏一九度になると耳にした。出かけるときにジャケットかセーターを持っていくべきだろうか？　摂氏を使う国で育ったなら、その答えはすぐにわかるだろう。その気温がどういう感じかわかるからだ。しかし、華氏を使う国で育ったなら、多少の計算をしなければならない（「19掛ける9/5足す32」）。そうしてやっと、いつもの華氏なら六九度だとわかる。

この例から、人が二つのまったく異なる方法で思考しているという事実がよくわかる。私たちの思考の多くは素早く自動的に行われ、そしてその大部分が連想にもとづいている。摂氏を使う国に育った人は、さまざまな気温という標識《ラベル》を、さまざまな大気の条件と結びつけるようになる。だからそういう人は、気温が摂氏一九度になりそうなら、余分に服を持っていくべきかどうかが「ぱっとわかる」。このような、意識的な誘導なしに展開する思考プロセスは、「直観的」あるいは「反射的」な思考と呼ばれる。

なじみのない摂氏の標識をなじみのある華氏の尺度へと翻訳する際に行う思考は、これとはまったく

＊人間の視野の正確な範囲は人によって異なる。目を動かせるときには広くなり、用いる基準によっても変わってくる。目を動かさない状態では約一二〇度の視角がある。頭部を動かさず目だけは自由に動く状態では、約一八〇度から二〇〇度の視角がある。しかし、その多くは周辺視野であり、あまりはっきりとは映らない。文を読むのに十分な解像度がある視角は、わずか六度である。

異なるものだ。この種の思考はもっとゆっくりと慎重に行われ、しばしば明確なルール（「19掛ける……」）に従う。こちらは、「合理」または「内省的」と称される種類の思考である。

ときには合理的な思考が優勢になる。飛行機の手配をしているとき、中西部に被害をもたらすと予想されている竜巻の新聞記事のタイトルを目に留めて、すぐに「カンザスの上空を飛ばないといいんだが」と考える。しかし、少し昔を振り返り、しっかりと意識して考えると、その恐れは、新聞で目にした統計値や、大規模な竜巻や最近の竜巻被害が生じた場所を思い出したから感じたものではないということに気づく。じつは、ドロシーと犬のトトをオズの国へと吹き飛ばした竜巻のことを鮮明に「記憶」していたために生じた恐れだったのだ。

直観的な思考が君臨するときもある。もしもあなたが野球ファンなら、ノーヒット・ノーランを達成しそうだと口に出して言うことが、相手のチームがヒットを打つかどうかに影響を与えることはないとわかっている。しかし、影響を与えてしまうかもと思わずにはいられずに、野球界のしきたりに従って、スコアボードに並ぶゼロ（ホームランなし、ヒットなし）について言及することを避ける――少なくとも、応援しているチームのピッチャーが相手チームの打者をなぎ倒しているあいだは。あるいは、娘が学芸会で今から台詞をしゃべろうとしているときに指を交差させて祈っている親は、直観的な思考から頭に浮かんだ神頼みという手にすがっている。

賢明であるには、非合理的な衝動や印象に従って行動してはいけないというわけではない。それでも、私たちのなかにある二つの異なる「心」がどのように相互作用するかについて、ある程度まで理解していることは求められる。とりわけ重要なのが、私たちが直観的に受ける印象は、入ってくる情報だけにもとづいているという点を認識しておく必要があるということだ。直観的な思考は、手許にある情報が不完全であったり誤解を招く恐れがあったりするかもしれないということを考慮に入れない。そうすることは、慎重な思考の領域なのだ。この限界を克服するには、視野を広げ、必要とするより多くの情報を手に入れようとする思考習慣（とデータを収集する手順）を身に付けなくてはならない。まだ手に入っていない、あまり目立たない、検討されていない重要な情報があるのではないかと考えるのは、合理的な思考の仕事なのだ――シャーロック・ホームズのファンなら、その晩にほえなかった犬がいたのかどうかという情報を（それなら侵入者はよく知っている人物だとわかる）。賢明さの要素の一部には、こうした負荷を引き受けて隠れていることを探し出すことと、鍵穴や歪んだレンズを通して世界を見ることで満足しないことが含まれる。

この点と、第1章で論じた素朴な現実主義という考え方との関係に注目しよう。「あるがままの姿」を直接的に評価しているように特に感じられるのは、直観的な評価のほうである。他の人たちは物事を違ったふうに見たり体験したりするかもしれないと理解するのは、さらに時間のかかる、もっと合理的な思考が行うものである。

直観的な思考は合理的な思考よりも衝動的で、目下注目している情報以外について調べることなく作動しがちだ――そうして判断を下し、一連の行動に取りかかる。このことから、日常生活によく見られる、判断におけるいくつかの間違いの説明がつく。具体的に言えば、多くの間違いは、正しい答えを出すのが難しすぎるからではなく、間違った答えが簡単に見つかるから生じるのだ。(4)

こうした「簡単すぎ」て「誘惑的すぎ」る結論を、判断や意思決定の研究者が提示して、私たちの理解を深めようと努力してきた。そうした研究の流れにおける最も注目すべき実験のひとつをここで検討しよう。これもまた、説得力のある事例を自在に作り出せるエイモス・トヴェルスキーとダニエル・カーネマンが行ったものである。この実験で被験者は、次のような人物について書かれた文を読んだ。

リンダは三三歳の独身で率直な話し方をするとても聡明な人だ。学生時代には哲学を専攻し、差別や刑事司法の問題に深い関心をもち、反核デモに参加したこともある。(5)

被験者はそれから、リンダがその後の人生において、さまざまな活動や職業に従事した可能性がどれくらいあるかを答えさせられた。とりわけ、次のような活動や職業に就いた可能性の順位を付けるように求められた。小学校の教師、精神障害者のためのソーシャルワーカー、女性有権者同盟のメンバー、フェミニスト運動の活動家、銀行の出納係、保険外交員、フェミニスト運動を行う銀行の出納係。回答において目立った点は、ほとんどの被験者が、リンダは単に「銀行の出納係」であるよりも「フェミニスト運動を行う」銀行の出納係である可能性が高いと考えたことだった。リンダは、銀行の出納係についてて私たちがもつイメージにはしっくりしないように感じられるが、フェミニストの銀行出納係としてのイメージなら容易にわいてくる。フェミニスト運動についてリンダが関心をもっていることを考慮に加えれば（彼女の明らかな政治的傾向についてわかっていることからすれば、その可能性が高いようだ）、この組み合わせはもっとしっくりくる。*

だが、ほんの少し考えてみれば、それは正しいはずがないことに気がつく。「銀行の出納係でフェミニストの運動を行う」人は誰でも必ず銀行の出納係であり、したがって、前者のほうが後者よりも可能性が高いということはありえない！　これは論理学の基本である。二つの事象の結びつき（銀行の出納係でなおかつフェミニスト運動を行っている）が、構成要素単体のどちらかひとつ（銀行の出納係、フェミニスト運動を行っている）よりも可能性が高いことはありえない。

しかし、この問題について論理的に検討した後でさえ、間違った回答がなおも正しく感じられる。そのうえ正しい解答はそれほど難しいものではなく、間違った（そして直観的な）解答はあまりに簡単だ。ちょうど、著名な古生物学者のスティーヴン・ジェイ・グールドが語ったように。「私はこの例が特に好きだ。三番めの陳述［フェミニストの銀行出納係］がもっともありそうにないことはわかっているのに、頭のなかにいる小さなホムンクルスが、ずっと飛び跳ねながら私に向かって叫んでいる――『でもただの銀行の出納係であるはずないぞ、説明の文を読んでみろ』」[6]

では、私たちはどのような方法で、知らないうちに、不当な判断や悪い決断に飛びつくのか。あるいは、巧みな説得者によってそのように誘導されるのか。最もよくある落とし穴から、どのように自分の身を守ることができるのか。賢い人はどのような段階を踏んで、関係するすべての情報を確実に手に入

*この実験の被験者は、どういうわけか混乱していたのだろうか？　銀行の出納係とフェミニスト運動を行う銀行の出納係の両方が選択肢にあったので、前者の選択肢が、フェミニスト運動を行わない銀行の出納係を意味していると考えた人がいたのか？　このように説明づけられる可能性を排除するために、トヴェルスキーとカーネマンは、被験者の一部がリンダが銀行の出納係になる可能性が高いと見なし、別の被験者たちが、リンダがフェミニスト運動を行う銀行の出納係になる可能性が高いと見なした場合にでも、後者のほうが前者よりももっと可能性が高いと見なされたということを明らかにした。

れるのか。さらに、賢い人はどうやってペースを緩め、迫ってくる直感を無視すべき時を見きわめるのか。賢明さの重要な要素は、まさに、いつ直観を信じ、いつ用心深くあるべきかを知るということなのだ。

## 尋ねよ、さらば見出さん

上司がディナーパーティーを開いて、顧客になる見込みのある人を大勢招くことにした。あなたの隣に座ることになる客について、上司から説明を受ける。「彼女は政治的には保守派だと思うが、君が確かめてみてくれ」。どうやって確かめようか？　ほとんどの人と同じなら、保守派の意見を引き出すような質問をするだろう。「車両管理局に行く用事があるとき、毎回ものすごくストレスを感じませんか？」。「生活のために働いている人たち全員と同じように、学校の教師に終身在職権が与えられなくて、仕事ぶりに応じて雇用や解雇されるとしたら、公教育が改善されると思いますか？」

最も質問しそうにないのが、リベラル派の意見を引き出すような内容だ。「この国で最も裕福な人たちのなかには、自分の秘書よりも低い税金しか払っていない人がいるなんて、ばかげていませんか？」「崩壊しつつあるインフラを支えるために、政府がもっと何かをするべきだと思いませんか？」こうした質問は、心理学者が「肯定的検証方略」[7]と呼ぶもの、ふつうは確証バイアスとして知られるものの特定の種類の方法に沿っている。独裁者が大量虐殺のための武器を開発しているかどうかを心配している？　それなら、武器を開発している証拠を探すことがまったくもって当然であり、武器を開発していない証拠を探すことはあまり当然ではない。新製品が市場に受け入れられるだろうか？　ここでもまた、歓迎される兆しを探すほうが当然であり、歓迎されない兆しを探すほうはあまり当然ではない。

確証を与えてくれる情報を探すことは、とても自然なことである。なぜなら、もしも何かが正しいなら、それを示す証拠があるはずだ、という反論の余地のない陳述から直接的に引き出される考え方のように思われるから。だから私たちは、そうした証拠を探す。このことにかんするかぎり、とりたてて問題はない。ただしもちろん、何かが正しいかどうかを判断するにあたっては、それが正しいという証拠と正しくないという証拠の両方を調べる必要があるという問題はある。そこで、私たちが最も陥りがちなのが、偏った評価をすることだ。裏付けとなる情報はつねに注目の的となり、矛盾する情報はしばしば見落とされる。もちろん、矛盾する情報が表面化することもあるかもしれない。現実はいつかは明らかになるものだ。しかし、明らかになるのが遅すぎることが多い。それも、重大な決定が下された後になって。

ある論争を呼んだ実験の結果を見てみよう。そこでは、被験者のひとつのグループが、大きな試合の前日に激しい運動をしたテニス選手は、試合での調子が良く、勝つ傾向が強くなるかどうかを確認するように求められた(8)。被験者は、実験者が提示した情報のリストから必要な情報をどれだけでも参照することができた。そのリストには、選手が前日に激しい運動をして翌日の試合に勝った回数と、激しい運動はせずにそれでも試合に勝った回数、激しい運動をして試合に負けた回数、激しい運動をせずに試合に負けた回数が含まれていた。こうしたさまざまな情報の組み合わせのうちで、どの組み合わせを確認したいと申し出たかは被験者によって異なっていたが、最も頻繁に参照された種類の情報は、検証しようとしている考えと一致するような情報だった。すなわち、激しい運動をして試合に勝った回数である。

二つめの被験者グループは、論理的にこれと同等な質問を受けた。大きな試合の前日に激しい運動をしたテニス選手は、試合に負ける可能性が高いかどうかというものだ。被験者たちは今回も、前と同じ四種類の情報のどれでも参照できると告げられた。どの情報を最も調べたいと思っただろうか。それは、激しい運動をして負けた回数についての情報だった。ここでもまた、検証しようとしている考えを裏付けるような情報に、被験者は最も大きな関心を示したのだ。

これがどれほど注目すべきことかわかってほしい。これらの被験者たちは、試合の結果とは何の利害関係もなかった。おそらく、試合の前に運動をすることで試合に勝つ確率が高くなるかどうかは、彼らにとってはどうでもよかったのだろう。それにもかかわらず、自分が検証しようとしていた考えに沿った情報を調べることに、とても大きな関心をもっていた。

私たちは誰でも、人が、自分の信じたいことを裏付けるものを探そうとする傾向があるということをよく知っている。たとえば、サダム・フセイン体制の転覆をもくろんでいたブッシュ政権が、イラクが大量虐殺兵器を開発しているという情報があれば、いかに不確かなものであれどんなものにも飛びつく傾向があったということが明らかになったとき、驚いた人はほとんどいなかった。しかし、ブッシュ政権を批判する多くの人の頭を悩ませたのは、議会のリーダーや一般市民、報道関係者たちが、反対の立場の証拠に適切な注意を払わずに、ブッシュ陣営の主張を裏付ける根拠の弱い証拠にかなり左右されていた、ということだった。

確証バイアスの根は非常に深い。たとえ人がとても冷静に思考しているときでさえ、人の判断や決断に影響を与える。そういうわけで、エモリー大学の心理学者、スコット・リリエンフェルドが確証バイアスのことを（サダム・フセインとの初期の戦いのことを回顧して）「すべてのバイアスの母」と呼ぶのだ。[9]

バイアスの影響がいかに広がっているのかを見るために、東西ドイツ統一前の一九八〇年代に行われた実験について考えよう。* イスラエル出身の被験者グループが、東ドイツと西ドイツ、あるいはセイロン（現在ではスリランカ）とネパールの組み合わせのどちらのほうが互いによく似ているかと質問された。圧倒的大多数が、東ドイツと西ドイツのほうが互いによく似ていると答えた。これはよいとしよう。この評価にたいして反論することは難しい。結局のところ、この二つのどちらの国にも、同じ伝統と言語をもつドイツ人が住んでいて、第二次世界大戦前にはひとつの国の一部だったのだ。しかし、他の被験者グループに、どちらの組み合わせが互いにより似ていないかと質問すると、同様に大多数が、東ドイツと西ドイツであると答えた。おそらくは、一方が共産主義の東側を体現し、もう一方が資本主義の西側を体現していたからだろう。したがって、東ドイツと西ドイツは、セイロンとネパールよりも、よく似ていて、なおかつよく似ていないと見なされている。これは論理的に意味をなさない。[10]

しかし、心理学的には意味をなす。東ドイツと西ドイツ、あるいはセイロンとネパールの相対的な類似性を評価するように求められると、被験者は類似性の証拠を、すなわち二つの国が共通してもっていることがらを探した。アジアよりもヨーロッパについての知識のほうを多くもっているために、東ドイ

---

*この実験は確証バイアスを調べるためではなく、類似性の形式モデルを検証するために設計されたものだった（さらには、犬を飼うことが子どもをもつことに少し似てはいるが、子どもをもつことは犬を飼うこととまったく似ていないというこ との理由を説明するために）。しかし、予測された（そして得られた）結果の根底には、人には、検証しようとする主張（たとえば類似性や非類似性）と一致する情報を探そうとする傾向があるという事実がある。

ツと西ドイツの共通点のほうをより多く思い付くことができ、したがってこの二つの国のほうが互いによく似ていると判断した。しかし、どちらの組み合わせのほうが互いにより似ていないかと評価するように求められた二つめの被験者グループは、非類似性を示す証拠、すなわちどちらか一方の国のほうに際立っていることがらを探した。ここでもまた、被験者たちはアジアよりもヨーロッパについてより多くの知識をもっていたため、東ドイツと西ドイツが互いに異なっている点をより多く思い付くことができた。

確証バイアスはこのように、大きな矛盾を生じさせることがある。第3章で見たように、ひとつの職に二人の応募があり、ひとりしか採用できない場合にも、同様の矛盾が生じうる。この事例を、どちらの応募者を選ぶかという問題と受け止めることができるだろう。そうした場合には、どちらの応募者がその仕事にとって重要な属性を多くもっているかを主に検討するだろう。つまり、正しい応募を受け入れるための証拠を探すだろう。しかし、そうではなく、どちらの応募者を却下すべきかという問題であるととらえるかもしれない。こちらの場合、好ましくない応募者を除外するための証拠を探す傾向が強くなる。ひとりの候補者が、もうひとりの候補者よりも多い良い点と悪い点を同時にもつことが可能であるため、受け入れるという心持ちならその候補者を選び、除外するという心持ちならその候補者を却下するということが、どちらも起こりうる。[11] もうひとりの候補者ではなくビル・クリントンを、数多くの明らかな個人的な資質や政治的な資質をもっているという理由で、あなたの会社（あるいは政党）の代表として選ぶかもしれない。だが、クリントンが同じくらい明らかな問題をもっているために、あなたの会社（あるいは政党）の代表には選ばずに、もうひとりの候補者を選ぶことがあるかもしれない。

ときに、確証バイアスのために、外部の情報源から得ようとする情報の中身が左右されることがある。面談相手にたずねる質問や、検索エンジンに打ち込む用語や、データベースで照会する情報の内容が。一方で、調べようとしている情報がすでに頭のなかにあり、想起されるのをただ待っているという場合もある。しかし、そこで取り出されるものもまた、確証バイアスの影響を受ける。「毎晩グラス一杯のワインを飲む人は長生きする傾向にある」かどうか、「カリフォルニアの人たちはおおらかな傾向がある」かどうか、「悪いことは三つ重なる傾向がある」かどうかを検討するときには、真っ先に、飲酒をする高齢者や、のんきなカリフォルニア人や、立て続けに発生した飛行機事故やハリケーンや殺人について考えがちだ。本章において後ほど、この特定のバイアスを克服するためのいくつかの方法について説明しよう。だがまずは、視野を狭めたり歪めたり、判断の質を低下させたりする可能性のある、その他のレンズやフィルターについて見ていこう。

## 見たいものを見る

あなたがどのような民族や国民の集団——カナダ人、クロアチア人、コスタリカ人でも何でも——に属していようとも、その集団は、他の集団ほどには賢くも、倫理的でも、自分の約束に忠実でもないと言われたとしたらどうだろう。その主張を裏付けるような証拠を反射的に探すだろうか。もちろん、そうではないだろう。先ほども述べたように、人のもつ欲求や、根の深い関心事が、確証バイアスの働きに影響を与えるのだ。その主張が正しくあってほしいと思えば思うほど、それを裏付ける証拠を探そうとする傾向が強くなる。

しかし、もしもあなたがカナダ人かクロアチア人かコスタリカ人で、あなたの知性や誠実さに疑問を投げかけられたくないなら、自分の属する集団に向けられた侮辱に対抗するような証拠を探そうとするだろう。たとえば、ノーベル化学賞を受賞したり、慈善行為を称えられたりしたカナダ人やクロアチア人やコスタリカ人を思い出そうとするだろう（こうした集団の一員だとしたら、この種の情報がすぐに頭に浮かぶ可能性がとりわけ高い）。こういう場合、提示された意見とは一致しない情報を探していることになる。このように、確証バイアスという用語はさまざまな意味で用いられている。ときには、これまでに説明したような、特に動機のない「肯定的検証方略」として、またときには、何かが本当であってほしい場合には、それを裏付ける証拠を探して見つける傾向が強いという、よく言われている考えを指すために、さらには、何かが本当であってほしくないなら、それに疑問を投げかけるような情報を探し出そうとするという考えを指すために用いられる。

このバイアスによって、たとえば健康のような、自分自身にとってとても重要なことがらについての評価が歪められる。ある実験で、被験者を対象に、現時点ではいかなる症状も感じていなくても、後々膵臓の病気に発展するであろう（架空の）酵素の欠乏症があるかどうかを確かめるテストが行われた。このテストでは、被験者がコップに少量の唾液を入れてから、そのなかにリトマス紙を浸す。被験者の一部には、リトマス紙の色が変わったら、酵素が欠乏していることがわかると説明され、別の被験者たちには、紙の色が変わらなかったら、酵素が欠乏していることがわかると説明された。実際のところリトマス紙は、誰が使っても色が変化しないものだった。

被験者たちはどのように反応したのか。よい知らせを聞きたい（そして悪い知らせを聞きたくない）という気持ちのある人が反応するだろうと予測されるとおりだった。リトマス紙の色が変わってほしくない被験者たちは、あまり長くは紙をコップのなかに浸さなかった（一分一五秒）。だが、色が変わってほしかった人たちは、色が変わった証拠を必死に見つけようとした。平均して三〇秒だけ長く、コップのなかに紙を入れたままにしていたのだ（一分四五秒）。さらには、自分の望む色の変化を見届けるために、余計な行動にも出た。（実験者の表現を借りれば）「検査紙を直接舌に乗せたり、検査紙を何度もコップのなかに浸したり（最大一二回）、さらには紙を振ったりこすったり息を吹きかけたり、そしてたいていの人たちは、なかなか思うような結果を見せない……テスト紙をとても入念に調べたりするなどといった、さまざまな検査を行おうとするふるまいを見せた[12]」。被験者たちが見たいと願ったことが、どこを見るか、どうやって見るかに影響を与えたのだ。

### 場に提示する材料

偉大なるイギリス人哲学者のフランシス・ベーコンは、四世紀近く前に、確証バイアスが生じるもうひとつの原因についてこう描写した。

ある意見を採用した後、人は、その意見を支え、その意見と合致するような、他のあらゆることがらを引き出す。そして、反対側にも数多くの事例が見つかるはずであるにもかかわらず、このように重大で致命的な決定があらかじめ下されていることから、すでに出された結論の権威が損なわれないようにするために、そうした事例は、無視され軽視されるか、何らかの相違点があるからという理由

で退けられたり拒絶したりされる。(13)

ベーコンが指摘していたのは、早まった第一印象であれ、政治集団あるいは宗教集団が保持する教義であれ、最初に形作られた考えに固執することにつながるようなやり方で情報を評価するという傾向が人間にはあるということだ。このバイアスは、論争を呼ぶような何らかの問題において自分とは反対側の立場にある人たちが、なかなか「証拠に目を向け」たり「歴史から学び」たがらないことにいら立ちをおぼえたことのある誰にとっても、とてもなじみがある。またこのバイアスは反対に、こちら側からすれば、歴史的な事実を選り好みしたり、説得力のない議論を提示したりしているように見える反対側の立場にある人間から、証拠を見ようとしていないとか、歴史から得られる教訓に注意を払っていないなどと批判されたことのある人にとってもなじみがある。いずれの例にも、自分の考えを裏付けるような証拠を額面通りに受け取る一方で、矛盾する証拠を批判的に吟味するような傾向が認められる。

ベーコンなら、イラク侵攻の決定に関連して先ほど記したような出来事について知ったら、やれやれと言うような顔をして首を横に振っただろう。アメリカ政府が、イラクが核兵器や化学兵器、生物兵器を積極的に開発しているという浅薄な証拠を受け入れ、政府の評価を疑問視し、政府の主張とは相容れない証拠を提示した経験豊かな外交官や中東の専門家の懸念を却下したといったことを聞かされれば。

もちろん、ある程度は、従来の考えに照らして証拠を解釈することも理にかなっている。何かの怪しげな取引の仲介をすることに同意して誠意のしるしとして数千ドルを送金すれば大金を支払うことを約束するというメールをナイジェリアから受け取ったなら、削除ボタンを押すのが賢明だろう。本当とは思いがたく、確立された知識や理論とは食い違う証拠にたいして懐疑的であることも理にかなっている。哲学者のデイヴィッド・ヒュームはよく知られているように、並外れた主張には、並外れて説得力のあるデータによる裏付けが必要であると述べた。そして私たちは、エイリアンによる誘拐や、巨人《ビッグフット》の目撃情報や、霊能者による予言などについての話を読むとき、賢明にもヒュームの格言に従っている。

しかし、データを既存の信念や理論に一致させようとしすぎることには弊害がある。もっともらしく見えるが間違った考えを捨て去ることや、最初はもっともらしく見えなかった新しい理論が受け入れられることが難しくなるのだ（病気は、瘴気や妖術師の呪いではなく、微生物によって引き起こされるという考えなど）。極端な場合には、既存の考えに合わない証拠を拒絶することで、個人的な体験や実証的な研究の成果から学ぶことが不可能になることもある。実際、既存の考えというプリズムを通してデータを見ることは、その考えにはそれほどしがみつかないほうがよいと論理的には評価されている場合でさえ、その考えを強化することにもつながりうるのだ。

リーと同僚らは、死刑と、それが殺人への抑止効果となるかどうかという文脈において、この可能性を調べた[14]。被験者は全員が死刑に賛成する者あるいは反対する者であり、抑止効果をテーマにした二つの研究についての簡単な説明を与えられた。一方の研究では、隣接した州においての殺人発生率を比較していた。もう一方の研究では、特定の州内における、死刑を採用あるいは廃止した前後での殺人発生率を比較していた。被験者に知らされていなかったのは、実験者が実際のデータを告げていたのではなかったということだ。実験者は、比較の手法と結果の組み合わせを自由に操っていた。その結果、すべての被験者は、自分の見解を裏付けるような研究と、自分とは反対の立場の見解を裏付けるような研究についての説明を読んだのだ。

ここで、二つの注目に値する結果が得られた。みなさんも予測されているかもしれないが、どちらの立場の被験者も、州と州との比較であれ、州内での時系列的な比較であれ、自分の意見を裏付けるデータを示した研究のほうが、方法論的に正しく、有益であると考えた。研究の性質は重要ではなかった。重要だったのは、研究が支持する結果のほうだった。論理学者なら、異論はないだろう。すべてのことがらが同じなら、既存の考えに確証を与える証拠をもたらす経験的な手法のほうが、既存の考えと矛盾するようなデータをもたらす手法よりも、信頼が高く有益であると見なすほうが合理的であるからだ。*

しかし、論理学者なら、二つめの結果については異議を唱えるだろう。両方の立場の被験者が、どちらの研究の説明であってもそれを読む前よりも、今のほうがもっと自分の立場に確信をもっていると回答した。この点における論理学的な逸脱は、簡潔に説明できる。既存の理論の観点からデータを解釈するのは問題ないが、解釈をした後に、まさにその「加工された」データを、その理論の正当性を実証するために用いるのは問題である。この決まり事を守れないと、経験的な問題についての論争が混乱し、そのために社会が、証拠を冷静に評価することから可能になる賢明で筋の通った決定を下すことができなくなる。

## 鍵穴を広げる

人間の判断に広く行き渡っているこのバイアスを克服するために、賢い人ならどうするだろうか。その解決策は、言うは易いが行うは難い。あるいは、少なくとも終始一貫して行うことが難しいものだ。

なすべきことは、進む速度を落として、評価しようとしている主張がどのようなものであれ、それに異議を唱えるような情報を意識的に探すことである。それもとりわけ、その主張が、あなたが今もっている意見や好みと一致する場合には。菜食主義は健康に良いか？　最初に思い浮かぶのは、特にあなたがベジタリアンなら、あなたの知っている健康なベジタリアンの顔だろう。だが、そこで終わってはいけない。さまざまな病気にかかっているベジタリアンの顔を思い浮かべようとしてみよう。実際、統計学的に妥当な結論を引き出すためには、不健康なベジタリアンにたいする健康なベジタリアンの比率が、不健康な非ベジタリアンにたいする健康な非ベジタリアンの比率よりも、いくらか高いかどうかを検討する必要がある。

同じことが、たとえば外向性と有能なリーダーシップとのあいだの関係を評価する際にも当てはまる。外向的で容姿が良く、しかもとりわけ有能なリーダーがほぼ自動的に頭に浮かぶだろう。しかし、確証バイアスについての先ほどの議論においても述べたように、ここで立ち止まってはならない。もしもあなたが、有能なリーダーシップにおける外向性の役割について自分の書いた論文を同僚たちから真剣に

＊たとえば、人間の化石の年代を特定する新しい手法があるとして、既存の手法で得られたデータととてもよく似た結果が出るのであれば、それは信頼性が高く妥当であると結論づけることがまったくもって合理的だろう。しかし、その手法から、既存の手法で得られたものとは大きく異なる結果が出るのであれば、その妥当性に疑問をもつことがまったくもって合理的だろう。また、ジャックがあなたの悪口を言っているという話を評価するにあたって、あなたは、同じようにもっともらしいバイアスを働かせるだろう。すなわち、ジャックがあなたの敵であると考えるだけの理由がある場合には、その話を額面通りに受け取るが、ジャックが良い友人であるなら、その話を疑問に感じ、あやふやな根拠でジャックを責めることはしないようにするだろう。

扱ってほしい政治学者なら、有能なリーダーのなかでの外向的な人と非外向的な人の割合が、有能ではないリーダーのなかでの、さらには人口全般におけるその割合よりもいくらか高いかどうかを調べる必要があるだろう。

多くの日常的な課題についてはここまですることもないと思われるなら、少なくとも、裏付けをするような事例ばかりを検討したくなる衝動を抑える習慣を身に付けよう。そうして、決定についての研究者が推奨する「逆を考える」戦略を採用するのだ。「最初の印象が間違っていたらどうしよう」、「逆のことが正しかったらどうしよう」などと自問するように勧められると、確証バイアスを働かせることが少なくなり、その結果、はるかに正しい評価を下す傾向が強くなることが実験から明らかになっている。(15)

何世紀ものあいだ、カトリック教会は、聖人の候補に挙がっている人物を列聖すべきかどうかを決定する際に、まさにこの手順を用いていた。一五八七年からカトリック教会では、*promotor fidei* すなわち信仰の後援者を指名するようになった。後援者の仕事は、列聖に反対する陳述を展開することだった——すなわち、候補者の性格を非難し、信仰や慈善にたいする候補者の貢献の程度に疑問を呈し、候補者が行ったとされている奇跡について懐疑を表することである。誰かにわざと反対意見を述べさせる役目を課すことは今なお賢明なやり方ではあるが、その必要があるほどには広くは用いられていない。たとえば、クエーカーオーツ社が清涼飲料水のスナップル社を高額（一八億ドル）で買収し、失敗に終わった後、同社CEOのウィリアム・スミスバーグは、「評価にあたり『反対』の意見を主張する人が何人か必要だった」と認めた。(16)

たまたま、ヨハネ・パウロ二世が列聖の判断を下すにあたり反対意見を述べる者を指名する慣行を廃止すると、予想されたとおり、教会員が聖人と認められるペースが急激に上がった。西暦一〇〇〇年から一九七八年のあいだに列聖されたのは四五〇人未満だった。ヨハネ・パウロ二世が教皇職に就いてからの比較的短い期間に、四八〇人以上が列聖された。[17] 興味深いことに（そして論争を呼ぶことに）、ヨハネ・パウロ二世自身も最近列聖された。*promotor fidei* の精査に合格する必要なく、列聖にいたる速さは、近代の教会史においては最速の事例だった。

反対意見を述べる者を指名することが不可能な場合には、賢い人が「鍵穴を広げ」、視覚を歪ませるようなレンズやフィルターから逃れることのできる方法が他にもある。重大な決断を下す場合、たとえば、現時点でメリットとデメリットについてどのように考えているかということと、今から十年後に自分がどのように考えるだろうかと想像した内容を比較することができる。あるいは、友人にどういう助言をするだろうか、または、自分が尊敬する人ならどういう助言をくれるだろうかと考えることもできるだろう。第3章で見たように、質問内容を変えることによって、さらにはどれを却下すべきかとたずねることによって、選択すべき最善の製品や提案や人物を明らかにすることができるのだ。

意思決定分析の研究者のなかには、「事前検死《プレモータム》」を実施するように勧める者がいる。これはつまり、その後に決定がひどく間違っていたとわかったと仮定して、その理由を知るためにどのような情報を集めたいと思うだろうかと自問する手法である。[18] その情報を、今集めよう。犯罪や提案、行動指針を評価するにあたり部屋で最も賢い人になりたいなら、確証バイアスを回避するために必要な道具は、自分の道具箱のなかにすでにそろっている。

## 暗がりに隠れて

古いジョークによれば、経済学者とは、ずっと会計士になりたかったが……性格が向いていない人らしい。このジョークがおもしろく感じるかどうかは別として（あなたが会計士か経済学者かによるだろう）、意味はすんなりわかる。直観的な思考を働かせて会計士の一般的なイメージにたやすくたどり着き、ほとんどの人が思い起こすようなことがらについての命題的な知識を取り出して、ジョークの要となる食い違いを見つける。直観的思考は、目の前に提示された情報を扱ったり記憶に蓄えられた情報を入手したりするのがとても得意だ。容易に入手できる情報をすんなりと利用する。しかし、入手できた情報が、誤解を招くものなのか、あるいは例外的なものなのかを判断するのは得意ではない。

そうした仕事は主に推論的な思考が担当するものであり、関連しうる情報すべてが容易に入手できる場合にでさえ、これを行うことは難しい。そういう場合にも、これまでに見てきたように、直観的思考が、関連性が同じくらいある他の情報を犠牲にしてまで、どれかの情報に飛びつくことがある。そのうえ世界はつねに公正であるとは限らない。いくつかのことがらを隠し、他のことがらを目立たせる。こうした不均衡を補正する仕事は、推論的な思考の肩にかかっている。興味をただちにかき立てられるような情報が、不公正な手法を利用して目を惹きつけているのか、あるいは、正確な評価や正しい決定を行うことができるというそれ自体の価値とは関係のないところでそうなっているのかどうかを、直観的な思考は判断できない。著名な意思決定の研究者、ロビン・ドーズは、著書『不確定な世界における合理的な選択（*Rational Choice in an Uncertain World*）』においてわかりやすい例を提示した。以前『ディスカバー』誌に、飛行機に乗るときには「非常出口の場所を知って」おき、緊急着陸をした場合に備えて非常出口から逃げる予行演習をしておくべきであると読者に勧める記事が掲載されたという。それはなぜか？　誰かが、飛行機の衝突事故や不時着の生存者を調査して、そのうちの九〇パーセントが、あらかじめ脱出経路を確認していたということを突き止めていたからだ(19)。

この九〇パーセントという統計値は、圧倒的な値に感じられる。しかし、少し考えれば、思い直すだろう。さらには、調査では明らかに、衝突事故で亡くなった人には一切インタビューしていないということにも気づく。したがって、犠牲者の九〇パーセントが、同じように脱出経路を確認していた（客室乗務員から指示されて）ということもまったくありうる話なのだ。そのうえ、事前の備えを行った割合は犠牲者のほうに多く、したがって、そうすることが生命にとって実際に危険であるということもありえるのだ（可能性は低いだろうが）。

ここでの要点は（またもや）提示された行為が健康や幸福に影響を及ぼすかどうかを判断する際には、その行為をした場合としなかった場合から生じる良い結果と悪い結果の比率を比べることが必要である、というものだ。もうひとつの要点は、直観的に導き出された説得力のある結論を消し去るような「待て」という信号が推論的な思考から送られてこなければ、とんでもない間違いを犯してしまう可能性があるというものだ。

私たちの誰もが冒すそうした間違いのひとつが、他の人たち——それも特定の人たち——が自分のことをどう考えているかを推定することに関わるものである。私たちは、自分の友人や家族、同僚、同じクラブのメンバーが、全体として見れば、自分のことを怒りっぽい、頭の回転が速い、信頼に足る、話好きなど、どのようにとらえているのかを、かなり正確に予測する。しかし、この同僚やクラブのあのメンバーが自分のことをどう考えているのかを予測するとなると、あまり正確ではなくなる。実際にも、職場の同僚や、大学のルームメイト、討論グループのメンバーたちに、そうした性質について互いに評価するように求めてから、各々に、他の人たちそれぞれから自分がどのように評価されるかを予測するように求めると、その予測は実際とはわずかしか一致しない。すなわち、ジョーによるジェニファーの評価と、ジェニファーがジョーにどのように評価されると考えているかとのあいだの相関は、ゼロに近い。こういう種類の研究を行っている人物の言うところでは、「特定の他人から個人的にどのように見られているかということについては、ほんのわずかの洞察力しかないようである」[20]

特定の他人が自分をどう思っているかについて洞察力が不足しているということは、一見すると意外に感じられるが、少なくとも知らない人や、知り合いや、比較的遠い間柄の友人からのクリティカルな情報（この語がもつ、「重要な」と「批判的な」の両方の意味において）はふつう私たちの目からは隠されているということを思い起こせば、さほど驚くことではなくなる。つまり、私たちは一般的に、自分の本当の気持ちについての正確なフィードバックを互いに与えていないのだ。もしもカルロスがあまりにおしゃべりだとか、ルーがあまりに自慢好きだとか、サリーがアイヴィーリーグ卒をあまりにひけらかすとか思っていても、そのことをカルロスやルーやサリーに向かって言うよりも、第三者を相手にぐちをこぼす傾向のほうがはるかに強い。それなら、他人から、実際に自分がそうであるよりも、もっと高く評価されるだろうと人が考えがちなのは、ほとんど意外なことではない。

ひとつ重要な例外がある。人は、グループ内の他のメンバーからどのような地位を与えられているのかを正確に予測する。地位については、正確なフィードバックを実際に受け取っているからだ。現実よりも地位が高いかのようにふるまうと、グループから身の程を知らされる。そして、自分が値する地位よりももっと控えめな自己評価を見せると、それについてもグループから訂正が入る。[21]

多くの迷信は、手に入る情報が非対称であることのうえに成り立っている。愛する人が死ぬ夢を見た直後にその人が死ぬと、その前に見た夢がとても目立つ。[22]しかし、たいていはそうであるように、予兆の後にそれを裏書きするような出来事が起こらない場合はいつでも、そうした夢は忘れられがちだ。同じことが、いろいろな思い込みにも当てはまる。「物を捨てたすぐ後に、いつもそれが必要になる」、「芝生に水をやったすぐ後にいつも雨が降る」、「課題の本を読んでいないときに限って、教授によく当てられる」[23]

スポーツファンが――それも博士号をもっているスポーツファンであっても――居間で自分のやっていることが、何百マイル、あるいは何千マイルも離れた場所で行われている試合に影響するかもしれないと思い込む迷信的な信念にも、これと同じ考え方の例が多く認められる。良いパフォーマンス（特定の相手と対戦したときに勝つ、決まった相手からフリースローを獲得する、クォーターバックのフォワードパスが成功する）が連続しているときにそれに言及すると、なぜだかその流れがとだえるとファンは信じている、あるいは少なくとも信じているかのようにふるまう。そうすることで効果があったというこれまでの習慣や、そうなるだろうという思い込みから、盛り返しを狙って野球帽を前後ろ逆にかぶったり、いつもと同じ「ラッキーシャツ」を着たり、応援するチームの勝算を高める（または悪運を回避する）ためにいつもの「ラッキーチェア」に座ったりする人もいる。こうした行為が報われた事例は目立って見える。失敗した事例は、あまり気に留められなかったり、すぐに忘れられたりする。

何がある情報を顕著にして、何が他の情報を比較的手に入りにくくさせるのかについて、一般的なことを言うのは難しい。しかし、これまでにもしてきたように、多くのわかりやすい例を提示することは簡単だ。不動産屋が「買い手はうそをつく」と言える理由も（「絶対の上限額」を最終的に超える客はそうでない客よりも記憶に残るから）、親が「電話に出ているときに限って、子どもがちょっかいを出してくるみたい」と言い張る理由も（電話に出ていないときには、子どもから何かを要求されてもそれほど面倒ではないから）、交渉をする人が「タフでなければやられる」と確信をもつ理由も（タフでないやり方をしないので、そうしたときの結果を知ることはできないから）、それぞれにまったく異なる。しかし、原因のなかには、種類別にまとまっているものもある。社会心理学者たちは、日常生活においてある情報が際立たされ、ある情報が影に隠されるようないくつかの体系的な手法を見つけている。賢い人は、こうした非対称性に気づいており、本来なら隠れているような情報を目に見えるようにするために、いつ手立てを講ずる必要があるかを知っている。

## 自分から影を落とす

あなたの娘が、自分には数学の才能があると思い、数学の授業にものすごく一生懸命に取り組み、宿題に出された特別に難しい問題も解こうとしている。数学が「自分に向いている」かもと言われたのであなたが数学パズルの本を買ってくると、娘はさっそくそれに取りかかる。当然ながら、数学がいちばんの得意教科になった。

金融の専門家が、株価は歴史的な基準からすると高値になりすぎており、近い将来、下落するだろうとテレビで発言する。彼の信奉者たちが自分の持ち株を売り、債券や貴金属に投資する。案の定、株式市場は弱含みになる。

ジェニファーみたいにきれいな人が自分のことなど好きになるはずがないと思って、お茶に誘うことも、彼女のほうを見ることもせず、彼女の前では遠慮がちになる。彼女はずっとよそよそしいままだ。

これらはどれも、広く知られるようになってきた行動科学の重要な概念、すなわち予言の自己成就の例である。何かが正しいと考え、それが現実になるようなやり方で行動する。鍵穴やフィルターを通して世界を見るということでの議論にもっと引き寄せて、トーマスは、自分の信念に動かされて、その信念が正しいと見えるような——信念が正しくないことを示す証拠に出会うことを妨げるような——やり方で行動するといった一連の（関連性のある）事象を説明するために、成就したように見える予言という概念を導入した[24]。

アーニャがこちらに敵意をもっていると思えば、彼女と距離を置きがちになり、そのために、彼女が実際には心が温かく友好的な人であることを知る確率が低くなるだろう。ある従業員のことを、もうひとつ上のレベルで成功する才能がないと思えば、自分のその考えが間違っていることを証明するためのチャンスをその人に与えないだろう。自分の会社には、一流ビジネススクールの卒業生だけを雇うと決めているなら、周囲を探して、ありとあらゆる献身的で勤勉で才能のあるアイヴィーリーグの卒業生たちを雇い入れるだろう。あなたが出会う機会がないのは、一流ではない大学を出ているからという理由であなたが却下した——そして今は他のどこかでその素晴らしい才能を発揮している——あらゆる献身的で勤勉な人物たちだ。

これらのどの状況においても、下された結論――彼女は敵対的だ、彼には必要な資質がない、人事部はきちんとやっている――は、まったくもって妥当で、手に入る証拠によってしっかりと裏付けられているように見える。部屋のなかで最も賢い人なら、そうした証拠を作り出すにあたりあなた自身が果たした役割を、あなたに見せることができるかもしれない。

重要な情報を見えなくしているもうひとつのよくある社会的な力の働きが、行動社会学者が多数の無知と呼ぶものである(25)。この現象は、他の多くの人々が違う意見をもっていると思い込みすぎるために、自分の本当の考えや感情を隠すときに発生する。その結果、個人の考えと世間の人々の行動とのあいだに亀裂が生じ、根拠のない規範がいっそう強化される。そのため、それぞれの人が、本当はどう感じているかを口に出すことがさらに困難になる。したがって、集団全体として、実際に考えていることに気づかないままになる。

多数の無知は、あらゆる種類のやっかいな現象において重要な役割を果たす。大学のキャンパスにおける過剰なアルコール摂取について考えよう。学生たちは、自分よりも周りの学生たちのほうが酒を大量に飲んでいると思い、そのために、周囲に合わせる目的で、実際の自分の感覚よりも、たくさん酒を飲むことが好きであるかのようにふるまう。皆がそういうふりをすることで、飲酒がどれだけ広まっているか、そして楽しみに加わらない学生にたいして取りうる対応についての間違った考えが強化される(26)。これがさらなるアルコールの摂取につながり、そこからまた発端となった考えが強化される。このサイクルは延々と続いていく。

この悪循環を断つために、ある実験において、学生たちのグループに、アルコールとキャンパス内でのアルコール摂取についての質問への回答をタイプさせた。それと同時に、集計された回答を全員が見えるように映し出した。二か月後に行われた追跡調査で、仲間たちの態度についての情報をリアルタイムで受け取った学生たちは、真の規範についての情報を受け取らなかった対照群の学生たちよりも、アルコールの摂取量が二〇パーセント低いと回答したことがわかった。[27] 全員のありのままの回答を目にすることで、根拠のない規範に合わせるために根拠のない見せかけの態度を取ろうという気持ちが消えるのだ。

多数の無知はまた、仕事における燃え尽き症候群にも関わっている。人は、ストレスを感じず無理なく自信をもって仕事をこなせる人だと見なされれば高く評価されるだろう（そして予算が削減されたときに解雇の対象には入らないだろう）と考えがちだ。そこで、迷いや苦労を外に見せないようにする。そのために、同じように迷いや苦労を抱えている人たちは、自分だけがどこか間違っている――同僚たちのようにうまく仕事をこなすことができない――と思うようになる。そのために仕事のストレスがいっそう強まり、この人は仕事に適していないと周りから見限られるようになってしまう。

医療関係者を対象とした燃え尽き症候群の調査でインタビューを受けたある人物が、次のように語っている。「本当はときどき混乱し動揺していました――患者さんが初めて亡くなったときのように。パニックになったり怒ったり悲しんだりしていましたが、そういう感情はプロらしくないとわかっていたので、それらを表に出さないように努めていました。他の誰もがうまく対処しているように見えて、そのせいでいっそうつらく感じていました――自分のことが、この種の仕事に向いていない、出来損ないの弱虫のように思われて(28)」

したがって、賢さを構成するひとつの重要な要素は、判断や決断を下すときにあなたが用いるまさにその情報にたいして、あなたが、そしてあなたのふるまいが、いつどのように影響を及ぼしているかを知ることだ。あなたは、誰の話を聞こうとしていないのか？　他の人があなたに本当のことを話しにくくさせているのは、あなたなのか？　特別なプロジェクトにエネルギーを注いでいるということが、そちらのプロジェクトのほうがあなたが注目していないプロジェクトよりも良いものに見える理由なのか？

### ザ・サウンド・オブ・サイレンス

私たちの誰もがこういう状況を体験したことがある。会議の進行役が手始めに、「席を自由に移動して、みんなの考えていることに耳を傾けよう」と提案する。その結果は、期待にそぐわないことが多い。意見を自由に交換するようにはならず、議論の発展性が急速にしぼんでいく。二つのプロセスによって、意見の多様性に制限がかかるからだ。その二つとは、意図的なプロセスと意図的ではないプロセスである。

ひとつには、自己検閲がしばしば入り込む。人は、互いの感情を損ねたくないものだ。その結果、形成されつつある同意と食い違うような見解は、表明されない傾向がある。そのため、グループのメンバーたちは、自分は反対している立場を暗黙のうちに擁護する。極端な場合には、個人的にはまったく良いと思っていない見解を、はっきり擁護することになってしまう（「会計部から出席している私の尊敬する同僚がただ今述べたことに同意します……」)。この種の自己検閲は、扱っている問題が重要で、表面上の合意がなされたときに得られる安心感をグループのメンバーたちが欲している場合に特によく見られる。そうした場合には一種の「グループ思考」が出現し、それによって、問題にたいしてなされるべき批判的な精査が、合意に到達しなければというプレッシャーによって途中で打ち切られるのだ。

集団の意思決定についての研究の先駆者のひとりであり、集団思考《グループシンク》という用語を考案した社会心理学者のアーヴィング・ジャニスは、この種の社会的なプレッシャーが、アメリカの政治や軍事の歴史における最も見当違いな決定のいくつかの原因となっていると主張した。彼の挙げる事例には、日本軍が真珠湾を攻撃する可能性があるという警告を無視したことと、一九六〇年代初頭にフィデル・カストロ政権の打倒を試みたピッグス湾事件、同じく六〇年代の後半にベトナム戦争を拡大させるとした決定などがある。(29)

二〇〇三年にブッシュ政権がイラク侵攻を決定した件を調査した上院情報委員会は、イラクが大量虐殺兵器を開発しているという主張について政権が犯した誤算の原因として、グループシンクを引き合いに出した。委員会は、侵攻につながった討議には、「グループシンクのいくつかの側面が認められた。代替策をほとんど検討せず、情報を選択的に収集し、グループ内の意見の一致や批判を控えさせるような圧力があった」と述べている。こうした視野の狭さはとてもよく見られるものであるため、軍事の分野では独自の名称、近親相姦的増幅がある。『ジェーンズ・ディフェンス・ウィークリー』誌はこれを、「すでに横並びの合意を形成している人の言うことだけに耳を傾け、既成の考えを強化し、誤算につながる状況を作り出す」傾向と定義している。(30)

この種の重要な問題について審議するとき、さらにはさほど重要ではない問題を検討するときにも、さほど意識的ではないプロセスも、意見があまりに早く収斂することに一役買う。グループのメンバーは結局、知らず知らずのうちに、それぞれが独自に得ている情報ではなく、皆が知っている情報について話すようになってしまうのだ。[31] たとえばボブは、新製品の開発の経緯と、その製品の市場規模についての知識が豊富だが、製品の技術的な仕様についてはほとんど知らないとしよう。チェルシーは、製品の開発経緯と技術的な仕様についてはよく知っているが、製品の市場については何も知らないとしよう。たぶん、ボブとチェルシーは、時間の大半を、二人ともがすでに知っていること――製品の開発経緯――について話すことに費やし、互いから学ぶ機会を逃すだろう。誰もが知っている情報について話し合うことのほうが簡単であるのは、討論をするための共通の基盤が多くあり、それについて話すことが心地よい体験にもなるからだ。

この思考の収斂を引き起こす二つの原因を撲滅するために何ができるだろうか。ここで簡単な教訓を示そう。自己検閲を防ぐには、会議の冒頭で「席を自由に移動して、互いの意見を言い合おう」と言わないことだ。こんなことをするとアイデアが生まれにくくなる。それよりも、全員に自分のアイデアや、話し合われるべき関連する情報を書かせてから、全員の意見を誰かに声に出して読んでもらうほうがはるかに良い。その後に事実や意見や考察について話し合えば、議論がいっそう幅広く、いっそう確かな情報に基づいたものになるだろう。少人数のグループに分けてブレーンストーミングを行ってから、互いのグループの成果を共有することも、議論の範囲がすぐに狭まってしまうことを避けるもうひとつの方法だ。

共通の知識ばかりに目が行く習慣を克服するのは、もっと難しい。隠れている情報が最後には明らかになるだろうと期待してグループに長時間話し合いをさせるというだけでは、あまり効果がないことが多い。話し合いの内容がもっと多様になるだろうと期待してグループの人数を増やすことも、同じく効果がない。さまざまな専門分野をもつ人々をメンバーに加えることは有効だろうが、隠された情報を表に出し、特別な知識や多様な視点をもつ人の意見にしっかりと耳を傾けさせるという役割を誰かに与えている場合に、そうすることが最も効果を発揮することになる。[32] 部屋で最も賢い人なら、そのような戦略を提案するかもしれない。その賢い人は、あなたかもしれない。

## 振り返りとこれから

賢明さとは何かと定義しようとするとき、知性や「教養はあるけど実践のない人《ブックスマート》」ではなく、実際的な知識や社会的な聡明さのほうを重視する場合が多い。序文で述べたように、メリアム・ウェブスター辞書には、賢明さの定義の最後の項目に「分別」を挙げている。日常生活における機会や困難に対処する際に、自分の知っていることを適用する能力に重きを置いた定義である。賢明さについてのこうした視点に立って、本書の後半では次の四つの章を展開していこう。

私たちの専門分野からみなさんに提供できる知恵が、多岐にわたる差し迫った問題や日常的な問題に対処する手助けになるだろうと思えないなら、私たちは本書を書かなかっただろう（あるいは社会心理学の道を進むこともなかっただろう）。とても一般的に言えば、いかなる応用行動科学的な問題に取り組むにあたっても、その人の行動を変えさせたいと思っている人々にたいして作用する状況的な複雑な力の詳細――とりわけ隠れたとらえにくい詳細――を理解することが不可欠だ（第2章）。しかし同時に、こうした力がそれにさらされている人々によってどう解釈されるのかを理解すること（第3章）と、そうした解釈を導くとともに、歪める恐れのあるさまざまなフィルターやレンズがあることに気づいていること（第5章）も不可欠である。

しかし、本書では、賢い人々が過去何世紀にもわたって注意を喚起してきた、人間が犯す誤解の最もよくある根源について考えることから開始した。その誤解とは、自分自身の認識や反応を、あたかもそれらが、主観的な解釈の産物ではなく、物事の「現実の姿」を直接的、客観的に、真に正しくとらえたものであるかのように見なすという傾向である（第1章）。さらに、信念と行動のあいだのつながりについての重要な洞察も紹介した。人が取る行動は、その人が感じたり考えたりしていることを反映しているだけでなく、反対に、感情や考えに強く影響を与えることもありうる（第4章）。確かに、自分自身の行動を理解し、多くの場合においてはそうした行動を正当化したり合理化したりする必要があるということを理解することは、応用的な問題に取り組む際に役立つ道具になりうるのだ。

最初の五章では、主に、一人ひとりの心のなかで何が起こっているのかに注目した。その先に進む前に、これらの五章で説明した要因が、社会や文化においてどのように一体化しているのかを検討することには意義がある。そのことをわかっていなければ、文化から与えられるレンズやフィルターを受け取ってしまう。それらを通して、身の回りで起こっている出来事や、困難なことがらやチャンスを見る。だが、文化とは、「頭のなか」だけにあるものではない。文化には、私たちの環境にある物質的な特徴も含まれる。たとえば、住んでいる家の種類や、店や学校や会合の場所の設計なども。さらには、私たちの行動の多くを規定する法律や慣習も含まれる。文化は、直接的および間接的に、私たちに与えられている選択肢と、どのような行為が道徳的か、あるいは恥ずべきものか、さらには考えもつかないものなのかを定めている。

私たちは文化について考えるとき、他の文化について考える傾向がある。とりわけ、自分自身の文化とは著しく異なる文化、人々が奇妙な行動をして、奇妙な物を食べ、奇妙な迷信にふけり、充実した人生とは何であるかについて奇妙な考え方をもっている文化について考える。他の文化における人々の物の見方やふるまいについて考えるときほど、素朴な現実主義がはっきりと認められるときはない――そういうときに私たちは、自分自身の生活様式を当然のものとして受け止めて、他の文化における人々の生活様式は、その土地の環境や特定の歴史から特別に求められ、説明される必要のあるものとしてとらえる。世界の大半から奇妙だと見なされるのは自分自身の文化であるということを実感することは、とても難しく思われる。実際、人類学者のジョゼフ・ヘンリックと同僚らは、頭文字を組み合わせたWEIRD（西側で、教育を受け、工業化され、裕福で民主主義的）という用語を作り、私たちと世界の残りの多くの地域とをまったく違うものにしている私たちの文化にある特徴に、注意を向けさせようとしている。

最初の五章で論じた原則と、私たちがもつ特定な文化のレンズについての注意事項を念頭に置き、第2部では、あらゆる場所で個人や社会が直面する四つの重要な問題について考えていく。第6章では、人間の幸福を心理学的に賢くとらえることについての概略と、幸福な人間あるいは不幸な人間と社会の特徴にたいして、さらにはもっと幸福に生きるために私たち誰もができることにたいして、最近の研究から得られた教訓について述べていく。

第7章では、人間の幸福や安寧にたいして根強く存在する脅威に着目する。その脅威とは、さまざまな人々がさまざまな物事を欲したり必要としたり、自分の欲求や必要は、意見の異なる人々の欲求や必要よりも正当であると感じるために生じる対立である。その章では、対立状態にある集団どうしが、両者の状態をもっと良くするような合意に到達することを阻む、心理学的な障壁について特に詳しく検討する。

　最後の二つの章では、「難題」（第8章）と「さらに大きな難題」（第9章）と名付けたものに着目する。難題とは、落ちこぼれの恐れのある生徒たちの成績を改善させるという問題である。とりわけ、生徒と教育者が成績の大幅な改善を促すようなやり方で互いの努力を増強させるといった好循環を生み出す可能性のある、小規模ではあるが成功の期待がもてる心理学的に賢い介入手法について論じる。さらに大きな難題とは、気候変動に対処するという問題である。章のほとんどにおいて、もしも次の世代が、人類がこの数千年間にわたり繁栄してきた比較的穏やかな環境をこれからも享受するつもりであるなら、覚悟や資源を準備しておくことが必要であるのだが、それを難しくしている心理学的な側面について考える。だが、問題のそういった側面に注意を向けるように仲間たちに知らせ、問題への取り組みを始めたいと考えている専門家や責任感のある市民たちに、いくらかの役に立つかもしれない手法も提案していこう。

# 第2部　賢明さを応用する

# 第6章　部屋のなかで最も幸せな人

一九九三年一〇月一四日の夜、フロリダ・アトランティック大学サッカー部のマーク・ズパンとチームメイトたちが「ダーティモウズ」に飲みに出かけた。このバーは、大学生たちに安い酒を出す、未成年にあまり厳しくない店だった。ズパンは、試合を観に来ていたファンたちからおごられた酒を何杯も飲み干してから、午前零時あたりに「ちょっと気分が悪い」と言って、酔いをさます場所を探しにバーを出た。そして、友人のピックアップトラックの荷台を選んだ。

ズパンの友人のクリス・アイゴーもその時点であまり気分が良くなかった。バーで酔いつぶれたアイゴーは、午前二時に店の用心棒に担ぎ出され、もう閉店だから帰れと言われた。寮までの二マイルをちゃんと運転していけると思い込み、自分のトラックに乗った。現実には、そうできなかった。州間高速道路95号線の出口から猛スピードで降り、車体をコントロールできず、フェンスにぶつかった。この衝突でズパンはトラックから放り出され、排水路に落ちた。

塩水に浸かったズパンは、両脚を動かすことができず、感覚もなかった。ズパンがトラックの荷台で寝ていたとは知らなかったアイゴーは、彼がそんな不運に見舞われているとは夢にも思わなかった。だから、非番の警官がアイゴーに手錠をかけて連行し、レッカー車の運転手がアイゴーのトラックを撤去したときにも、ズパンは排水路にはまったままで、片腕で木の枝にしがみついて顔をなんとか水の上に出していた。ようやく翌日に発見され、病院に急いで運ばれたが、そこで衝撃的な診断を下された。脊椎の損傷が激しいために麻痺が一生残ると。

このような運命に見舞われた人はどん底に落ち込み、これまでのような幸福はもう二度と感じないだろうと思うかもしれない。しかし、この後、車いすラグビーのアメリカ代表選手になったズパンの見方は違う。それどころか、次のように語っている。

> 実際のところあの事故は、僕に起こりえたことのなかで最も良いことだった。口先だけでそう言おうとしているのでも、自分の過ちを合理化しようとしているのでも、『こころのチキンスープ』みたいなどうでもいい話を聞かせようとしているのではない。僕が言いたいのは、あれは人生を最も大きく決定づけた出来事だったということだ。あれがなかったら、僕がこれまで見てきたものを見ることはなかっただろうし、してきたことをすることはなかっただろうし、これほど素晴らしい多くの人に出会うことはなかっただろう。世界レベルのアスリートになることもなかっただろう。今のように友人や家族を理解するようになることも、彼らから僕に与えられる、そして僕から彼らに向けるような類いの愛情を感じることもなかっただろう。(1)

大怪我を負った事故の後も人生を存分に楽しめるズパンの能力は、人間の精神の勝利を示す素晴らしい例だ。多くの人は、麻痺した身体で生きるよりも「死んだほうがいい」と言う。しかし、ズパンの成し遂げたことは非凡で感動的ではあるが、彼の回復力と前向きな物の見方は、あなたが思っているほど例外的ではない。手足が不自由になった人の大半は、他の人々が感じるものと同じ程度の喜び（そして同じ程度の悲しみや不満）を感じながら、満足のいく生活を送っていく。実際、ある調査では、脊髄損傷のために身体が麻痺した男女の八六パーセントが、生活の質は「平均」か「平均より上」であると回答している。四人にひとりは、自分の生活は「理想」に近いと述べている。[2]

マーク・ズパンのような話は、人間の順応能力を示す明確な証拠だ。私たちは誰もが、ときおり不幸や喪失を体験する。しかし、悲惨な出来事に打ちのめされても、ほとんどの人は徐々に立ち直っていく。逆境に直面したとき、順応力こそが自分のもつ最大の武器となり、状況が厳しいときには誰もがそれに頼る。そしてこの能力について知っていれば、他の人たちが逆境に陥ったときに、この力を用いて彼らを支えたり新たな視点を提示したりすることができる。それでも賢い人は、「くよくよするな、そのうちに乗り越えられるさ」とか「明るい面を見よう」とか言うだけでは役に立たないということを知っている。君のもっている感情は今の状況に合っていないと誰かに言われたり、君のもっている将来の見通しよりも自分の見通しのほうがもっと現実的だと誰かに言ったりするときほど、第1章で論じた素朴な現実主義がはっきりと出現するときはない。

もちろん、失望やトラウマを乗り越えさせる心の働きと同じものが、強い前向きな気持ちをもち続ける能力の限界にもなる。ある友人は、腫瘍の生検結果が良性と出るなら、小さな嫌なことがあっても絶対にもう気に病んだりしないと言う。あるワーキングマザーは、要求している一〇パーセントの昇給を上司が認めてくれさえすればとても幸せになるのに、宝くじで大当たりが出たら幸福の絶頂がずっと続くのにと主張する。弟は、憧れの相手がプロポーズに応じてくれたら世界で最も幸せな男になるだろうと言う。こういうことが起こったら確かに喜びがもたらされるが、その喜びは、時間がたつにつれ予想通りに、そしてしばしば急速に薄れていくというのが現実だ。

人は状況の変化に慣れていく、変化によってもたらされた痛みや喜びは時とともに薄れていくということは、まったく意外なことではない。序文に記したように、昔のスーフィー教徒の詩人の言葉であり、ヘブライ語聖書にも記されている「これもまた過ぎ去るだろう」という文言がそうした考えを要約している。私たちのなかで最も賢い人たちでさえそれを知ったら驚くのが、順応力がいかに強いものであるかということだ。実際、手足が不自由になった人の五分の四が自分の生活は平均か平均より上だと評価しているのにたいして、脊椎損傷患者を担当している医師や看護師のあいだでは、もしも自分がこのような怪我を負っても、自分の生活に同じくらい満足できるだろうと考えている人は五分の一に満たない。(3)

## ズパンの幸福

これらの医療の専門家たちが、自分自身が患者のような苦境に立たされたらどのようになるだろうと想像したときに認識できていないことは、いったい何なのか。マーク・ズパンの体験や、困難に上手に対処した人々を理解するためには、ズパンがどういうつもりで「あの事故は、僕に起こりえたことのなかで最も良いことだった」と語ったのかを考える必要がある。「僕」という単語でズパンが指しているのはどの「僕」なのか？　彼の著書『障害者（*Gimp*）』の筆者である、大きな不幸を克服し、自分のために実りある人生を作り上げた人物のことを指しているなら、この言葉に無理があるようには思われない。しかしこの言葉は、事故が起こった日に排水路で何時間も苦しんでいた人物や、数か月にもわたり手術を受け、管につながれ、つらいリハビリに耐えてきた人物には絶対に当てはまらない。おそらくは、ほとんどの人がするようにベッドからぱっと飛び起きることができず、毎朝ベッドから出ることすら困難な人物にも当てはまらないだろう。

自分の人生の全体像や意義について深く考えるマーク・ズパンは、その時々に人生を体験するマーク・ズパンとは大きく異なっており、この二つの異なる自己が事故について大きく異なる感情を抱く可能性はある。ズパンが心の底から、あの事故は「僕に起こりえたことのなかで最も良いこと」だったと思うことはできるが、もしも「もう一度生き直す」ことができるなら、あの事故を再び体験することを選ばないだろうと認めるだろうし、ましてや自分の息子や姪や他人に体験することを勧めたりしないだろう。

この区別は、一時一時の快楽（あるいはそうした瞬間の合計や平均）と、哲学者が幸福《エウダイモニア》と呼ぶもの――自分の人生には価値と意義があり充実しているという感覚を伴う広義の幸福の概念――との違いによって、部分的に説明づけられる。スマートフォンが鳴ったら、そのときに何をしていて、どの程度幸せかを報告するという実験から、この区別が明らかになっている。この実験の被験者たちは一様に、テレビを観ることは楽しいと答えた。[4] しかし、一日中テレビを観た後では、大きな満足をおぼえる人はほとんどいない。テレビを観ているその時々の人は幸せだが、再放送番組やリアリティショーを何時間も観続けた後にその体験を評価する人は幸せではない。二つの見方がともに有効だ。テレビを観ている人はきっといくらかの楽しさを感じているが、テレビの前で何時間も過ごした後に忍び込んでくる倦怠感や反省の気持ちもまた現実なのだ。

どんな親も、これと同じ対比をよく知っている。子育てにおけるその時々の、日々の体験の多く――夜泣きが何週間も続いても冷静でいること、夜明け前に子どもを水泳教室まで車で送った後に寝ないで起きていること、思春期の反抗的な子どもにやさしく対応すること――は、決して楽しいものではない。しかし多くの親は、子どもを育て、そうした苦労を辛抱することは、人生においてしてきたことのなかで最もやりがいのあることだと言う[5]。

ズパンが自分は幸運だと主張していることについて考える際に念頭に置くべきことが他にもある。第5章で論じた、狭い範囲に注意を向けることと、認識や判断を支配するフィルターやレンズのことだ。ズパンのような運命について考えるように求められると、私たちは、身体が麻痺して、身体を動かすことができなくなるという、明らかに怖い見通しにばかり目を向ける。走ったり歩いたり立ったり、ベッドから飛び起きたりすることを当たり前のこととして受け止めている状態から、こういう状態へと変化することは確かに衝撃的だ。この理解は正しい。麻痺患者は、事故に遭ってから何か月も気持ちが落ち込んでいることが多い。それから長い時間がたった後も、日々の生活における制限や苦労が不満のもととなる。しかし、麻痺患者とはどのようなものであるかを考えるときに、私たちがわかっていないことがある。それは、障害を抱えている人たちは、すべての時間を麻痺患者であることに費やしているのではないということだ。

彼らはまた、子どもの成功を喜ぶ父でもあり、オレンジとザクロと胡麻のソースをかけた鴨の胸肉に垂涎する食通でもあり、お気に入りの作家の最新の小説を、同じような障害をもたない人と少なくとも同程度の喜びをもって読み始めようとしている読者でもある。じつのところ、こうした活動から得られる彼らの喜びは、いっそう強いのではないかと推測される。子どもが笑う姿を見たり、愛する人に触れられたり、自分とは「立ち位置が異なる放送局」でやっている選挙報道を観ていら立ちをおぼえたりすることが、注意を向ける焦点となり、感情の風景を支配する。少なくともこうした瞬間には、麻痺患者の生活は、手足の自由をなくしていなかった場合の生活とそれほど大きくは違わない。

このように狭い範囲に注意を向けることは、自分の生活を変えるかもしれない行動を取ることのとらえ方にも影響を与える。ある実験で、中西部に住む人々に、もしもカリフォルニアに住んでいればもっと幸せだろうかと質問した。こういう質問をされると自然と、二つの場所のあいだの最も明らかな違いに注意が向けられる。それは天候だ。灰色の空と雪よりも青い空と快適で温かい気温のほうがふつうは好まれると考えて、ほとんどの人が、カリフォルニアに住んでいたらもっと幸せだろうと答えた。しかし、さまざまな調査から、中西部に住む平均的な人間は、カリフォルニアに住む平均的な人とまったく同じくらい幸せであるということが明らかになっている。[6] この実験の被験者たちが考慮に入れなかったのは、日々の生活を送っているとき、たいていの時間は、天候や、さらにはそれが仕事や健康に及ぼす変化を気に掛けてはいないということだ。

部屋のなかで最も賢い人は、この焦点の合わせ方による効果が、個人的な決定を下したり、友人に助言を与えたりするときに及ぼす影響をよく理解している。部屋で最も賢い人はさらに、生活の質を全体的に評価するということは、一瞬一瞬の苦しみや喜びの体験をただ足し合わせていくことではないということもよくわかっている。全体的な評価はむしろ、毎日の体験に自分が与えるもっと幅広い意味によって決まってくる。海岸の清掃に費やした一日は、退屈ではあるが義務を果たした体験だったのか、それとも、同じような志をもった仲間たちと一緒に大切な価値観に従って行動をした満足の得られる機会だったのか？　自分の仕事について説明するように求められたＮＡＳＡの二人の掃除係の話について考えよう。ひとりは、自分の仕事は施設をきれいにすることだと答えた。もうひとりは、自分の仕事は宇宙飛行士を月に送る手助けをすることだと答えた。どちらのほうが自分の仕事により満足しているかを推測するのは難しくない。

## 上手に調整された幸福の追求

私たち誰もがよく知っている幸福の決定要素のなかでも、思っていたよりいっそう強力であると判明するもの（順応など）もある。また、将来について考えたり、自分がもっと幸福になると思われるような選択をしたりするときに、思っていたほど影響力のないことがわかるもの（お金など）もある。経済的な状況が改善されればもっと幸せになりストレスは確かに減るが、その一方で、幸せはお金で買えないという常套句もだいたいのところ真実である。(7)　宝くじに当たれば確かに人はもっと幸せになる――ただし、期待していたほどでも、他の人たちが自分も同じような幸運に預かったとしたらこれくらい幸せになるだろうと想像しているほどでもない。(8)

富や有形の物となると、周囲の人と比べて自分がどういう状態にあるのかがとても大きな問題となるということを知っても、驚く人はあまりいないだろう。この事実を、Ｈ・Ｌ・メンケンによる富の定義、「妻の姉妹の夫の収入よりも年間一〇〇ドルは上回っている収入」がうまく表現している。(9)

さらに、円満な社会的な関係をもつことや人と一緒にいることからだけでも幸福が得られることを幸福についての研究者たちが明らかにしたということを知っても、驚く人はまったくいないだろう。[10] 他人への奉仕についても同じことが言える。[11] しかしここでもまた、こうした関係のもつ力と、その影響をどのように感じ取るかという具体的な過程を認識していることが、より賢くなることへの鍵となる。

## 部屋のなかで最も幸せな人は誰？

あなたの知っている人のなかには、他の人たちよりも幸せそうに見える人たちがいる。研究からも、どれくらい幸せであるかについての自身の評価と、友人や同僚からどれくらい幸せに見えているかのあいだには、かなり高い相関のあることがはっきりとわかっている。幸せそうに見える人たちの秘訣は何なのか。もちろん、答えの一部は、そういう人々の生活状況のなかに見つかるはずだ。良い仕事と満足できる人間関係に恵まれた人は平均して、そのようなことと縁のない人よりも幸せだ。フロイトがユングに宛てた手紙のなかで書いたように、「仕事と愛、愛と仕事——存在するのはそれだけだ」

しかしフロイトは明らかに、他のことがらに言及しなかった——たとえば遊びや、笑いや、足を止めて美しい自然を楽しむことなど。もっと一般的に言えば、日常の体験や実証的な研究から、人の仕事や社会生活の質といった客観的な要因だけではすべては語れないということが示されている。周囲の状況に関わらず、他の人たちよりも幸せである、あるいは不幸せであるように見える人たちがいる。コップが半分も空っぽであるか半分も入っているかというとらえ方や、自分が恵まれている点を数えること、レモンという酸っぱい果物からレモネードを作ること〔逆境をうまく利用するという意味〕などを表現した多くの決まり文句がある。しかし幸せな人は、あまり幸せでない人が同じ状況において感じる不満から身を守るようなやり方で人生の困難に対処するという、興味をそそられるヒントも実験から得られている。

先ほども取り上げた、二つの魅力的な選択肢のどちらかを選ぶと、選ばなかったほうの選択肢を低く評価する（認知的不協和を軽減するために）傾向があるという研究結果について考えよう。しかし幸せな人は、他の人よりもこのようなことをする傾向が少ない。少なくともこのことが、リーと教え子だったソニア・リュボミアスキーが行った二つの実験から示唆された。一方の実験では、大学生たちがおいしそうなデザートのなかから好きな物を選んだ。もう一方では高校三年生が、翌年の入学を許可された大学について評価した。どちらの場合でも、自分のことを幸せであると言う学生ほど、選ばなかった選択肢の評価を下げる例が少なかった。この二つの実験の被験者のなかで最も幸せな人たちは、ブラックフォレストケーキをおいしく味わいながらも、リンツァートルテ（明日食べることにするかもしれない）が少し古くなっていてあまりおいしそうに見えないと決めつけることはなかった。そしてまた、スワスモア大学やコロンビア大学や州立大学へ進学することを楽しみにしながらも、進学しないことに決めた大学を悪く言うことはなかった（これらの大学を選んだ同級生たちを避けることもなかった*[12]）。

人はしばしば、自分の幸運から得られる喜びを減少させるようなやり方で社会的な比較をする（メンケンの言葉を思い出そう）。別の実験では、子どもに算数を教えるように求められた被験者たちが、教え

＊ただし、幸せな人たちが、自分の自尊心や幸福にたいするもっと大きな脅威から自分を守れないということではない。この実験に参加した幸せな高校三年生は、自分を拒絶した大学を悪く言うことをためらわなかった（自分から拒否した大学について悪く言う必要は感じなかったが）。実際のところ、あまり幸せでない生徒たちよりも、もっと悪く言ったのだ。

方が「上出来」だとほめられるというフィードバックを与えられた。ただし、そうしたフィードバックだけが与えられた被験者たちと、これに加えて他の被験者のほうがもっとうまかったという情報も与えられた被験者たちがいた。こういう比較をされたことで、被験者たちの自分のしたことにたいする喜びがどの程度減少しただろうか。自分自身を比較的不幸せだと評価した人の場合にはおおいに減少したが、自分自身を幸せだと評価した人の場合にはまったく減少しなかった。(13)

幸せな人はまた、自分の過去のとらえ方においても他の人たちとは異なる。イスラエルの退役軍人たちに現役時代の良かった時期と悪かった時期についてよく考えるように求めると、幸せな退役軍人たちは、そうでない人たちよりも、良かった時期の記憶が今でも幸せをもたらす源であると見なす傾向が強く、現在と当時の「古き良き日々」を比較する傾向があまり見られなかった。幸せな退役軍人たちはまた、軍人時代の最悪の体験の記憶を、今もなお心に負担を与えるものや不幸の源であるとして扱う傾向があまりなかった。(14)

こうした調査結果から、影響が生じる方向性についての重大な疑問がわいてくる。心理学的な賢明さから、あるいは個人的な体験から、自身を幸せにするようなやり方で世界を見たり出来事に反応したりする人がいるのか？　それとも、遺伝子の構成や親の好ましい育て方、あるいは良い手本となる人がいたおかげでもともと幸せであるために、幸せの度合いをさらに高めるようなやり方で世界を見て反応する傾向をもつ人がいるのか？

どちらのプロセスも、一種の好循環で作用しそうだ（あるいは不幸せな人の場合は悪循環で）。しかし、この種の研究から得られる重要な教訓は、賢い人がより幸せになるためにできることがあるということだ。第4章で論じた行動の優位性から、いくつかのヒントが得られる。幸せな人のように行動すれば、幸せな人になることがもっと容易になるだろう。選ばなかった道や選択を悪く言うことにエネルギーを費やしてはならない。自分が損な役回りを押し付けられるような社会的な比較を避ける。今の生活において欠けているかもしれないことについてくよくよ考えるよりも、かつて体験した素晴らしい時期や過去に味わった幸せを大切にする。それと同時に、今現在の自分の幸せをもっと高めてくれるような体験を見つける。残念ながら、この種の助言は言うは易いが従うのは難しい。もしもそうでなければ、世の中には浮かぬ顔の人がもっと少ないことだろう。

自分の幸福感や満足度を高めるための具体的な助言を記した本は数え切れないほどにある。その多くは、独自の研究によってそうした助言を裏付けている、信頼性の高い研究者たちが書いたものだ。[15] 近所の書店の心理学コーナーで見つけることができるだろう。そうした膨大な数の本の内容をここで要約はしない。それに、豊かな社会生活を送ったり、心が温かく人を惹きつける相手を選んだり、満足を得られる仕事を見つけたりするよう勧めたりもしない。こうしたことがらは幸せと強く関連しているが、個人が完全にコントロールできることではないからだ（満足を得られる社会生活を送ろうとか、愛情深く刺激的なパートナーや充実した職業をもとうと自分で決めることはできない）。その代わりに、幸福を追求するにあたり特に役立つと考えられる実際的なアイデアをいくつか提示しよう。それらは、私たち二人が独自の実験から収集した原則や、自身の個人的な体験や友人や同僚たちを観察したことから裏付けられるとわかった原則にもとづいている。最も重要なのは、自分自身でコントロールができる範囲内のことがらだという点だ。

## ピークとエンドに注意せよ

「ガーデン・アイランド」と呼ばれるハワイのカウアイ島への家族旅行を計画していると想像しよう。たいていの人と同じように限られた予算なので、何かをあきらめなくてはならない。ひとつの選択肢が、二週間滞在できるようにするために少し節約することだ——ビーチから四〇〇メートル離れた場所にあるコンドミニアムを借り、レストランでの外食を控える。もうひとつの選択肢が、滞在期間を短くして（おそらくは一週間だけ）、浮いたお金をちょっと贅沢なことに使うことだ——ビーチのすぐそばの別荘を借りて、地元の有名なミュージシャンによるスラックキーギターの演奏を楽しみ、最終日には島の上空をヘリコプターで飛ぶ。あなたならどちらを選択するだろうか？

この種の質と量のトレードオフにたいする明確な答えが、心理学の研究から出されている。日数は短いが、いっそう記憶に残る休暇を選べ。旅行が終わり家にいたり仕事をしたりしているときに、楽しかったけれどもあまり記憶に残らない二週間は、一週間の旅行とたいして違わないように感じられるだろう。しかし、朝や日没時にビーチまですぐに歩いて行った記憶を思い返したり、生で聴いたミュージシャンのアルバムにラム酒をやりながら耳を傾けたり、空から眺めたナ・パリ・コーストの光景を思い出したりすることは、生涯にわたって自分のなかから取り出すことのできる体験となる。

このメッセージは、休暇の計画以外にも当てはまる。ダニエル・カーネマンと同僚らが行った草分け的な研究に「ピーク・エンド」の法則が記されている。どのような体験についても私たちが思い起こすこと——消えずに残り続け、喜びや苦痛などの長期的な感覚を決めるもの——はたいてい、最高の瞬間にどのようなものだったかということと、最後にはどのようなものだったかということによって定められる。カーネマンも述べたように、この考え方はミラン・クンデラの小説『不滅』〔菅野昭正訳／集英社〕のなかの一文によって巧みに表現されている。「記憶は映画を作るのではなく、写真を作る」。他から際立って見えるのは、そうした写真に捕らえられた格別な瞬間である。理屈ではハワイでの二週間の休暇は二週間だったとずっと覚えているだろう。しかし、休暇についての全体的な印象と、ずっと消えずに残る感覚は、期間とはあまり関係がないのだ。

快楽の体験についてのこの事実を説明づけるための実験において、カーネマンは、被験者のひとつのグループに心地良い映像——子犬や、水に飛び込むペンギン、ビーチに打ち寄せる波——を集めた短い動画をいくつか見せた。もうひとつのグループには、まったく不快な映像——手足を切断するぞっとする場面や、広島に原爆が投下された後の光景、工場での動物の畜殺——からなる短い動画を見せた。どちらの場合にも、ビデオ映像の長さは見る人それぞれによって異なり、被験者は全員、各々の場面がどれくらい楽しいか、あるいは不快であるかを回答するために、その時々にダイアルを回すように求められた。さらにビデオを見終わってから、全体としてどれくらい楽しめたか、あるいは不快であったかと質問された。

カーネマンと同僚らが発見したのは、体験がどれくらい良かったか、あるいは悪かったかの評価には、映像の長さはほとんど影響を及ぼさなかったということだった。ひどい内容をたくさん見た場合、あまりたくさん見なかった場合よりも、体験がいっそう悪いものになることはなかった。被験者の全体的な評価を最も的確に予測したのは、彼らの体験の最高の瞬間あるいは最悪の瞬間がどれくらい良かったかあるいは悪かったか、そして体験の最後がどれくらい良かったかあるいは悪かったかであった。手足切断の映像がどれほどぞっとするものだったのかは、残す印象に大きな影響を及ぼす。切断の映像をどれくらい長く見なければならなかったのかは、ほとんど影響を及ぼさない。子犬がどれくらい可愛く見えたかは、全体的な評価に大きな影響を与える。どれくらい長く子犬を見たかは、ほとんど印象に残らない。(16)

ピーク・エンド法則が現実の場面と驚くほど密接に関わる事例が、麻酔をかけずに結腸内視鏡検査を受ける人を対象とした実験で明らかにされた。この検査は、内視鏡が結腸内の最も奥まで挿入されたときに特に痛みを感じる。通常、痛みを最も感じる時点は、検査の最後にくる。その後すぐに医師が内視鏡を素早く抜き取る。患者はふつう、検査全般をとても痛かったと記憶する――あまりに痛すぎて、多くの人が、五年後にまた検査を受けるようにという指示に絶対に従わない。この検査にピーク・エンドの法則から得られた所見を適用するために、カーネマンと同僚らは、医師たちに別の手法を試してもらった。検査において最も痛みを感じる時点のすぐ後に内視鏡を引き抜く代わりに、内視鏡をほぼ最後まで引き抜いてから、結腸の末端にもう少しだけ（医学的には不必要な時間）留まらせたのだ。

はっきりと言っておくべきだが、この余分の時間は快適なものではない。実際のところむしろ不快である。その前に内視鏡が最も奥まで挿入された時点ほどには不快ではないというだけだ。こういうふうに余分に不快な状態に置かれた患者たちは、いっそう多くの痛みを感じたにもかかわらず、標準的な手法で検査を受けた患者よりも、全体的な体験をあまり不快ではなかったと評価した。なんと、こうした患者のうちの七〇パーセントが推奨される再検査に申し込んだのだ。これは、通常の「入れてすぐ出す」方式の検査を受けた被験者における五〇パーセントという値よりも著しく高かった。[17]

快楽の扱い方について得られた教訓は明らかなはずだ。たとえば休暇の計画を立てるときには、もっと素晴らしい時間を体験できることになるのなら、旅行の長さをいくらか犠牲にするとよい。その最高の瞬間が最後に来るようにできるなら、いっそう良い。それが無理でも、少なくとも、旅行の最後に、プレゼントやお土産を買うために慌ただしく何時間も走り回ってから焦って荷造りをして空港に急ぐのではなく、楽しい体験――最後の夜に夕日を眺めたり、おいしいブランチを食べたり――で終わるようにすべきだ。同様に、楽しくない雑用をしているときには、最も面倒で最も退屈な仕事を最後に回したくなる誘惑に抗うことだ。もっと良いのは、ちょっとは楽しい仕事を最後にもってくるようにすることだ。

### あなたにはいつもパリがある

あなたが、ワインが好きだが予算が限られている多くのカリフォルニア人のひとりだとしてみよう。限られた資金を、地下室で適切な空気の条件下でワインを保存できるワインラックに使うのと、午後に近所のブドウ園で開かれる試飲会に行くのに使うのと、どちらがいいだろうか。ワインラックのような耐久財と、ワインの試飲会のような消えてしまう体験のどちらを選ぶかという問題は（あるいは一回だけの楽しい体験と、もっと耐久性のある資産を手に入れることとのどちらを選ぶかという問題）、従来の投資という観点から考えれば、容易に選択できることのように思われるかもしれない。資産は長期間存続するのにたいして体験はすぐさま過ぎ去ることを考えると、資産のほうがいっそう分別のある投資なのではないか？　おそらく、そのほうが分別はあるだろう。だが賢明かと言うと、おそらくそうではない。

研究結果を見ても、個人的に考えても、一見すると分別があるように思われる計算においては何かが見落とされているということがうかがわれる。新しいカウチや車やカプチーノメーカーを手に入れることがどれほど楽しいことかを誰もがよく知っている。カウチの布地は真新しく清潔な匂いがして、車のエンジンはわずかな乱れもなく滑らかな音を立て、カプチーノマシンが作る細かい泡は濃密でふわふわだ。しかしまもなく、新しい布地の匂いに気づかなくなり、エンジンの音に耳を傾けることがなくなり、カプチーノの表面にあるものをただの泡として感じるようになる。ほとんどの人にとって、そしてほとんどの所有物について、物事はすぐに心のなかの景観の背景へと色あせていき、継続的な利益はほとんど得られない。

体験を買った場合には、心の景観から消えにくくなる。一定の期間中――先月や昨年、過去五年間――に購入した物や体験で最も意味のあるものは何かと問われた人たちは、体験のほうがもっと満足が得られ、幸せを感じ、お金の「良い使い方」をしたと答えた[18]。物を買っても体験を買っても、最初のうちは同じくらいの幸せが得られるものだが、物から得られる快感は消えていきがちな一方で、体験から得られる喜びは長続きする[19]。

体験という買い物は存続し、口にする話の内容や、大切にする記憶、そこから得られたしっかりとした一体感や個人的な変化において、いっそう長続きする喜びを与えてくれる。映画『カサブランカ』の最後のシーンでハンフリー・ボガートがイングリッド・バーグマンに告げた忘れがたい台詞「俺たちにはいつでもパリの思い出がある」〔We'll always have Paris.〕のように。それどころか、体験は持続するだけではない。最高の要素を飾り立て、最悪の要素を軽視するにつれ、時の経過とともにより良くなっていくことが多いのだ。ずっと雨に降られ、食べ物のほとんどを熊に盗まれ、近くのテントのカップルが明け方まで大きな声で騒いでいたキャンプの思い出が、時とともに、そして語ったり回想したりするあいだに、「最悪のキャンプ」ではなく「とても愉快な最悪のキャンプ」になっていく。*

順応性や記憶の温かさにおける違いは、体験という買い物が有形の物よりもいっそう長続きする満足を与える傾向にあることの理由のすべてではない。体験という買い物は、楽しさを減少させるような類いの比較――他の人がもっている物や、自分が以前もっていた物との比較――を引き起こすことも少ない。たとえば、新しいノートパソコンを買ったばかりだと想像しよう。箱から取り出してすべての機能を確かめるとすぐに、知り合いもほぼ同じ値段でノートパソコンを買ったばかりであることを思い出す。ただし、あちらのほうが自分のパソコンよりも間違いなく優れている――プロセッサーの速度が速く、RAMの容量が大きく、スクリーンも高解像度だ。どれくらい嫌な気分になるだろうか。それはもう、ものすごく！　他の人、それも特に気にくわない人に負けるのは嬉しくない。実際、そのうちにきっと起こるだろうが、同じくらいか低い値段のついたもっと魅力的なパソコンの広告を見るだけで、いくら

---

*物と体験との区別は明確ではない。自転車や自動車は明らかに物であるが、体験するための乗り物でもある。さらに、いくつかの所有物、とりわけ、代々母親から受け継いだ結婚指輪や子どもが初めて使った野球のミットなどの思い出の品は、年月とともにいっそう貴重なものになっていく傾向がある。しかし、それらは体験のしるしであるからこそ貴重になっていくのだ。自分と結びつきがあり大切にしている体験を心のなかでもう一度生きるための刺激として。実際にも、実験で被験者たちが、テレビや音楽CDの箱入りセットなどの購入品を物と見なすか体験と見なすかと質問されると、体験と見なすと答えた人たちは、それがあるとより幸せになると回答している。[20]

か後悔をおぼえることになる可能性は高い。

しかし今度は、ノートパソコンではなくビーチでの休暇にお金を使ったと想像してみよう。天気が良く、地元の人は親切で、一緒に行った人と楽しくやり、必要としていた息抜きができた。ここでもまた、他の誰か、それも気にくわない人が同じビーチで休暇を過ごしていて、しかも天気はさらに良く、ホテルのグレードも高く、食事もさらに豪勢で、それぞれにかかった金額は低かったことを知ったと想像してみよう。あるいは単に、内容がもっと上等で、価格もさらにお値打ちなビーチでの休暇を紹介する広告を見たとしてみよう。こちらについては、どれくらい気分が悪くなるだろうか。都合の悪い比較をしたせいで、損をしたノートパソコンのときと同じくらい満足度が減るだろうか。自分のノートパソコンをあちらのパソコンと取り替えたいとは思うかもしれないが、休暇を取り替えたいなどと思うだろうか。

トーマスと彼の教え子のトラヴィス・カーターが行った研究によれば、ノートパソコンや大画面テレビなどの所有物よりも、休暇やコンサートといった体験のほうが、喜びが不利益な比較の影響を受けにくいということがわかっている。[21] 車やマンションや服となると世間から遅れを取らないように時間やお金や情熱を無駄に使う人でも、休暇を過ごす場所や、外食する店、劇場に行く回数となると、それほどは張り合わない。言い換えれば、体験は、それ自体の観点から評価される傾向にあるのだ。私たちは、他の人たちが購入した体験のほうが自分の体験より上であっても、さほど気にすることはない。休暇やコンサートでの自分の体験を、他の人たちの体験と取り替えたいとは思わない。ちょうど、記憶や写真や思い出話を取り替えたいとは思わないように。しかもたとえ、客観的に見て、取り替えて手に入るもののほうが「より良い」と評価されるようなものであっても。

物や体験は、現在と過去を比べることから生まれる快楽という点においても異なる。より優れた乗り物や機器やハイテク装置をいったん所有すると、グレードの低い製品に戻ることができなくなる。しかし、高級レストランで外食をした後でも、近所のハンバーガーショップやピザ屋で出されるものも以前と同じようにおいしく食べる（ジャンクフードの主要成分である塩分や脂肪や甘さを好むように仕向けている進化の仕業、これには要注意）。物となると、祖父母にとっては贅沢品だったもの（食器洗浄機やテレビ、エアコン）が、親たちからは必需品と見なされ、あって当然のものとなる。そして、親たちにとっては贅沢品だった物（二台めの車、平面型ディスプレイのテレビ、携帯電話）が今では、中流のアメリカ人からふつうに持つべき物と見なされる。

心理学者はこのことを「快楽の踏み車」と呼ぶ。快楽という点で同じ場所に留まるために、いっそう早く走り続け、さらに多くのものを蓄積しなければならないという意味だ。[22] 快楽の踏み車という考え方は、先進国の平均的な国民たちの豊かさや生活水準が大幅に向上したにもかかわらず、世代間での幸福度が基本的にまったく上昇していないことを説明づけている。[23]

体験はまた、社会的なつながりを促すことから、いっそう長続きする満足が得られる傾向にある。大半の体験は共有されるものだ。友人とディナーを外で食べたり、家族と休暇を過ごしたり、コンサートやハイキングやスポーツのイベントを仲間の愛好家たちと楽しむ。たとえ、一人きりで食事をしたり休暇を過ごしたりしても、家庭や職場に戻るとその体験を他の人たちとすぐに分かち合う。人は、自分のもっている物についてよりも、体験についてのほうが、もっとたくさん話をし、そうした話をするともっと楽しくなる（話をしている側も聴く側も）。[24] この違いを取り上げたある実験で、大学生二人に互いに自己紹介をするように求めた。ただし、自分が買った物か体験のどちらかについて話すという制限が設けられた。会話の後、物について話をした人よりも体験について話をした人のほうが、会話の内容と相手に好感をもったと回答した。

体験はまた、一種変わった個人的な資産にもなる。人は、物質的な所有物のうちのいくつかをとても大切にし、さらにその一部は自分のアイデンティティの一部にさえなる。しかし、自分自身を形作っているのは、自分の体験と、それを自分がどのようにとらえるかだ。所有物は人生の重要な一部であるかもしれないが、それらが自分自身の重要な一部になることはめったにない。[25] こういうわけで、文学や映画であれほどよく扱われるテーマが、人生を振り返り、物を追い求めてばかりいて、意義のある人間関係を築いたり、意義のある体験を追い求めることがあまりに少なすぎたことに気づき、むなしさをおぼえるというものになるのだ。

もちろん、賢い人はこのことを知っている。だから、物ばかりを追い求めることにエネルギーを費やしてきた小説や映画の登場人物たちが、賢い人と見なされることがほとんどなく、ふつうは悲しい結末を迎えるか、(スクルージのように) 自分のやり方がまちがっていたことを悟るのだ。

本書ではここまで賢い人ならどうするかを主に論じてきたが、賢い社会についても同じことが言えるということを述べておくべきだろう。一部のコミュニティや社会では、体験を追い求めることのほうを重視して、人々が満足できる体験を得られやすくするために、公園や遊歩道、ビーチ、自転車専用道路、公共のスペースを整備している (セオドア・ルーズベルトが率先した国立公園創設という賢明な取り組みは典型的な事例のひとつだ——このことについて小説家であり自然保護活動家であったウォーレス・ステグナーが「これまであったなかで最も良い考えだ」と評したのは有名）。こうした種類の体験を得るための公共の資源になることを考慮せずして、税率の低さや私有財産を優先させる人たちは、社会全体としての幸福を低減させる傾向にある。

## 起きて、行け

一九七五年の秋、ブルース・スプリングスティーンがポップカルチャー界に登場した。アルバム『ボーン・トゥ・ラン』〔邦題『明日なき暴走』〕が発表され、『タイム』誌と『ニューズウィーク』誌の表紙を同時に飾り、ニューヨークのボトムラインとロサンゼルスのロキシー・シアターで歴史に残るパフォーマンスが行われ、彼の率いるEストリート・バンドが世界的な現象になった。ロック評論家のジョン・ランドー（後にスプリングスティーンのマネジャーになる）が当時「私はロックンロールの未来を見た。その名前はブルース・スプリングスティーンだ」と語ったのは有名だ。

ロキシーで連続公演が行われたすぐ後、Eストリート・バンドがサンタバーバラのカリフォルニア大学キャンパスまで来て、ごく小さなロバートソン・ジムで演奏をすることになった。当時、貧乏な学部生だったトーマスは音楽通のクラスメートから、チケットを買ってこの歴史的な公演を体験すべきだと勧められた。残念なことにトムは耳を傾けず、今日にいたるまで、しょっちゅう後悔の念に見舞われている。

このような例は、人々が最もよく口にする典型的な後悔である。ほとんどの人は、したけれども悪い結果に終わったことよりも、しなかったことに注目する傾向がある。実験の被験者たちが最大の後悔を挙げるよう求められると、二対一の割合で、行動したことよりも行動しなかったことについての後悔を口にする。さらに具体的に、人生における最大の後悔は、自分がしたことに関わるものか、自分がしなかったことに関わるものかと質問されると、後者と答える人のほうが三倍多かった。[26]「若さのほとんどをワインと女と歌に費やして、他の時間はただ無駄に過ごした」と言う年老いた放蕩者の感傷に同意することはあまりできないが、ヘンリー・ジェイムズの次のような発言は、とても賢明だ。「若い頃に敏感に反応し『すぎた』ことについては、どれひとつとして後悔していない――後悔するのは、冷めていた頃につかみ損ねた機会や可能性だけだ」[27]

「するべきか、しないべきか?」、「飛び込むか、飛び込まないか?」、「今がその時なのか?」のような、よく経験するジレンマを感じる場合、最も後悔する可能性が高いのは、衝動的に行動することよりも、慎重になって行動しないことのほうであるということが、さまざまな研究から明らかになっている。そうした慎重さには、もちろん正当なものもある。衝動をおぼえるたびに行動するのは、賢明でも、幸福につながる道でもない。ナイキは「やるしかない!」〔Just do it〕と言ってくるが、これはあまりにおおざっぱで単純だ。行動に出て、信頼を損ねたり人を傷つけたりすることがある。生涯にわたり後悔する結果になる場合もある(友情が壊れたり、結婚が破綻したり、刑務所に入ったりすることは言うまでもなく)。車の運転や船の操縦や登山をしているとき、さらにはカロリーやアルコールや発ガン性物質の摂取量に注意を払わないでいると、人生が短くなることもありうる。

それにもかかわらず、ここで得られるおおまかな教訓は、私たち人間は、活動的な何かをしているときに最も幸せになるような、能動的で目標に向かって進む生き物であるということだ。セオドア・ルーズベルトは自分自身と息子たちにつねづね「行動せよ」と言い聞かせていたが、それはこの賢明さの要素をよくとらえている。あるいは、著名な幸福の研究者、デイヴィッド・リッケンは次のように語った。「私たちが歓迎する……一人ひとりの幸福を感じる設定値の上にくると期待できる物事の大半は、受動的なものよりも能動的なものであり、ふつうは建設的なものである——すなわち有益な成果をもたらす活動だ[28]」

「フロー」状態、すなわち、ある活動に完全に没入している、あるいは我を忘れていることから体感する深い満足の感覚は、当然ながら幸福についての科学文献において大きな注目を集めてきた[29]。しかし、行動することなしにフロー状態に入ることはできない。その行動は、庭いじりやハイキングなど身体を動かすものである必要はない。読書（さらに言えば書くこと）とテレビを観ることという二つの座って行う活動には大きな違いがあることを考えてみよう。だが、自分の快適な居場所から出て、世の中と積極的に関わることは、それが身体を動かすものでなくても、少なくとも頭を使うものや芸術的なものであれば、幸せを見つける重要な鍵となる。

活動することが幸福感を促進させるという証拠は、人々の最もよくある後悔は何かを示す証拠よりも数多くある。たとえば、スマートフォンが鳴り、そのときに何をしていてどれくらい幸せかと質問されると、テレビを観ることがかなり上位にくることを思い出そう。友人と過ごすことやセックスをすることよりも下位になるが、食事の支度や子どもの世話よりははるかに上にくる。しかし、もっと長続きする種類の満足度について質問された場合には、テレビを観た量と幸福度についての回答には強い負の相関がある[30]。テレビを観ること——あるいはテレビゲームをすることやフェイスブックを見ること——は、ドーナツやピザを食べることによく似ている。つまり、少しだけなら良いが、それ以上になると無気力や自責の念につながるのだ。

活動と幸福度の高さとのつながりをさらに裏付けるものに、思春期の自尊感情についての研究がある。一〇代には自尊感情が下がる傾向にあり、それはとりわけ女子に多いということを聞かされても、誰も驚かないだろう。しかし、団体スポーツをしている女子は、その下がり方がかなり小さい[31]。活動的であることは、幸福を脅かす一般的な物事にたいする緩衝材になるようなのだ。幸福と活動という要素は互いに相関するため、いつものように慎重に疑ってかかるべきだ。たとえば、自尊感情が高いために活動に参加する、あるいは自尊感情が低いために参加する気持ちにならないといったことや、支えてくれる親がいるために自尊感情が高くなり、なおかつ課外活動への参加率が高くなるといったことはもちろんありうる。しかし、研究内容を読んでいくと、気分が落ち込んでいるなら、何かを**する**ことが賢明だという考えが強くなる。散歩に出かけたり、友人に電話したり、ずっと前から読もうと思っていた古典文学を読み始めたり、ディナーや旅行の計画を立てたり、あるいはもっと良いのは、誰か他の人を少し幸せにする方法を探したりするのだ。

幸福と満足は活動的であることによって促進されるという考えはまた、幸福は進化の働きの役に立つという概念とも一致している。トーマスのコーネル大学での同僚、シモン・エデルマンは、ぴったりな題名をもつ著書『追求という幸福（*The Happiness of Pursuit*）』に次のように記している。「体験の蓄積から気分が良くなり幸福が促進されるもっともな理由がいくつかある。探検したい、世界についての情報を集めたい、それを使って『暴虐な運命の矢弾』をかわしたいという衝動は……進化論的に意味をなす。

学習を通じて新しいものを修得し気分が良くなるということは、カウチから立ち上がり思い切って外へ出るようにと脳に送る賄賂のようだ[32]」

それならこれは、「人生は旅であり目的地ではない」というよく引用される一節の背後にある心理なのだ。進化においては、行動し続け世界について学ぶことは快楽的に報われることとなっている。幸福を促進するのは、努力と前進である。何かを所有すること（貴重な物、賞、肩書き）は、それより劣る代替物なのだ。これはまた、快楽の踏み車の背後にある心理でもある。何かを達成すれば満足が得られるが、達成したこと自体はすぐさま過去のこととなり、背景へと追いやられる。そして努力を傾けるべき新たな目標や新たな分野に目が行くと、過去の達成体験から気持ちが高揚することはもはやなくなる。シェイクスピアが指摘したように、「成果は過去のことであり、喜びの神髄は行為のなかにある」のだ[33]。

達成した成果を味わい、バラを目の前にするたびに足を止めて匂いをかぎ、スケールを縮小して望みを減らし、もっと簡素に生きると誓うことによって、こういった人間の性質と戦おうとすることはできる。しかしそれは勝つことの難しい戦いだ。仕事であれ遊びであれ、良い仲間や美しい周囲の光景を楽しんでいるのであれ、努力をして世の中と積極的に関わっているときが最も幸せなのだ（そして進化によって獲得した性質と合致した行動をしている）という事実を、少なくともこの社会のなかにいる賢い人は受け入れている。

## 幸福の二つの顔

明日、どのような種類の感情でも、自分の選んだものを、純粋で希釈されていない状態で感じられるとしてみよう。どんな感情を選ぶだろうか。自分自身を憎んでいるのでなければ、おそらく怒りの感情ではないだろう。報われない恋に焦がれ続けたいのでなければ、悲しみでもないだろう。私たちがふつう感じたいのは前向きな感情だ。でも、そのなかのどの感情なのか？　ぞくぞくしたいのか、それとも平静でいたいのか？　わくわくしたいのか、それとも穏やかな気分でいたいのか？　この問いにたいする答えは、民族や年齢によって変わってくることが多いということが判明した。

リーのスタンフォード大学での同僚、ジーン・ツァイは、一連の注目に値する研究を実施し、いわゆる高覚醒の肯定的感情と低覚醒の肯定的感情のどちらが好まれるのかには文化間ではっきりとした違いがあることを示した。(34) 西ヨーロッパやオーストラリア、ニュージーランド、カナダ、アメリカなど個人主義的な社会の人々は、気持ちが揺り動かされたときに幸福を感じ、冷静で落ち着いていることよりも興奮してわくわくすることのほうを好む。彼らは、「どのような偉業も熱意なしに成し遂げられたものはない」や「世界はエネルギーあふれる人のものである」というエマーソンの言葉を信じているようだ。中国や台湾、韓国、日本など、もっと相互依存的な社会の人々は反対を好む傾向がある。彼らは老子の「天と地は、心が澄み切って穏やかな人のところに来る」という言葉や、ブッダの「湖が深く澄み穏やかであるように、教えを知った賢人の心は安らかになる」という言葉を大切にしている。

これら二つの異なる文化で育つ子どもたちは、幼い頃から、社会の「理想的な情緒」とツァイが呼ぶものに接する。たとえば、アメリカと台湾での子ども向けのベストセラーの本を分析すると、アメリカの本に描かれる人物は大きく口を広げて笑い、より刺激的な活動をしていることがわかった。アメリカと台湾の子どもたちに、口を大きく広げた笑顔ともっと控えめな笑顔の二つの幸せそうな顔を見せると、予想通りに、アメリカの子どもたちは台湾の子どもたちよりも、大きな笑顔のほうがもっと幸せで、自分もそちらになりたいと答える率が高かった。一方で台湾の子どもたちは、口を大きく開けて歯を見せた笑顔を怖いと感じることが多かった。同様の分析から、西洋の雑誌の表紙を飾る有名人やファッションモデルは口を大きく開けた笑顔である傾向があり、一方で東洋では、もっと遠慮がちな笑顔である傾向のあることがわかった。

理想的な感情がこのように異なることは、異なる文化において一生のあいだに追求し続ける行為に影響を与える。理想の休暇について述べるように求められると、ヨーロッパ系アメリカ人は、アジア系アメリカ人よりも、身体的な活動が多く、リラックスするような活動は少ない外出について話す傾向がある。東アジア人が好む音楽は、アメリカや西ヨーロッパの人が好む音楽よりも、静かで落ち着いたものである傾向が強い。もちろんこれらは平均的な違いだ。バンジージャンプやスカイダイビング、スノーボードを楽しむ東アジア人はたくさんいるし、読書やリラックスすること、ピアノソナタの月光を聴くことが何より好きなヨーロッパ系アメリカ人やヨーロッパ人はいくらでもいる。この研究で明らかになったことは、あまり活動的ではないアジア人と、外向的で活動的なアメリカ人という広く共有されたステレオタイプには多少の真実が含まれているということだ。

こうしたステレオタイプが、西洋世界のほとんどの人々が若者と高齢者についてもっているイメージをいかに密接に反映しているかに注目するとおもしろい。若者は活発な活動のなかに楽しみを見つけようとしており、高齢者はもっと静かで穏やかな楽しみに目を向けると考えられている。ザ・フーのピート・タウンゼントが「年を食う前に死にたいもんだ」という歌詞を書いたとき、強烈で活気に満ちた生活から、もっと落ち着いた喜びのある生活へと移行していくことを想定していたのだろう。この二つのステレオタイプは、西洋で若さが称賛されることと、東洋で高齢者が尊敬されることと関連している。

ところでタウンゼントは年を取ることについて、幸福についての研究から当然だろうと思われる以上に不安になりすぎていた。それについては、七〇歳となった今のタウンゼントならよくわかっているだろう。年齢が上がるとともに幸福が減っていくと思われがちだが、じつは本当はその反対だ。年を取った人は若者よりも、幸福度を増すようなやり方で結果や出来事について考えるこつを心得ている。[35] 年を取った人が感じる幸福は確かに興奮よりも平穏に重きが置かれているが、本物の幸福という点ではまったく同じだ。[36] 部屋のなかで最も賢い人は、年齢が上がるとともに自然に高覚醒の肯定的感情から低覚醒の肯定的感情へと移行することに抵抗するよりも、それを受け入れるほうが良いということをわかっている。

ここでもまた、第二の教訓が得られる。それは、第1章で論じた素朴な現実主義という考えにつながるものだ。西洋人は、幸福は興奮や熱狂からしか生まれない――幸福とはすなわち興奮や熱狂だ――と思うかもしれない（エマーソンやタウンゼントのことを思い出そう）。しかし、興奮や熱狂は、幸福を感じるひとつの方法にすぎず、東アジア人や西洋の高齢者が好む肯定的な感情も同様に、現実的あるいは正当なものだ。ある文化やある年齢の人の見解や優先事項は、見解や優先事項にすぎず、物事の本当のあり方を正しく評価したものではないのだから。

## パイを賢く切り分ける

幸福について研究した科学論文には示唆を与えてくれるような多数の所見が記されている。なかでも最も励まされるのは、人は、自分自身によりも他人にお金を使うときのほうがいっそう満足を得られるようだというものだ。ブリティッシュコロンビア大学のエリザベス・ダンとハーバード大学のマイケル・ノートンは、多数の実験においてこの点を明らかにした。[37] ある実験では、被験者に五ドルもしくは二〇ドルが渡され、その日の午後五時までに自分自身か誰か他の人のために使うか、寄付をするように指示された。その時刻の後に連絡すると、他人のためにお金を使うように指示された人は、他の人たちよりも幸福であると回答した。別の実験では、カナダとウガンダの被験者たちが、自分自身にお金を使ったときと、他の誰かに使ったときのことを考えるようにとだけ指示された。その後、主観的な幸福の度合いを記入するように求められると、いずれの国でも、他の人にお金をあげたときのことを思い出すように無作為に指示された人のほうが、いっそう幸福であると回答した。

もちろんこれは、なじみのない考え方ではない。受け取るよりも与えるほうがよいと、ずっと昔から教えられてきた。ユダヤ教のラビ、ヒレルは、「もしも私が自分自身のための存在でないなら、誰が私のための存在であるのか？　しかし、私が自分自身のためだけの存在であるなら、私とは何なのか？」と書いた。さらに、UCLAバスケットボールチームの伝説のコーチ、ジョン・ウッデンは選手たちに、「他の誰かのために何かをせずに完璧な日を手に入れることはできない」と語っていた。[38] それでもなお、この効果は、実際にそうであってほしいと願うだけのものではなく、経験上確かなものであることがわかると心強い。

利他的な行為から快楽が得られるということは、個人の自発的な行動だけでなく国家の政策や富の分配にまで当てはまるのだろうか。経済的な平等を他の国々よりも達成している国はまた、集団的な幸福の達成度合いも高い傾向があるのか。この疑問については、本章において後ほど検証するが、まずは、もっと狭義の疑問について考えよう。どのような種類の富の分配が、社会全体にとって最善であると人は（またはもっと具体的にアメリカ人は）考えるのか。アメリカにおける現在の政治状況を支配する分極化を考慮すると、政治的な立ち位置が異なる人々は、この疑問について大きく異なる見解をもつと思われるかもしれない。リベラル派は、社会のなかで最も恵まれない人々が一定の安全や尊厳を得られ、健康や教育や栄養の面で保護されるようになるために、デンマークやスウェーデンの「過保護国家」のような方式を擁護するかもしれない。保守派は、そのような国では依存が生まれ、努力や自主性、個人が責任を取ることが適切に報われないと主張するかもしれない。

しかし、この問題については実際、予想したほどには分極化が大幅に進んではいない。マイケル・ノートンとダン・アリエリーがアメリカ人の代表サンプルに、アメリカ国内の富全体のどの程度が、上位二〇パーセントの人々、下位二〇パーセントの人々、両者のあいだにある三つの二〇パーセントの層それぞれに属する「べき」かと問うと、その回答にはほとんど食い違いがなかった。男女も、リベラル派も保守派も、裕福な人も下流の人も誰もが、理想的な富の分配がどういうものであるべきかについて合意した。[39] 政治的な保守派とリベラル派では、そこに到達するための手段や、税金と政府の財政政策の正しい組み合わせについては意見が異なるかもしれないが、不均衡の程度はどれくらいが適切かについては意見が一致する傾向にある。しかも、おそらく聞くと驚くだろうが、一致した意見というのがスウェーデンにおける分配ととても近いものだった！*

もちろん、保守派に、アメリカ国内の富をスウェーデンのように分配したら、この国全体としてもっと良い状態になるかどうかと率直にたずねれば、それを肯定する人はほとんどいないだろう。しかし、特にどこかの国を引き合いに出さずに、全体的な富の何パーセントが人口の五分の一の各層に属するべきかと質問すると、保守派の人々は、今日のスウェーデンで実際になされているのと同じ理想的な富の分配を回答したのだ。

ほとんどのアメリカ人が富の最適な分配がどういうものかについて同意しているだけでなく、目標が集団としての幸福を最大にすることであるのなら、その同意の内容も正しい。富の大きな不均衡は社会における全体的な幸福の妨げになりうるということが研究によって指摘されている。確かに、特権階級は自分たちの富を使ってできることを楽しみ、周囲の人たちよりもはるかに裕福であることに満足を感じる。だが、貧しくて絶望している他の人々を見て楽しい人はほとんどいない。そうした比較をすると、経済的な成功を享受している人たちの心の内に罪悪感が芽生えるだろう。そして最も貧しい人々は、自分自身の状況と、金持ちや有名人は言うまでもなく、自分よりももっと快適な生活を送っている人々の

＊ノートンとアリエリーの実験において、回答者たちは、収入ではなく富の分配について質問されたということに注目してほしい。トマ・ピケティが最近ベストセラーとなった著書『21世紀の資本』〔山形浩生他訳／みすず書房〕で記したように、人々が公平な社会についてもつ概念にもっとも大きく抵触するのは、収入よりも富において格差がますます広がっていくことなのである。

状況とのあいだの格差を目の当たりにすると、苦しむだろう。

経済学者のロバート・フランクと政治学者のアダム・レヴィンは、アメリカ国内で最も人口が多く、収入格差にばらつきのある一〇〇の郡を対象に、幸福度を測る多数の客観的指標を調査した[40]。格差指数を作成するために、郡の九〇パーセンタイルに位置する人々の収入を中央値にある人々の収入で割った。調査からわかったことは、格差の大きい郡に住む人々は、離婚率がいっそう高く、破産申告をする率がいっそう高く、通勤時間がいっそう長いということだった。

これは幸福につながる道とは言い難い。夫婦間の不和や家計の破綻のために快楽が犠牲になるのは明らかだ。ただし、あまり目立たないのが、長い通勤時間が日常生活における不満の原因のひとつであるとともに、この問題にたいして人は順応できないようだという事実である（だから、この点について選択肢があるなら、通勤時間を、それもとりわけ自動車通勤の時間を短くする方法を見つければ、もっと幸せになる見込みが高くなる[41]）。

フランクとレヴィンは、著しい収入格差は、幸せで充実した人生のために必要だと人々が感じるものにたいして悪影響を与えると主張する。二〇〇平米の家は、自分よりも裕福な親戚の住む、もっと広くてもっと贅沢な家を見るまでは、完璧に広いと感じられるかもしれない（さらに、その裕福な親戚も、『アーキテクチュラル・ダイジェスト』誌に掲載されているハイテク億万長者の豪邸を見たときに同じように感じるだろう）。カムリでのドライブは完璧に滑らかに感じられる。ドットコム景気のさなかに元クラスメートが現金で購入したレクサスに乗せてもらった後でなければ。金持ちの友人や隣人、同僚と比較することで自分自身の運命に不満を抱くことから、人はもっと多くのものを欲しがるようになるのだ――

もっと大きな家、もっと性能の高い車、もっと上等な服、最新の機能を搭載した最新の電子機器を。

しかし、人と張り合うことは高くつく。しかもその代価は金銭的なものに留まらない。人と競って必要な物を買うために働く時間が長くなり、配偶者や子どもと過ごす時間が犠牲になる。離婚する確率が高くなる。もっと高級なライフスタイルを手に入れるために賢明でない経済的リスクを冒す恐れもあり、破産の確率が上昇する。さらには、もっと大きな家を買うために、多くの人が、職場に近い地価の高い地域から遠く離れたところに引っ越すことを選択し、その結果、長時間の通勤から疲れ果て、以前の友人や隣人や家族と疎遠になる。こうした選択のすべては、個人のそして集団の幸福を低減させる。

ここで描写している悪循環は、自身の運命と並外れて裕福な人とを下手に比較することから生じるのではない。人は、自分自身と、自分と同じレベルか少しだけ上の人とを比較する傾向にある。* それにもかかわらず、こうした比較の結果、社会経済的な序列の上から下までに及ぶなだれ現象が起こる。大学教授は自分の家や車をヘッジファンドマネジャーの家や車とは比較しない。しかし、ヘッジファンドマネジャーがこれまでよりも贅沢な家やもっと高性能な車を手に入れると、彼らが新たに手に入れたものによって、経済のはしごの次の下段に位置する人たち――成功した弁護士、医師、不動産業界の大物――がもつ望ましいことについての基準が変化するのだ。

今度は彼らの消費パターンが、大学教授たちが許容できると見なすものに実際に影響を与え、教授たちの購買習慣が変わることで、はしごの次の下段、さらにはもっと下の段に位置する人たちの必要とす

＊これは、裕福さだけでなく、ほとんどすべての比較の次元に当てはまる。知性であれ、魅力であれ、コートの対角線上に鋭いバックハンドを打つ能力であれ、祝日に玄関につける装飾の凝り方であれ。

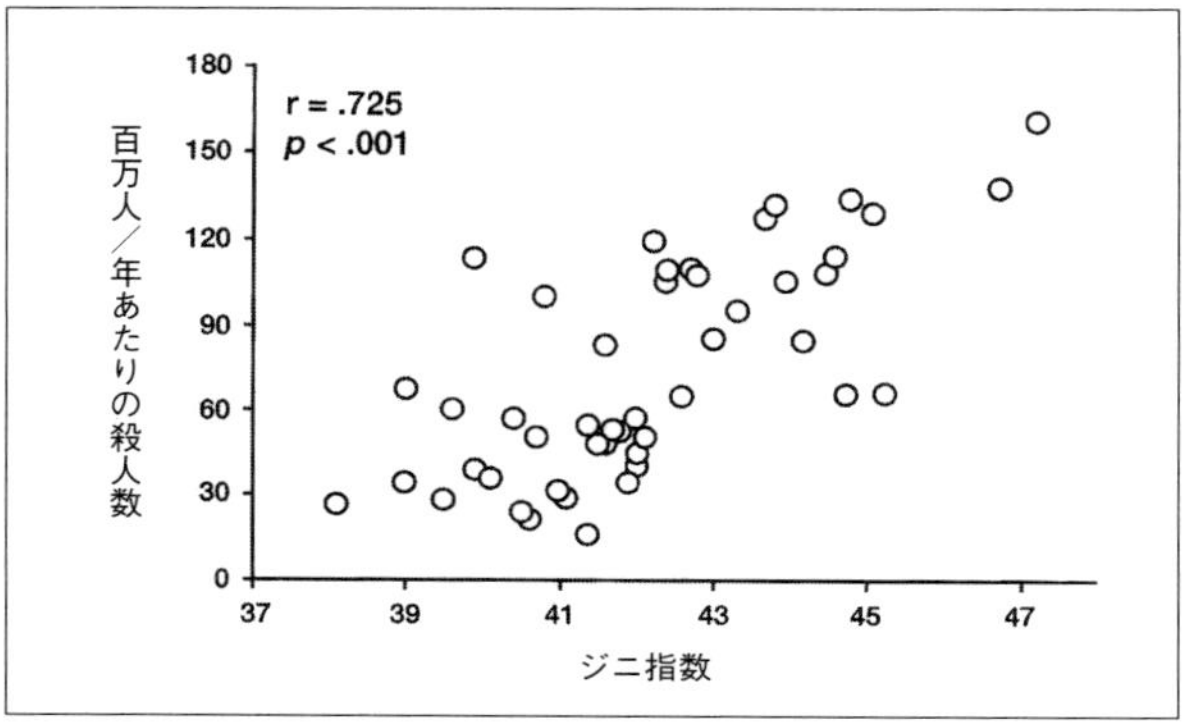


**図 6.1**　アメリカ 50 州における殺人率と収入格差を示すジニ指数との関係（ダリー、ウィルソン、ヴァスデヴ、2001 年より）

る物や、必要だと見なす物が変わっていく。したがって、とても裕福な人々の習慣は、経済のはしごのはるか下の段にいる人たちの幸福にマイナスの影響を与えうるのだ。たとえ、貧しい人や中流の人が、自分自身を金持ちと直接比べることを一切しなくても。

収入格差は、幸福への究極的な脅威の一因ともなるかもしれない。図6・1は、アメリカ五〇の州における収入格差にたいする殺人率を示すものである（フランクとレヴィンの調査とはいくぶん異なる測定方法が取られている）[42]。相関は顕著だ。収入格差の大きいカリフォルニアやルイジアナのような州では、ウィスコンシン州やユタ州のような収入格差の低い州よりも殺人率がとても高い。殺人率を予測するのは富の不均衡よりも収入の格差であるという点を強調すべきだ。実際、各州における収入格差ではなく収入の中央値にたいする殺人率では、明確なパターンは見られない。比較的貧しい州と比較的裕福な州のどちらに住んでいるかは問題ではなさそうだ。金持ちと貧乏人の格差が大きな州に住んでいるということが、おおいに問題なのだ。

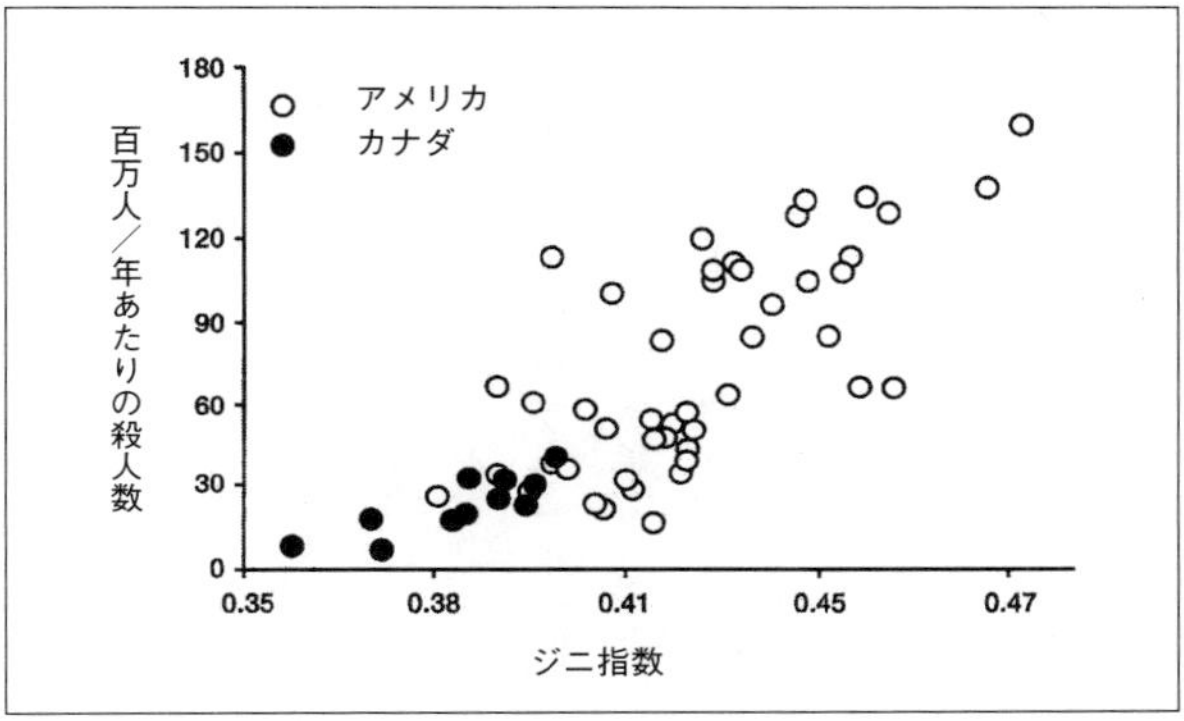


**図 6.2**　アメリカ 50 州およびカナダ 10 州における殺人率と収入格差を示すジニ指数との関係（ダリー、ウィルソン、ヴァスデヴ、2001 年より）

この相関は、カナダ一〇州における殺人率についても当てはまる。カナダとアメリカにおける格差と殺人率の相関を同一の図に示せば、はっとさせられる。図6・2が示すように、カナダの州では、アメリカの五〇州より、収入格差も殺人率もはるかに低い。もちろん、使われているデータは互いに相関関係にあり、カナダとアメリカは多数の重要な点で異なっている。しかし両国は、収入格差が大きくなると反社会的な行為の究極な形につながる環境を生むという主張を強化するのに十分なほど類似している。

これは、リベラル派の政策にとってはあってはならないことなのか。必ずしもそうではない。保守派とリベラル派の双方が、アメリカの現状よりも富が均等に分配されている世界を望んでいるということを思い起こそう。両者の意見が分かれるのは、双方が合意している理想に向けてどのように到達するかという点である。現代の世界経済においては富が集中する傾向にあるという事実には、誰も異議を唱えることはできない。莫大な額をピラミッドの頂点にいる少数の人――ＣＥＯや投資家とその家族――の手に渡しながらも、最下層と中流階級の下層に位置するはるかに多数の人々の経済力をむしばんでいるからだ。それならば、賢明な経済政策とは、こうした幅広い経済勢力に注目するものとなるだろう。[43] 目標がもっと幸せで暴力の少ない世界であるなら、収入格差にたいするグローバリズムの影響を悪化させるような決定や政策は避けるべきであり、格差の拡大を鈍らせるような構想を追求すべきだ。

本章では、古代の賢人や現代の学識者たちが提示する幸福についての賢明さのいくつかについて議論した。また、従来の賢明さの要素や、もしかするとあなた自身の直観と対立するような研究結果も取り上げた。そうするにあたり、比較的実行しやすい具体的な助言を多数提示した。体験に使うお金をもう少し増やし、所有することに使うお金をもう少し減らす。体験のピークとエンドを上手にコントロールする。憂うつなときには、無理にでもソファから立ち上がり、ソーダかビールの瓶を開ける以外のことをする——もっと良いのが、誰か他の人のために何かをすることだ。これらのことがらを心に刻んでおけば、あなたは、部屋のなかでより賢く幸せな人々のうちのひとりへと順調に近づいていくだろう。

しかし、賢くなるには、ひとりの人間の幸福の追求が、他の人間の幸福の追求と衝突し、対立が生まれる過程をいくらか理解することも求められる。このような対立は、人生において避けられないものだ。重要なのは、対立をいかに制御し緩和するかを学ぶことである。したがって次章では、対立や対立の解決についてより賢くなるという問題について論じていこう。

# 第7章　なぜ「仲良く」やれないのか

偉大なラビと同じく偉大なイマーム〔イスラム教の指導者〕がシナイ山の頂上に登り、そこで二人は神に質問をひとつだけすることを許される。二人ともがしたい質問は当然これだ。「ユダヤ人とアラブ人のあいだにいつか平和が訪れるでしょうか？」神はためらい、ため息をつき、ようやくこう答える。「平和は来る。ただし私の生きているあいだにはない」

大半のアメリカ人にとって、イスラエルとパレスチナの対立は、新聞などで読んだりテレビのニュース番組での討論を見聞きしたりする、解決が困難な数多くの対立のなかでも最もなじみのあるものだ。二国どちらの側でも善意の第三者や良識ある穏健派は、両者の社会に住む人々の日常生活を改善させるような、実行可能な合意をいくつか提案している。両者ともに大多数が「二国共存解決策」が好ましいと一貫して主張している。それでもなお、膠着状態が続いている。

スタンフォード大学で開かれた、パレスチナとイスラエルの著名人らの会合のさなかで、ひとりのパレスチナ人が悲しげにこう発言した。「豪華なエアコン付きのバスに乗って自由に国境を越え、聖墳墓教会やアル＝アクサーモスク、エルサレムやベツレヘムにあるその他の聖地、さらにはペトラの考古学的な貴重な遺跡を観光できる旅程が、観光客にとってどれほど魅力的かを想像してほしい。そしてピラミッドやスフィンクスを見物に行き、さまざまな料理を味わい、古代の都市を訪れ、その途中で緑豊かな谷の自然の美を堪能してからテルアヴィヴの素晴らしいビーチやにぎやかなナイトライフに戻るのだ」。もちろん観光は、対立の平和的な終焉からもたらされる相互に利益のある可能性のひとつにすぎない。ロバート・ケネディの次の言葉は有名だ。「物事の今の姿を見て、なぜこういう姿であるのかと問う人たちがいる。私は、これまでにありえなかった物事を夢見て、なぜそうならないのかと問う」。こうした感情がぴったりくる場所は、中東をおいて他にない。

中東においてこの感動的な平和構想を達成できないことは、悲劇と見なされる。それもとりわけ、達成のための基本的な公式――平和と安定、すべての人のいっそうの繁栄、少数派への寛容、地域にある三つのすべての宗教にとって文化的および宗教的な価値のある場所に容易に出入りできること、紛争のために最大の犠牲を払ってきた人への補償――がずっと以前から明白であるからこそ。ところが、平和が達成されて何が得られるかは、まだはっきりとしていない。一方もしくは両者ともが、仲裁者を自認する人たちが提示する譲歩の取り決めは最小限の必要や要求を満たしていないと言う。穏健派の数はますます少なくなりつつある。悲観的な意見や不信がますます広がっている。強硬派たちが、それぞれの社会において、いっそう支配的な役割を担っている。現状では、パレスチナ人が引き続き重い負担を背負い、イスラエル人は将来にたいして不安を抱き続けている。そして、暴力的な行為やそれにたいする反発が定期的に勃発し、数多くの家族に悲劇をもたらしている。

私たちは、この問題や、その他の解決が困難に思われる対立をどう終わらせるかについての答えを手にしているという幻想は抱いていない。しかし、こうした対立についての報道をもっと賢く、もっと高度に読み解ける受け手になれるような、そして、間違っているのは誰か、世界中の問題を抱えた地域において公正で長続きする平和を達成するためになすべきことを誰がしなければならないかについて、周囲の人たちが激論を交わしているときに、もっと冷静でもっと健全な意見を言える人になれるような見方を提示することはできる。さらには、他の人たちと生活するにあたって避けられない日常的な対立を、いっそう効果的に解決するための手助けもできるだろうと私たちは考えている。

個人のあいだや集団間、社会における意見の不一致や対立は、人間の歴史においてつねに避けることのできない問題であった。夫婦のあいだでは、育児の責任をどのように分担するか、お金をどのように使う（もしくは貯める）か、休暇にどこに出かけるかについて意見が分かれる（もっと親密なことがらについては言うまでもない）。大臣や、彼らを支えるさまざまな支持者のあいだでは、税収入をどのように交付すべきか、税収入をどのように増やすべきかについて意見が分かれる。さらには、国民の健康や教育、福祉を保証するために何をすべきで何をすべきではないかについても意見が分かれる。市民運動グループやビジネスリーダーのあいだでは、利益率や株主の利益、労働条件、近隣環境の質に影響を与える可能性のある法規制について意見が分かれる。アメリカ合衆国とその他の長い伝統をもつ経済勢力は、地球温暖化に取り組む費用を誰が負担すべきかについて、新興勢力とのあいだで意見を異にする――この論点については第9章で論じよう。

意見の相違や対立の原因には明白なものもあり、その一部は本書でもすでに取り上げている。論争の当事者たちは、異なる動機と関心、異なる目標と優先順位、さらにはしばしば異なる情報や期待をもっている。彼らは、まったく異なる鍵穴やフィルターやレンズを通して問題を見ているのだ。意見が食い違い、目標を達成しようとする相手の努力を互いに妨害するとき、不満や憤りが蓄積し、理不尽や不合理や不誠実にたいする非難がわき起こる。

しかし、執拗に続いている対立でも、それが解決されることも実際にはある。少なくとも理論上では、継続してきた対立にかかるコストが、今得られている実質的な利益や潜在的な利益によってもはや正当化されないと両者がいったんとらえると、対立は解消される。その時点で両者は、自分の望むものを得るために何を手放してもよいかを検討し、各々が、相手が重視するよりも自身が重視しているものを手に入れる代わりに、相手が重視するほどには自身が重視していないものを手放すという取引をする（重ねて言うが、これは理論上の話。もう少し後に、実際に起こっている事例について説明しよう）。

ある学区の教師たちは、どの学校に配属されるかよりも、雇用の安定と年金プランを保持することのほうに関心があるかもしれない。賃金にはかなり満足しているかもしれないが、最後に昇給してから生活費がじりじりと上昇していることに気づいているかもしれない。教育委員会は、翌年の人員要請に対応できる柔軟性を確保することをとても気に掛けているかもしれず、現在の予算の制約ではわずかな昇給しか提示できないと自覚しているかもしれない。年金積立額が将来的に不足すると察しているかもしれないが、その負担を、将来の教育委員会や納税者に押し付けるつもりでいるかもしれない。どちらの側も譲歩するつもりがないならストライキが起こる可能性があるが、ここで取るべき策は明らかだ。教師の一時解雇は行わないが、教育委員会によって好きなように異動させる。昇給額はわずかだが、現行の年金引当金は保持する。

経済学者はこうした取引を「効率的」と評するだろう。なぜなら、両者の優先事項の相違を、両者が以前よりも良い状態になるような方法で利用するからだ。効率的な取引は、意見の不一致に決着をつける場合だけでなく、商品やサービスを現金と引き換えるよくある行為から、国家間の貿易協定の交渉にいたるまで、人が行うあらゆる形態の取引においても成功の鍵となる。[1] それならなぜ、もっと一貫して、互いの利益になるような合意を結び、公然の対立を避けないのか。なぜ、異なる要求や目標をもつ個人や集団、国家はときに互いを憎むようになり、将来の交渉をいっそう困難にするような、悪意のある侮辱を加えたり非難したりするのか。なぜ「効率的な」取引をして、みずからのエネルギーや資源を他の要求や目標に取り組むためにもっと使わないのか。

どちらの側も決まって言うのが、非合理的なのは相手側だから、相手がもっと合理的になることでしか解決されないという理屈だ。しかし、部屋のなかで最も賢い人や、第1章で論じた素朴な現実主義の現象をよく理解している人は誰でも、両者が合意に達することができない理由や、対立が長引くにつれ生じてくる敵意について、もっと上手に、正確で有益なやり方で説明する。読者のみなさんも今ではそうした説明ができるはずだ。

自身にとって重要な問題について意見が分かれている両者は必ず、意見の不一致は、相手側が物事を客観的かつ合理的に見ていないせいだと感じる。どちらの側も、相手側は私利私欲かイデオロギーのせいで物事が見えなくなっていると考えるか、さらに悪い場合には、このような見方をしているという主張はただの見せかけであり、間違いだとわかっている議論をふっかけてきているのだと考える。どちらの側も、現実にある状況や、対立の経緯に照らせば、合意に到達するために必要な譲歩をするべきなのはあちら側であると考える。どちらの側も、自分の側から提案した譲歩は寛大さの表れである一方で、相手側から提示された譲歩は寛大でも何でもなく、したがって礼を言うに値しないと感じがちだ。長期化した対立においては、こうした評価が「本質」的なものになる。合意に達することができないことは、困難な現実が対立にあるためではなく、相手側の性質のせいだと見なされる。要するに、素朴な現実主義が、交渉によって合意に達することを阻む心理的な障壁となっているのだ。素朴な現実主義はまた、本章で論じていくその他の障壁を強化するものともなっている。

## ゼロサム交渉とノンゼロサム交渉

交渉理論の研究者は、ゼロサム交渉とノンゼロサム交渉を区別する。その区別のしかたは直観的だ。ゼロサムの対立（車の買い手と売り手のあいだなど）では、一方が使ったあるいは使わなかった1ドルはどれも、もう一方が得たあるいは失った1ドルとなる。ノンゼロサムの対立では、合意がもたらす価値の合計は一定ではない。両者は、賢い取引や譲歩をすることによって、合意によって得られるものの合計を増やすことができる。たとえば、新婚旅行の計画を立てるとき、新婦は、行き先よりもホテルの質のほうを気にするかもしれず、新郎は、新婚向けの部屋からの眺めや柔らかいシーツよりも、行き先のほうを気にするかもしれない。それでも、どちらにも相手を幸せにしたいという明らかな動機がある。どちらが何を気にしているかを二人が知れば、新婚旅行の計画についての意見がまとまるだろう。二人が賢い人なら、それぞれが、自分が大事にするのは相手を幸せにすることだけだと相手に伝えるかもしれない。

交渉の達人は、ゼロサムに見えるかもしれないような交渉でさえ、両者の利益になるような調和の取れたウィンウィンの解決策がある（あるいは微調整をしてそうした策を練ることができる）ことをすぐに見抜く。それもとりわけ、両者が、満足のできる未来の関係を築くことに重きを置くのであれば。彼らは、ゼロサムの問題のように見えるものを、最終的に全員が幸せになり、本当に大切にしているものを誰もあきらめることのない、効率的なウインウインの解決へとどのように導くことができるかという例を好んで提示する。

交渉術の教科書にある典型的な事例には、一二個のレモンや卵を分けたり、二人の共同所有者が一台の車を使ったりすることに関わる対立がある。最初の例では、ひとりが風味を沿えるために使う目的で（あるいはグーグルが教えてくれる他の三二通りの皮の用途のために）レモンの皮だけを必要としていて、もうひとりはレモネードを作るために果汁を必要としている。二つめの例では、ひとりはケーキを焼くために白身だけを必要としていて、もうひとりはプディングを作るために黄身だけを必要としている。もう少し現実的な三つめの例では、一方の所有者は、主に週末の遠出や深夜のドライブのために車を必要としていて、もう一方の所有者は、月曜日から金曜日までの通勤に車を必要としている。

どちらの場合でも、両者が自分の要求を率直に明示すれば、両者を満足させる合意に容易に到達できる。さらによくある事例が、両者が、実際の犠牲を伴うような、あまり気が進まない譲歩をしなくてはならない場合だ。そういう場合、どちら側も、あきらめなくてはならないものを最小にし、得るものを最大にすることを希望する。

## 交渉者のジレンマ

交渉を行う人が、両者の利益になるようなやり方で異なる要求や優先事項をうまく利用した取引を考案しようとすると、動機が複雑に絡まり合ったジレンマに直面する。そうしたジレンマは、パイを作って分けるというよくある比喩で表現される。どちらの側も、パイ（すなわち両者にとっての価値の合計）を大きくすることによって利益を得る。それは、優先事項についての情報を率直に共有することによって促進される。しかし、どちらの側も、できるだけ多くのパイを手に入れようとする。したがってどちら側も、戦略的に情報を隠したり、自身に大きな利益を与えるような取引にあまり興味がないふりをしたり、保持することに実際はあまり関心がないものを手放したくないようなふりをしたりするという動機をもつ。

こうした強硬な戦術はもっと大きなパイを手に入れることを狙ったものだが、それに伴う隠し立てや欺きや脅しは反感を生み、将来に生産的な関係をもつ見込みが損なわれ、この先に得られるパイの大きさが小さくなる恐れがある。とりわけ、いつか犠牲と利益が入れ替わったら相手側もまったく同じことをするだろうと想定して、自身の払う代価よりも相手側の得る価値のほうが大きくなるような譲歩をするといった相互扶助を行うという将来的な見込みが損なわれる。政治家たちは、一方の政治家にとっては重要だが、別の選挙区出身の政治家にとってはそうでもない法案への支持を募るとき、この種の助け合いを頻繁に行う。両者とも、将来に別の法律を制定するときに、こうした優先事項がひっくり返るだろうということと、こうした柔軟なふるまいが報われるだろうということを知っているのだ。

最大に効率的な合意にいたること、さらに言えば、どのような合意でもそれにいたることを阻むような障壁は、取引成立の可能性を制限するような要因から生まれる。(2) 両者が互いの要求を受け入れようとしないか、一方または両者が相手と連絡を取ることを禁じられているといった理由で、コミュニケーションの経路が開かれていない場合もあるかもしれない。あるいは、相互に利益の得られる譲歩を考案できたかもしれない代表者たちが、事前の協約によって手を結んでいることもありうる。「新たな税は導入しない」あるいは「一戸建てを分譲マンションに転換しない」と公約している政治家たちが、自身の以前の公約に縛られて、有権者の大多数の利益になるような合意を達成できないのかもしれない。

規則や法律によって障壁が生じる場合もある。ホームレスの保護施設では、衛生局が禁止しているために、レストランや仕出し業者の余った食品を譲ってもらうことができないかもしれない。たとえ両者が、そうした取り決めを歓迎すると思われる場合でも。いわゆるプリンシパル＝エージェント問題も絡んでくるかもしれない。弁護士は、顧客の資源を枯渇させながら自身の収入源を確保する法的な争いを継続することに関心をもつかもしれない。軍の指導者は、戦闘を終わらせて、軍以外での仕事を見つけることを余儀なくさせるような休戦協定を結ぶのをいやがるかもしれない。それもとりわけ、軍を率いる素養は十分にあっても、世の中で役に立つ一般市民としての能力という点では素養に欠けている場合には。

こうした種類の障壁を打ち砕く特効薬はない。しかし、「相手側」が合意に達するためになすべきことをしなかったことに不満を感じるときには、こうした障壁のことを思い起こしてもらいたい。このあまりに人間的な傾向があるために、あなたやあなたの側が素早く動いたり最初の一歩を踏み出したりすることを妨げる戦略や状況に関わる制約に注意すべきである一方で、相手の側が「動きがのろい」場合には根本的な帰属の誤り（第2章）を犯してしまう。対立の当事者たちは、とりわけ、相手側の性質や個人的な欠点によって相手側の行動が決定づけられる程度を過大評価しながらも、自分自身の行動にも同様の影響や考察が作用していることを過小評価しがちなのだ*。

こうした障壁に加えて、相互に利益をもたらすような合意を阻む別の種類の障壁が存在することがある。歴史上のある重要な瞬間をとらえ、非常に鋭い知恵を示した引用からこれらの障壁についての議論を始めよう。

## その他の壁――心理的な障壁

しかし、もうひとつの壁もある。この壁は、私たちのあいだに心理的な障壁や、疑念の障壁、拒絶の障壁、恐怖の障壁、欺きの障壁、いかなる行為や事実や決定も伴わない幻覚という障壁を築く。あらゆる出来事や発言を曲解し蝕むような障壁だ。この心理的な障壁こそが、私が公式声明において、問題全体の七〇パーセントを占めていると述べたものである。今日、この場への訪問を通じて、我々が共にこの障壁を砕くことのできるように、信頼と誠意の手を差し伸べようと提案したい。

――エジプト大統領アンワル・アル＝サダト、一九七七年一一月二九日、エルサレムのイスラエル国会での発言(4)

サダト大統領がイスラエル国会で行った歴史的な演説で指摘したように、合意を阻む最大の障壁、あるいは少なくとも克服することが最も困難な障壁は、しばしば心理的なものであることが多い**。こうした障壁の研究は、リーとスタンフォード大学の国際紛争交渉センター（SCICN）の同僚らの大きなテーマとなっている(5)。部屋（国家の指導者が政策を決定する会議場も）のなかで最も賢い人は、これらの障壁のもつ重要性をよく知っている。これらについて議論するにあたり、アイルランドや中東など問題を抱えた世界各地において実施されたＳＣＩＣＮのプロジェクトや、交渉の場で国家を代表したり橋渡し役を務めたりしたことのある経験豊富な交渉者との会話、私たち二人やその他の者たちが行った研究から学んだことをみなさんと共有していきたい。

これらの障壁を理解することは、対立を減らし、関係を改善し、長期にわたる激しい議論への有意義で相互に満足できる解決策への道を開こうとしている専門家たちにとって、重要な最初のステップであると私たちは考える。これらを理解することはまた、首を横に振り、交渉の失敗を、頑なさや強欲さ、その他の人間の愚かさのせいにするだけでなく、その先へと進む手助けにもなるはずだ。

## 公正、正義、平衡の追求

対立の当事者たちは、妥協をしない姿勢を貫くことから将来的により良い提案を引き出せると考えるからでも、手強い相手であるという評判を確立したいからでもなく、現状からの改善策をはねつけることがある。そうする理由は、取引が不公平だ——相手側がこちらにつけ込んでいる——と考えるからかもしれない。ある意味では、不公平、さらには屈辱的だと思われるようなものを受け入れるよりも、提

---

＊この違いは、ネッド・ジョーンズとリチャード・ニスベットが記述した、行為者と観察者の帰属におけるより一般的な違いの特殊事例に相当する。[3]

＊＊サダト大統領が述べた七〇パーセントという推定値の精度は注目に値する。彼は、三分の二とも四分の三とも九〇パーセントとも言わなかった。これらの値のほうが通例よく使われるものであるのに。このような厳密なパーセント値（三分の二から四分の三のあいだ）を使ったことからすると、この推定は慎重に考慮した結果であると思われる。

示された取引から得られる可能性のある利得を捨てて、継続する対立の代価を払うほうを好むのだろう。

どのような交渉においても見られることだが、公正さを気にかけることは、長期化した集団間の対立においてはとりわけ重要である。特に、一方の力がもう一方よりもはるかに大きい対立においては。両者とも、「正しい」合意、すなわち相対的な力の強さと双方の主張の正当性を考慮に入れた合意を結ぶ権利があると感じている。正しい解決を求めるために、交渉のハードルが上がっていく。特に、何が公正であるかというそれぞれの概念が、対立の歴史と性質についてあまりに異なる見方をしているせいで、大きくずれている場合には。また、両者が、素朴な現実主義のプリズムを通して互いの主張や議論を見ると、困難はますます増大する。

これは、サダト大統領が終結を望んでいた対立にも当てはまる。両者ともが、過去に立派にふるまってきたのに礼節をもって扱われなかった側であると自認し、当然受けてしかるべき以上のものは求めていないと考えている。さらに、両者ともが、交渉のどのような合意においても、最も守られるべき――たとえば、相手側がつけいる可能性のある抜け穴となるようなあいまいな文言を避けることによって――であるのは自身の側の関心事であると感じている。

両者はまた、将来について、つまりは時の経過とともにどちらが力をつけるか、どちらの言質が額面通りに受け止められ信用される可能性があるかについて、異なる見解をもちがちだ。こうした違いから、今度は、どのような提案についてもバランスという点について見解の相違が生じうる。合意に達するためには、どのような譲歩を各々がしなくてはならないかを両者が認識していたとしても、両者ともが、自身のほうが、不公平なくらいに少ない成果で手を打ち、多くを手放す側であると感じる傾向があるのだ。

さらに、素朴な現実主義について先に論じたことからもわかるように、どちらの側も、対立の観察者は誰でも自身の側に賛同するはずであり、相手の側は裏表のある態度でもって、その不合理的な要求を弁護していると考える。第三者が、痛みを伴う譲歩を両者に強いて、将来の方向性についてかなりの程度の不確実さを受け入れることを求めるような取引を提示すると、どちらの側も熱の入らない反応を見せるだろう。また、どちら側も、相手側が、受けるに値するよりも多くをすでに与えられており、そのうえさらなる譲歩を要求しているというのに、すぐに計画を受け入れないことに腹を立てるだろう。この不幸な物語は、中東におけるイスラエルとパレスチナの膠着状態の歴史をかなり的確にとらえている。両者間の対立は、研究者らが、解決を阻む心理的な障壁について行ってきた多くの考察における実例として用いられている。

## 認知的不協和と合理化

長期化した紛争をめぐって犠牲を払い続けたことから、合意に達することを阻むもうひとつの障壁が作られる。それまでに取った行動と払った代償のせいで、解決の成功のために必要とされるどのような譲歩にもかかる心理的な代価が高くなるのだ。過去の犠牲や苦しみ――そしてそのような代償に終止符を打つことになったかもしれない合意を過去に拒絶したこと――の正当化を可能にする合理化そのものが、過去に手に入ったかもしれない取引と同程度か、もしかするとそれより悪い取引を今回受け入れることを阻む障壁となる。

譲歩を拒否する人たちが上げる声は、とてもなじみがある。**大義のために倒れて犠牲になった者たちの信頼を裏切ることはできない。神（または歴史）は我々の味方だ。世界がいつの日か目を覚まし、我々の志の正しさに気づくだろう。彼らを信頼できないから、取引はできない。正義には力がある、したがって我々のほうが意志が強い。**こうした声と、それらを気に留めない人に向けられる脅しによって、膠着状態が継続する見込みが高くなる。たとえ、合意を支持する状況が良い方向に転じていたり、争いを続けることの愚かさがもっとはっきりと見えるようになったりする場合でも。

長期化した膠着状態においては不協和を低減しようとする作用がはっきりと働いているかもしれないが、述べるに値する楽観的なことがひとつある。いったん決着がついてしまえば、第4章で論じた、過去の行動を合理化しようとする傾向が建設的な役割を果たすことがあるのだ。これは、合意の決定が自然になされた場合、それにあたって犠牲が払われた場合、合意が一般大衆から擁護されることが約束されている場合に特に当てはまる。こうした状況においては、指導者とその支持者らは、合意のプラス側面を見つけて強調し、マイナス面を最小化または無視しなければならないと感じるかもしれない。たとえ合意によって両者が、決してしないと誓っていた譲歩をすることを余儀なくされる場合でも（あるいはとりわけそういう場合には*）。

## 反射的過小評価、損失回避、不本意な譲歩

冷戦の最も厳しい時代をおぼえている人なら、その頃には多くのアメリカ人たちが、もしもロシア人が提案（たとえば軍縮について）をしてきたなら、それは彼らにとって良いもので（合理的な想定）、アメ

リカ人にとって悪いものだ（あまり合理的ではない想定）と見なしていたようだと思い出せるだろう。数十年後、二〇〇八年に訪れたアラブの春の楽観的な空気が、さまざまな派閥が勢力を争って混乱を招いたせいでしぼんでしまったとき、エジプト人政治学者のモアタッズ・アブドルファッタータフは、これらの派閥が立場の違いを超えて、国の統治を目的とした共通の原理の前に一丸となることを阻んでいる問題を次のように要約した。「誰もが、相手側の望みとまったく逆のことを要求する目的をもって、相手側の望みを理解しようとしている」(6)

これらの例は、合意に到達することを阻む、とりわけいら立たしい障壁を示している。それは、提案がもはやただの仮定上の可能性ではなく、実際に協議の対象となっている場合、提案への評価が変わることが多いというものだ。この種の過小評価は、対立している相手側の代表者から提案が出された場合に特に明らかになる。しかし、こうしたことはまた、本当の敵ではなく、相互の譲歩を求めている相手から提案がなされた場合にも起こりうる。

この種の過小評価をはっきりと示す事例が、南アフリカにおけるアパルトヘイト体制への反対運動が最高潮を迎えていた一九九〇年代初頭にスタンフォード大学が行った研究によって提示された。当時、南アフリカで事業を行う企業の株を手放すように大学に求める声が学生や教授のあいだから広く上がっ

＊合意への一般大衆の支持が、合意に達してから何か月、何年もたった後に著しく高まる例が多数ある。一九七三年に中国とニクソン大統領のあいだで促進された緊張緩和はほんの一例だ。しかし、巧みに制御された実験とは異なり、これらの実世界での事例においては、不協和の低減によって生じる態度の変化と、合意がいかに良い結果（または悪い結果）を導くかを目にすることによって生じる態度の変化とを区別することは不可能だ。

ていた。大学は最終的に「部分的な株の売却」計画を採択したが、彼らの要求を満たすものではなかった。リーと学生たちは、その計画についてのキャンパス内での意見を二回に分けて調査した。[7] 一回めは、大学が計画を採択したことが公表される前に行われ、調査をする側はその計画の内容を知っていたが、学生たちにとっては、数ある可能性のうちのひとつにすぎなかった。二回めは、計画が発表された直後に行われた。比較のために、代替的な計画――南アフリカから撤退した企業への投資を大学が増額することを求める内容――についての学生の意見も調査した。

結果は明白だった。当の計画が採択される前、学生たちは、大学が採択するつもりだと思い込まされた計画がどちらであれ、そちらのほうを代替案よりも低く評価した。さらに、大学が部分的な投資の引き上げ計画を発表すると、学生の計画への評価は下がり、代替的な計画（南アフリカから撤退した企業への投資の増加を求める計画）への評価がいっそう肯定的なものになった。

リーのイスラエル人同僚らの協力を得てイスラエルにおいて後に行われた調査では、イスラエル人とパレスチナ人の対立においてこの種の過小評価がどのように作用するかがわかった。[8] 調査の目的は、与えられた提案への反応が、どちらの側がそれを提案したかを知っていることによってどのように影響を受ける可能性があるかを調べることだった。調査の被験者たちは、直前の一九九三年五月に両者から四日違いで提示された提案を評価した。それらの提案は、同年、先に調印されていたオスロ和平合意によって促進された進行中の和平プロセスにおける第一段階に相当するものとされていた。

これらの提案では、対立を終結させる具体的な条件（境界線、自治権の程度など）は扱われず、交渉のアジェンダや、安全保障や治安維持、活動と役割分担の調整のための暫定的な取り決めなど、一般的な原則やあまり論争の対象とならないような事項が含まれていた。一方の提案はパレスチナ人の代表者から提示され、もう一方はイスラエル人の代表者から提示された。被験者の半数は、二つの提案を実際に誰が作成したかを知らされていたが、残る半数は、逆の人物が作成したと思い込まされた。

結果は、中東和平の実現を望む人が最も恐れるものとなった。イスラエル人たちは、イスラエル側の提案と言われているが実際にはパレスチナ人による提案のほうを、パレスチナ人によるものと言われているが実際にはイスラエル側の提案よりも、いっそう肯定的に評価した。*ここで、はっとさせられるような疑問がわいてくる。自身の側の提案が、それが相手側から出されたものだと見なされているときには魅力的に感じられないなら、相手側が出した提案が許容可能と見なされる可能性はどれくらいあるというのか。

この種の反射的な過小評価の原因は、これまでの章で論じてきたいくつかの心理の働きに求めることができる。そのうちのいくつかは合理的だが、あまり合理的ではないものもある。そうした働きには、主観的な解釈やラベリング、動機と期待のバイアス効果、利得の可能性より損失の可能性のほうを過度に重視することなどがある。(9) なぜこうしたことが起こるのかは別として、反射的な過小評価のせいで、交渉の行き詰まりがいっそう悪化し、その結果、憎悪や不信がさらに高まることになる仕組みは容易に

---

*イスラエル在住のアラブ系市民がパレスチナ人による提案へどういう反応を見せるかも調査できた。当然ながら彼らは、実際にはアラブ側が作成したものであってもそうとは知らされず、イスラエル側が作成したと思わされている場合のほうが、イスラエルにとって好ましい提案だと見なした。しかし、どちら側が作成したとされているかに関わらず、交渉失敗の兆しが見えてくるにつれて、アラブ系の被験者たちは、イスラエル人被験者たちよりも、提案はイスラエルにとってはるかに好ましいと評価した（ここでもまた、どちらの側が作成したかとされているかに関わらず）。

理解できる。両者の客観的な利益という観点からとらえて、提案がしかるべきよりも否定的に受け止められる可能性が高いだけでなく、どちら側も、相手側の行為と言葉を戦略的な策略――不誠実で皮肉っぽく、対立を終わらせようとする誠実な努力というよりも悪意に満ちた要求――であると解釈する可能性が高い。もっと寛容でもっと的確で、間違いなくもっと建設的な解釈を提示できるのは、部屋のなかで最も賢い人しかいない。

## 解決を阻む心理的な障壁を克服する

障壁やバイアスの研究は、なぜ交渉が成功するはずのときに失敗することが度々あるのか、交渉の行為そのものがなぜ、憎悪や不信の感情を弱めるのではなく激化させることがあるのかという理解を促す以上の効果を与えてくれる。障壁を乗り越え、誤解を減らす方法にはどういうものがあるのかを教えてもくれるのだ。交渉者や和平の調停者を目指す人へ助言を送る本はいくらでもある。しかし、リーやSCICNでの同僚たちの研究や経験からは、対立の解決を阻む心理的な障壁の一部を低くするための戦略について、いくつかの独特の洞察が得られる。

### 帰属の操作

難しい交渉に臨む当事者たちは必然的に、互いの行動について、それもとりわけ双方が示す譲歩の内容やタイミングについての説明を探そうとする。一方的に譲歩されたり、譲歩の取引を提示されたりした側は必ず「なぜ彼らは、他でもないこの提案をしてくるのか、それになぜ今なんだ？」と疑問に思う。

他に満足できる答えがない場合、その譲歩はおそらく最初に思われたほどには中身がないのだろうという結論に行き着きそうだ。第三者の仲介者が非公式な集まりで、当事者それぞれに向かって、その特定の提案を示すこと、もしくは拒むことを相手側に強いている政治的な現実について説明を行い、こうした帰属の問題を解決する手助けをすることもある。相手側が譲歩を提案することを強いられており、相手側は現状を理解しているということを知ることで、その提案が不誠実である、またはごまかしであると受け止められる傾向が少なくなる。

譲歩が、相手側が表明した要求や優先事項への反応であることを認めるだけでも、同じように帰属の問題を解決する手助けになる場合もある。この効果がどのように作用するのかを知るために、スタンフォード大学で、マリファナの合法化に賛成する学生と、大学の代表者とされる多少年上の人物（ところが実際には、準備されたシナリオに従っている実験協力者）とのあいだで行われた交渉について見てみよう。[10]交渉のポイントは、大学がこの問題にたいして取るべき立場についてだった。

実験の二通りの条件において、交渉時間が尽きるタイミングで協力者は結局同一の「最終提案」を出した（マリファナの使用にたいする処罰は廃止するが、いっそう有害なドラッグにたいする処罰は強化するという提案）。一方の条件では、その提案について協力者は、交渉の場に来たときからもともと提示するつもりだったと説明した。もう一方の条件では、もともと出そうとしていた提案だとする内容が書かれた紙をこれ見よがしに脇にのけて、その代わりに「新たな提案」を出した――相手側の学生が表明した具体的な目標や優先事項を考慮して作成したものだという説明とともに。

協力者の提案が受け入れられる率は、「交渉内容を考慮した」条件でのほうが「交渉内容を考慮していない」条件よりも高かっただけでなく（六三パーセント対四〇パーセント）、協力者はいっそう大きな譲歩をしたと見なされ、いっそう好ましいと受け止められた。手順の妥当性についての複数の研究から、人は、自分からの情報が必要とされ、自分の意見に耳を傾けられたときに、合意にいっそう満足をする傾向のあることがわかっている。[11] この研究で、人は、自分の出した情報がしっかり検討され、実際に影響を与えたと感じるときに、満足をおぼえる可能性が高まることが明らかになった。

このことは自明であると思われるかもしれない。人は、自分の意見に耳を傾けられていると感じることが好きであり、自分の希望や恐れに考慮が払われていると感じる場合にいっそう肯定的な反応を見せる傾向があるものだ。しかし、交渉者はこの重要な点をしばしば軽視するということに留意すべきだ（官僚や政治家、親、恋人もしかり）。彼らはあまりにしばしば、「絶対に屈しない」し、譲歩をするにしてもささいなものであまり影響はないと、利益を代表している関係者たちに豪語したり請け合ったりする。しかし、とても賢い交渉者たちは、いかなる新たな譲歩もしないと言い張るよりも、相手側の人々の必要や要求を認めることの価値を理解している。何よりも、国家間の交渉であれ、国内の政治論争であれ、個人間のけんかであれ、部屋のなかで最も賢い人は、行き詰まりの責任を公然と相手側の人物にすべて押し付けることが愚かであると、よく理解しているのだ。

### 交渉者の期待

困難な障害があるにもかかわらず成功する交渉もある。ローマ教皇の選出のような特別な出来事と、学校予算の承認や国債の上限額の引き上げなど、日常的な出来事の両方に言えることだ。これらの事例の多くでは、問題は複雑で、異なる見解がひしひしと感じられ、信頼できる多数の支持を得られるような合意はないだろうと実感される（ましてや、教皇の選出に必要な三分の二以上の賛同や、上院での議事進行妨害を避けるために必要な六〇パーセントの議席はなかなか得られないと思われる）。それならなぜ、こうした困難な交渉がたびたび成功するのか。ひとつの要因は、交渉者の側に純然たる確信があるからかもしれない。それはときに歴史と伝統によって支えられ、ときには「教皇がいなくてはならない」、「予算が絶対に必要だ」、「政府の機能を停止させることはできない」などという、なんとしても合意に到達しようという切迫感を共有することによって支えられている。

こうした現実の世界での成功例を見ると、成功しなければならない、必ず成功してみせるという気持ちで両者が交渉するとき、反射的な過小評価を減少させるような方向へと交渉が変容していき、合意が促進されるということがうかがわれる。取引が成立しなければならないと知っていること——そして相手側もそれを知っていること——によって、提案（および提案者）に違った光が当たるのだ。

リーとイスラエルの同僚らは、実業界や政界で活躍したいと願っているユダヤ人学生たちを対象にイスラエルの大学で実験を行い、この考えを検証した(12)。研究で行われる交渉は、仮説上ではあったがとても興味深く、政治的に繊細なものだった。交渉の内容は、ヨルダン側西岸地区のさまざまな建設プロジェクトへの資金の配分に関わるもので、プロジェクトのなかには、イスラエル人にとっていっそう価値の高いものもあれば、パレスチナ人にとっていっそう価値の高いものもあった。交渉に臨む被験者たちが知らなかったことは、交渉相手のアラブ人が、綿密に作成されたシナリオに従う実験協力者だったことだ。

交渉は段階的に進められた。アラブ人の実験協力者が最初の提案を行い、ユダヤ人学生が対案を出し、時間切れになりそうなところで協力者が「最終案」を提示する。学生はその最終案をさまざまな側面から評価し、それを受け入れるか拒絶する（拒絶した結果、後のある時点まで当の資金が没収されると承知していた）。この実験において加えた操作は単純なものだった。被験者の半数には交渉の最初の時点で、これまでに交渉に臨んだ「ほとんどすべての」当事者たちが合意に到達することに成功したという情報を与えた。残る半数には、それまでの交渉の結果は何も知らせなかった。単に、合意に達するために最善を尽くすように指示しただけだった。被験者たちは自身の役割を真剣に果たし、精力的に、そして多くの場合においてはとても激しく交渉を行った。

この操作の効果は驚くほどのものだった。合意に到達しそうだと考えるに足る根拠をもっていた被験者の八五パーセントが合意に達し、そうでない被験者の三五パーセントが合意に達した。重要な点は、操作によって結果以外にも変化があったことだ。被験者たちがアラブ人の交渉相手についてどう感じるかにも影響を与えたのだ。両方の実験においてまったく同じ条件を提示したにもかかわらず、合意に達する肯定的な期待が感じられる状況においては、交渉相手のアラブ人はいっそう好感がもたれ、その人物が提示した最終案がイスラエル人にとっていっそう寛容で好ましいものと受け止められた。もちろん、イスラエル人とパレスチナ人に、次回の交渉が必ず成功すると魔法の力で信じ込ませる方法はない。またもや無益な結果に終わることはないかもしれないというわずかな楽観だけでももてる根拠を与えることが、おそらくは望みうる最大の期待だろう。しかし、賢い仲裁人が深く心に刻み、巧みに用いているもっと一般的な教訓がある。彼らは、自身の楽観を表明し、大きな障害があっても成功を収めたこれまでの事例を交渉の当事者たちに思い起こさせるのだ。

## 経験が理論に役立つとき——世界で行われている交渉から得られる四つの教訓[13]

研究者たちは、自分たちの実験から応用可能な役に立つアイデアが生まれることを期待して、現実世界にある問題について実験室や現場での調査を行う。しかし、ときにはその反対もまた成り立つ場合がある。応用研究によって、既存の理論とのあいだの隔たりが明らかになることがあるのだ。さらに、ある要因が、以前に考えられていたよりもはるかに重要である（あるいはそれほど重要ではない）と判明する方向に進んでいく場合もある。これは、リーとスタンフォード大学の同僚らが、イスラエル人とパレスチナ人、北アイルランドの統一主義者と独立主義者、その他の対立する当事者間において、関係を築きセカンドトラック外交*を行うためのさまざまな努力を実施した経験にとりわけ当てはまった。

### 互いに耐えられる未来にたいする共通の責任

南アフリカにおいて実現された驚くべき非暴力的な移行、すなわち残酷なアパルトヘイト体制から黒人と白人の市民たちに同様の機会を与える体制への移行は、どのようなものだったのか。ネルソン・マ

---

＊セカンドトラック外交とは、政府または地域社会、あるいはその両方と結びつきがあり、影響力をもつ民間人による、対立の当事者にとって非公式もしくは拘束力のない合意ではあるが、両者が容認するかもしれず、そうなれば公式の「ファーストトラック」合意への道が開かれるような、最低限の立場と可能性のある譲歩とを明確にしようとする合意形成への努力のことを指す。

ンデラの影響が非常に大きかったという意見が大方を占めている。しかし、マンデラが黒人の南アフリカ人から崇拝され信頼されていたからだけでも、自身が釈放されてから、暴力の放棄を非常に明確に一貫して述べていたからだけでもない。また、他の黒人の指導者たちがしようとしなかった譲歩を提案したからでもない。その反対にマンデラは、自身の要求を断固として曲げなかった。マンデラが他の人とはっきりと違ったのは、白人の南アフリカ人たちに、彼らが決してしないと誓っていた困難な譲歩をする気にさせた言動を示した人物だったということだ。

マンデラが彼らをその気にさせた方法は、中流階級と労働者階級の白人の南アフリカ人たちに、耐えられる共通の未来の見通しを提示するつもりがあると明確にしっかりと伝えるものだった(14)。その未来において、白人の南アフリカ人たちの政治権力は大幅に縮小されるが、生活のあり方や、友人や家族や地域社会の日常生活はほとんど変わらないとされた。これまでと同じ家に住み、たいていの場合は同じ仕事に就き、これまでずっと享受してきた同じ楽しみや安全を享受し続けるとされた。世界から圧力を受け、現状がそれほど長くは維持されないだろうという認識のもとで、白人の南アフリカ人たちはその共通の未来を選択した。

私たちは、自分たちの行った応用的な研究において、交渉者たちが、相手側のメンバーと対面する話し合いの場に、自分たちが何を望んでいるか、なぜそれを得る権利があるか、その見返りに何を提供する準備があるかについての概略を示した詳細な提案をもって現れる場面を何度も見てきた。そこで私たちが気づいたことは、こうした話し合いの場に先立ち、こちらの提案を受け入れたなら相手側の人々の生活がどのようなものになるか――具体的には、その共通の未来は現在よりもどれくらい良くなるか、相手側がその未来について抱いている恐れがなぜ根拠のないものであるか――を説明する準備をしてくるように求めることが効果的であるということだった。もしもそのような共通の未来についての見解を提示できないなら相手側と会う意味がない、というのが私たちの意見だ。なぜなら、そうすることによって不安が強化され、決意を頑なにさせるだけだからだ。

中東では、イスラエル人たちが「相手側にマンデラ」がいないと不満を述べている。つまり、信頼に値する合理的で穏健な交渉相手がいないという意味だ。そのようなマンデラ的な人物を捜し求めている人々がわかっていないのは、本当に必要なのは、そうした「マンデラ」を見つけることではなく、マンデラの例から学ぶことであるということだ。耐えることができ、屈辱的ではなく、脅威を感じるような不確実性を伴わない共通の未来の図を相手側に提示する必要がある。本書の終章に、マンデラがいかにして白人の南アフリカ人たちの恐れを和らげたか、そしてなぜ彼が、白人の南アフリカ人たちが決してしないと主張してきた譲歩を最終的に引き出した黒人の南アフリカ人たちの指導者であったのかを示す劇的な事例を記している。

## 集団間での前向きな感情と有害な感情

外交官やその他の第三者が、長期にわたる論争の仲裁をするように求められると、解決策を見つける鍵は、まさに正しい合意を入念に作り上げること――どういった譲歩の取引が両者の希望を満足させるかを理解し、その取引の詳細を紙に書き記し両者に署名させること――にあると考えがちだ。そこでは、この合意によって関係が正常化し、継続的な協力のために必要とされる信頼が築かれ、最終的には有益で持続的な平和がもたらされると期待される。私たちの経験から、順序はこれとは逆であることがわかっている。憎しみを減らし、ある程度の共感と理解を構築し、いっそう信頼し合える関係を作り上げることができて初めて、受け入れられる合意に署名することが可能になるのだ。さらに重要な点が、信頼し合える関係がなければ、署名した文書から本当の平和へと前進するにつれて避けがたく生じる障害物に両者がつまずく可能性が高い。

たとえば、「ぶち壊し屋《スポイラー》」について考えよう。スポイラーとは、自身の利益に脅威を与えたり、将来的な関わり合いを減少させたりするようないかなる合意も妨害するために、暴力に訴えようとする人のことだ。両者の指導者たちは政治的な配慮から、相手側がそのようなスポイラーを抑止する対策を講じるべきだと主張する。同時に、どちらの側も、自身の側のスポイラーにたいして効果的な措置を取るために必要とされる政治的な代価を支払おうとしない。強硬な要求を突きつけることで世間からの共感を得ている指導者たちは、とりわけそうだ。

ある意味、この問題の解決策は明らかだ。どちらの側も内部にいるスポイラーを粛々と、しかし効果的に処理するとともに、相手側のスポイラーの行為にたいして扇動的な表現で反論することを避けなければならない。しかし、政治的にもっと都合の良い対応よりも、こうした対応においては、合意した条件を実行する長期的な意志が相手側にあるということを信頼することが求められる。それにはまた、報復を要求するのではなく、忍耐と思慮深さを受け入れるような国民の存在が必要とされる。

## 理解する「余裕」のない人を説得しようとするのは無駄

リーは、北アイルランドのプロテスタント系民兵組織のリーダーのことをはっきりとおぼえている。彼は、暴力を放棄するつもりで刑務所から出所し、相手側との熱心な交渉を開始した。しかし、どうしたものか、交渉の場で相手側から提示された取引や約束は、満足できるものでも信頼できるものでもなく、「話し合いは終了だ、これで手を打とう！」とは言えなかった。人生のほとんどを政治闘争に捧げてきたが、平和なアイルランドにおける未来を手に入れられるような種類の教育を受けたことがなく、そうした種類の職歴があるわけでもないこのカリスマ性のある人物を見ていると、不安な思いがつきまとうだろう。目下の状況では、彼は交渉の席に居場所をもつ尊敬を集めるリーダーだ。しかし、何らかの合意がなされた後には、ビール配達トラック運転手の仕事が得られるだけでも幸運だろう。「耐えられる未来」という問題は、南アフリカのネルソン・マンデラが達成した特定の業績を例に挙げたように、大きな集団に関係する。しかし、これはまた、特定の個人や派閥、それもとりわけ、どのような合意にたいしても拒否権をもち、スポイラーとして行動する力をもつ人々にも当てはまるのだ。

変化が起こりそうだという強い脅威にさらされると、論争の当事者たちは、引き続き頑なな態度を取るべき根拠を探す。ここで、第4章で説明したような合理化や不協和低減が作動する。あいまいな点を調べ、自己の利益にかなうようなやり方でつぶしていく。物質的あるいは心理的な面であまりに多くを失う立場にある当事者は、相手側から提示された主張を理解するどころか、検討することすら頑として拒否する。彼らは、人生を捧げてきたがそれはむなしい努力にすぎなかった、自分たちのグループは生命や財産を無駄にし犠牲にしてきたのだという、つらい認識を回避する道を探す。プロテスタント系民兵組織のリーダーの場合と同様に、拒否権を発動する力をもつ者は、拒絶をする。それもしばしば、自分の行動は信条にもとづいたもので、自身の集団の最善の利益に合致しているのだと心から信じて。賢い交渉者なら、スポイラーになりうる人に、合意に達するほうが賢明であると納得させるためには、その人自身が、合意が達成された後の自身の未来が耐えられるものであると感じることができなくてはならないということを理解している。

## 四九パーセントから五一パーセントへ

解決が難しそうな対立の当事者たちが、相手側に手を組める人が見当たらない、あるいは、相手側のリーダーが妥協をしない常識のない人だと不満をもらすのを耳にすると、私たちは、根本的な帰属の誤りや素朴な現実主義についてくどくどと説教を始めたくなる衝動を抑えようとする（こともある）。その代わりに、デイヴィッド・アーヴァインという、北アイルランドのロイヤリスト〔英国統治の支持派〕で、かつては戦闘員であり、その後スタンフォード大学での講演会に招待された人物についての話をしよう。聴衆を魅了した講演が終わると、当然の質問を向けられた。いったい何が、彼を、銃や爆弾に頼っていた闘士から、これほど長く続いてきた対立への平和的な解決の道を探すことに専念する主流の政治家へと変えたのか。

アーヴァインは少し口をつぐみ、それは「五一パーセント対四九パーセント」の問題だと答えた。さらに、自身の変化は性格が変わったためではない、と説明した。そうではなく、暴力が無益であることや損失を生むことが以前よりわずかにはっきりとなってきて、正規の政治活動を通じて許容できる合意を締結できる見通しが以前よりわずかに明るく見えてくるという転換点を迎えたのだ、と述べた。それから、印象的な言葉を付け加えた。以前の立場について五一パーセントの確信しかもっていなかったときでも、自分は「一〇〇パーセントの過激派」だった。そして今では、平和的な手段によって変化できる見通しについて五一パーセントしか確信がもてていなくても、自分は一〇〇パーセントの政治家で平和活動家であると。

敵対する者の気持ちを、暴力的な対立または断固とした非妥協から、暴力に頼らない代替策を探し求めようとするところまで動かすには、劇的な変化は必要ないということを知れば、賢明な交渉者は勇気づけられる。「四九パーセントから五一パーセント」へのわずかな変化だけでも十分な場合もある。わずかな変化をもたらそうと熱心に努力することが、このように大きな変化となって報われることがある。断固として妥協を拒絶しているように見える過激派が、ときに反対方向へと傾き、非暴力的な代替策を受け入れるようになることがある。相手側との話し合いがうまくいったりいかなかったり、わずかな譲歩をした結果、相手側の日常がもっと耐えられるものになったり、新たな規制が制定されて生活がもっと耐えがたいものになったりということが、過激派を容易に、和平を望む者に変えたり、あるいはその反対に変えたりするのだ。

### 予測を破ることで行き詰まりを溶かす

スタンフォード大学のキャンパス内で中東紛争についての討論会が開かれている最中に、驚くべきことが起こった。講演者は、パレスチナ解放人民戦線の創設者のひとりだったが、講演が行われる前に、交渉と二国共存解決策を公に擁護する立場へと転じたのだ。講演の内容は、イスラエルとパレスチナのあいだで到達されうると思われる合意によって求められることになりそうな、双方の譲歩の概略についてのものとなった。彼のメッセージは、紛争についてさまざまな見解をもつ学生や教官たちから、好意的に受け止められた。だが、その場にいた人たちがとても鮮明におぼえているのは、講演の内容そのものではなく、質疑応答の時間での彼の回答のほうだった。年配の精神科医が、パレスチナ人たちの具体的な目標ではなく彼らの苦境にたいする共感を示そうとして、イスラエル人とアメリカのユダヤ人たちはホロコーストにばかり関心を向けていて、ナクバ——パレスチナ人にとって、イスラエルの建国や一九四八年の敗戦、家や生計の手段、さらには多くの場合においてその結果生命を失ったパレスチナ人の苦境を包括する「大災厄」を意味する言葉——について十分に学んだり語ったりしていないと思われるだろうか、と問いかけた。

講演者は一瞬息をつき、演壇から降りて、質問者のすぐ近くまで歩み寄った。それからその人の目をのぞき込み、「君は正気か?」と言った。「ナクバはパレスチナ人にとって間違いなく悲劇であり、人々はいまだにあの不当な仕打ちによって深く傷ついている。しかし、あれは世の中でよくありがちで、他の多くの人々も経験してきた種類の悲劇だ。ホロコーストは、二つとない、前代未聞の悲劇であり、すなわち二〇世紀における決定的な出来事だ」。そして、質問者に向けて指を左右に振りながら、こう付け加えた。「二度と同じ次元でこの二つを語るな」

このことは、この場全体に深い影響を与えた。聴衆は静まりかえって講演者を見つめた。多くは辺りを見回して、他の人たちも同じ感覚を味わっているかどうかを確かめようとした。彼の厳しい回答は現在進行中の紛争についてのものではなかったが、これで新たな種類の議論の方法が可能になった――少なくともその部屋のなかにいる人にとっては――と全員がはっきりとわかっていた。講演の後で開かれたパーティーで出席者全員の頭のなかを占めていたのは、講演者のその回答だった。

この出来事は、予測を破られることがいかに衝撃的であるか、そして、そうした行為が、物事が行き詰まりを見せているときに交渉を前進させるためにいかに利用できるかを具体的に示している。対立の場面では、どちらの側も自分から譲歩をしようとしないために状態が硬化する場合がよく見られる。[15] そのような場合、両者がともに、相手側が譲歩をしないことを悪意の証拠と見なし、もしも自分の側が最初に動いたら、それが弱さの表れだと受け止められ、相手側につけこまれるのではないかと恐れる。確立された予測を破るような行動が、大きなものであれ小さなものであれ、不信のサイクルを打ち破る助けとなり、そうすることがひいては交渉の行き詰まりを溶解させうるのだ。*

このことはまさに、一九七七年にエジプトのサダト大統領がエルサレムを訪問し、国会で演説を行った結果、起こったことのように思われる。講演の内容や、和平についてのメッセージは全体として意義のあるものだったが、新しい実質的な譲歩はひとつも提示しなかったということを思い起こすべきだろ

*多数の経験豊富な交渉者の逸話から、同様の予想されていなかった行動が読み取れる。そのなかには、政治的というよりも個人的な行為もある。リーは、セカンドトラック外交の場で、あるイスラエル人の出席者が、相手側のアラブ人参加者に、その人の最近亡くなった父親と、さらには祖父の名前を教えてほしいと頼んだことがもたらした影響のことを回想している。その質問の目的は、カディッシュ（ユダヤ教の死者のための祈り）を唱えるためだったのだ。

う。しかし、最も意義があったのは、彼の行為から発せられた明確なシグナルだった。何かが変化したというシグナル、可能なことなど存在しないのではないかというイスラエル人の疑念は根拠のないものなのかもしれないというシグナルだ。エジプト大統領が、イスラエルに来るだけでなく、論争の的となっているイスラエルの首都においてイスラエルの人々に直接語りかけることができるのなら、他の重要な成果ももたらされるかもしれない。そう、長期的な和平でさえ。サダトの態度は雰囲気を変化させ、それが最終的にはキャンプ・デイヴィッド合意と、エジプトとイスラエル間での和平協定につながった。彼は、長く続いた対立が合意に到達することを非常に困難にしている障壁をよく理解し、それを克服することを可能にする劇的な行動を起こすに足る賢さと勇敢さを備えていたのだ。

# 第8章　アメリカにとっての難題

二〇一〇年に行われた陸上競技会で、クリストフ・ルメートルが、一〇〇メートルを一〇秒を切るタイムで走った。速いには速いが、現在の世界レベルの短距離選手としては驚くほどのタイムではない。実際、ルメートル以前にも七一人の短距離選手が一〇秒の壁を破っている。当時のウサイン・ボルトの世界記録は九・五八秒で、ルメートルより一〇分の四秒速かった。ルメートルの走りを注目に値するものに、そして多数の記事やインタビューの対象にしたのは、彼の人種だった。すでに一〇秒の壁を破っていた七一人の選手のうちの七〇人とは違い、ルメートルは白人だったのだ。確かに、黒人の（さらに具体的に言えば西アフリカにルーツのある）短距離選手が優勢であることは、トップレベルの陸上の試合を見ていればはっきりとわかる。(1)

どのような分野においても、能力や成績における人種的な違いについて議論をすると気まずい雰囲気が生まれる。その理由は明らかだ。しかし、運動能力の場合となると、そうした議論はずっと以前から頻繁に行われている。(2) 短距離走（さらにはバスケットボール選手やバックの位置で走るサッカー選手）において黒人が優勢であることを説明する際、たいていは遺伝子的な要因に重点が置かれる。つまりは速筋線維や嫌気性酵素、血漿中テストステロン、さらには競技場で有利になるさまざまな性質の筋肉組織に。しかし、ルメートルは二〇一一年のインタビューで、この競技で黒人選手が優位に立っていることには生理学以外の要素も関係していると述べた。意欲のある白人選手の前に立ちはだかる「心理的な障壁」に言及し、肌の色は熱心さや厳しい練習ほどに大きな要因ではないと主張した。他の選手やコーチたちも同様の意見を述べている。すなわち、白人の子どもたちは、黒人の子どもたちのほうが生まれつき特定のスポーツの才能があると考え、そう感じているがために、挫折や失敗をする危険を冒すよりも競争から身を引くのだ。

ベイラー大学の陸上競技コーチは、ルメートルがステレオタイプに反した走りを見せる数年前に、『スポーツ・イラストレーティッド』誌のインタビューで率直にこう語った。「速筋線維をもつ白人の子どもたちはたくさんいるが、重い腰を上げられないでいる。そのうちのあまりにも多くが、コンピュータの空想の世界で遊ぶほうに飛びつく。遺伝子［だけ］の問題ではない。……どれだけそれをやりたいかどうかの問題なのだ[3]」

世界レベルの運動選手になるには、生まれつきの才能と、とてつもなく高い意欲、厳しい練習、さらには優れた指導と励ましが必要だということには誰もが同意する。遺伝子がさまざまな種類の運動においてまさにどういった役割を果たしているかを解明するのは、遺伝子学者に任せよう。しかし、本章の本題である、アメリカの学校で見られるようなステレオタイプが学業に与える影響についての話に入る前に、運動選手がどのように見られているか、運動選手がどのような成果を上げるかにたいしてステレオタイプが与える影響について、もう少し議論をしておく意義がある。

## 才能だけで活躍しているバスケ選手、やる気と知恵で活躍しているバスケ選手

一九九七年に行われた実験で、学生たちが、大学生のバスケットボールの試合の音声放送を編集したものを聴いてから、ある特定の選手の運動能力とプレーの出来を評価するように求められた。(4) 彼らは、放送を聴く前にその選手の写真を見せられていた。ときには学生たちがその選手を白人だと思うように、またときには黒人だと思うように、写真が差し替えられていた。試合後の学生の評価から、ステレオタイプにもとづいた予想の影響が明らかになった。選手を黒人だと思っているときには、いっそう高い運動能力を発揮していっそう優れたプレーをしたと評価した。選手を白人だと思っているときには、いっそうのやる気と「バスケットボール的な知性」を見せたと評価した。コーチやスカウト、マネジャーたちは、選手たちのプレーを評価して、もっと高いレベルの試合に出場させるのに最もふさわしい選手を決定する際に、これと同等のフィルターやレンズを通して見ているのだろうか。実際の逸話からは、そうしていることがうかがわれる。* さらに、向上心のある選手たちがスカウトやコーチから受ける扱いが、自身の能力や限界についての選手自身の考え方にどのように影響するかは容易に想像できる。

＊ハーバード大学のバスケットボールチームで活躍し、現在はＮＢＡでプロとしてプレーしているジェレミー・リンの事例について考えよう。一流校のパロアルト高校（スタンフォード大学のキャンパスから文字通り道路をはさんだ向かいにある）で成績優秀であり、なおかつ一流選手として活躍してチームを州選手権大会出場に導いたにもかかわらず、スタンフォード大学からスポーツ奨学金が与えられなかった。リンの血筋がアジア系であったことが、スタンフォード大学が他の才能を探そうと決めたことにまったく関係していないと考えるのは難しい。

## ステレオタイプのプレッシャー

タイガー・ウッズがめざましい活躍を始める前、ゴルフはおおむね白人男性のスポーツと見なされていた。速筋線維も無酸素系の持久力も、特に筋骨隆々とした体格も必要とされていなかった。連携した運動動作や「自然なスイング」以外にゴルフに習熟するために求められると思われていたのは、プレッシャーがかかった場面での冷静さや知的な意思決定、何千時間にも及ぶ勤勉な練習だった。こういう理由からマスターズ・トーナメントの上位選手たちはNBAのオールスターチームとは様相が大きく異なるという点で、ほとんどのファンは同意していた。

ゴルフの能力についてのこうした思い込みは、黒人と白人のアスリートの長所と弱点についてのステレオタイプ的な通念とともに、プロゴルフ協会の構成人員と何らかの関係をもつのだろうか。この問いに答える前に、ある興味をそそられる実験の結果を見てみよう。この実験では、プリンストン大学の多数の黒人と白人の学生たち（誰もふだんからゴルフをしない）に、パットを入れることと、どのパットを選ぶか――得点は高いが難しいパットか得点は低いが易しいパットか――などの課題が与えられた[5]。これに先立ち、学生たちの一部には、これは「生まれつきの運動能力」、すなわち「ボールを打ったり投げたり」に関わる種類の手と目の協調運動を測るテストだと告げた。他の学生たちには、この作業は「運動的知性」あるいは「運動をしながら戦略的に思考する能力」を測るテストだと告げた。

こうした説明は、入ったパットの数と獲得した得点に大きな影響を与えた。黒人の被験者たちは、この作業が運動的な知性よりも生来の運動能力を必要とするものだと考えていた場合にはより大きな成果を上げ、一方で白人の被験者たちは反対の結果を見せた（劇的なまでに正反対というわけではないが）。言い換えれば、人種や運動能力での長所と弱点についての思い込みが自己成就的なものであることが判明したのだ。この結果は部分的には、学生たちがどれほど一生懸命に取り組んだか、ハイリスクハイリターンのパットを狙ったのか、あるいはローリスクローリターンを狙ったのかによって変わったのかもしれない。また、集中度の違いや、失敗を恐れることでプレーの質がどの程度低下したかにも影響を受けたのかもしれない。スポーツ全般におけるこれらの影響を解明する仕事は、運動能力の専門家たちに任せよう。しかし、ある分野においては、こういう疑問と関連性のある、ステレオタイプが成果に与える影響について、もっと多くの人々がはるかに大きな懸念を抱いている。その分野とは教育である。

## 教室における自己成就的な予想

多くのアメリカ人が、それも教育者であっても、いくつかの集団は他の集団よりも教室でより良い成果を挙げると予想しているのは秘密でも何でもない。この予想は、テストの得点や成績平均点（GPA）、大学進学率、卒業率とおおむね整合性がある。こうしたステレオタイプは、生徒の成績についての予想だけでなく、実際の成績にも影響を与えるのだろうか。そういう影響があるとすれば、偉大な社会学者のロバート・マートンが予言の自己成就と名付けたものの一例となるのだろうか[6]。とりわけ、そうしたステレオタイプと、そこから生じる予想が、一定のマイノリティの集団と、STEM分野（科学〔science〕、テクノロジー〔technology〕、工学〔engineering〕、数学〔math〕）で身を立てようと考えている女性たちの成功を阻む障壁を作り出すのだろうか。

予想が教室においてどういう影響を与えるかについての議論はたいてい、一九六〇年代にロバート・ローゼンタールとエレノア・ジェイコブソンが実施した有名な実験の説明から始められる。(7) 教師と生徒の相互作用に予言の自己成就が認められるという考えは、新しいものではなかった。教師がしばしば、さまざまな人種や民族、社会階級の子どもたちにたいして異なる期待を抱くということについては誰も疑ってはおらず、こうした期待が異なる扱いにつながると想定するのはもっともなことだった。こうした扱いの違いから、生徒の成績に違いが生じるだろうと考えることは、容易にできてしまう推論の飛躍だった。

ローゼンタールとジェイコブソンの実験を特に興味深いものにしている特徴が二つある。ひとつは、この実験が対象としていたのは、教師の期待が、成績ではなく、IQテストの得点に与える影響だったという点だ。成績のほうは、それをつける教師のもつバイアスによって左右される恐れがある。一方、IQテストの結果は、教室内で起こることや、教師の支配下にあるものではなく、遺伝と家庭環境の組み合わせによっておおむね決まるものであると当時の教育者たちは考えていた。もうひとつの点は、この研究では、ステレオタイプに当てはまる集団と当てはまらない集団とに属する生徒たちの成績を比較しなかったということだ。その代わりに、「開花」する——これからの八か月間で学習の伸びを見せる——可能性が高いと評した生徒たち（クラスの二〇パーセント）のリストを教師たちに提示した。教師たちに知らされていなかったのは、これらの生徒が無作為に選ばれていて、彼らが最初に受けたテストの得点はリストに入っていない生徒の得点と変わらないということだった。

同じ生徒たちが一年後に再度IQテストを受けたとき、大幅に伸びるとされていた七人の一年生たちの得点が平均して二七点上昇したのにたいし、伸びるとされていなかった生徒たちの得点は一二点上昇した。また、大幅に伸びるとされていた一二人の二年生たちの得点が平均して一六・五点上昇したのにたいし、伸びるとされていなかった生徒たちの得点は七点上昇した。これら二学年のなかで、伸びるとされていた生徒たちのほぼ半数の得点が二〇点以上上昇したのにたいし、伸びるとされていなかった生徒たちのなかでそれほど得点が上昇したのはわずか五分の一だった。さらに数か月後、教師たちは、成績が伸びると思い込まされていた生徒たちのほうを、いっそう知的好奇心が高く、幸せで、社会的な承認をさほど必要としていないと評価した。

この実験が示す明るい展望は、もしも教師たちが、生徒の全員が低学年のあいだに急速な進歩を遂げると期待すれば、全員の成績が上がるかもしれないというものだ。つまり、教師からさらに高い水準が示され、もっと熱心に注意を向けられるというプラスのサイクルによって、生徒の自信や努力やＩＱの得点などが後押しされるという恩恵を全員が受けるかもしれないのだ。

しかし、不吉な展望もはっきりと認められた。名前のリストではなく、ステレオタイプや悪い第一印象にもとづいた予測などからくる否定的な期待が、同様に自己成就的であると判明することもありうる。そこから、教師と生徒の行為や反応から否定的な帰属が生じるといった悪循環が始まり、その結果、学業不振や失敗につながるかもしれない。

ローゼンタールとジェイコブソンの実験を、さらに多数で多様なサンプルと、さらに洗練された研究設計を用いて再現しようとする試みがいくつか行われたが、このような劇的な結果を示すことはできなかった。そのため、二人の実験の価値と二人の主張の正当性――とりわけ期待による効果の大きさについて――は今もなお論争の的となっている。(8) しかし、この実験に発想を得て後に行われた一連の研究においては、期待が大きな影響を及ぼすということについての疑いはほとんどない。しかも、教師からの期待よりも、生徒自身がもつ期待のほうが重要だ。生徒のなかの特定の集団の学業不振に対処するために、教室内で変化を起こそうとして賢明な試みを実行するとしたら、こうした期待を考慮に入れなければならない。

## マインドセット

四〇年以上のあいだ、スタンフォード大学の心理学者キャロル・ドゥエックは関連する二つの疑問に集中して取り組んできた（彼女を称賛する同僚たちは、取り憑かれていた、と言うかもしれない）。疑問のひとつは、なぜ生徒のなかには、IQテストや能力テストで他の生徒たちと同等の得点でありながら、他よりも成績が良く、しかも年々成長していく者がいるのか、というものだ。二つめは、成績の悪い生徒たちが向上する手助けをするために何ができるか、というものだ。ドゥエックが最初に思い付いたことは単純だ。おそらく成績の良い生徒は、成功は努力と粘り強さからもたらされると考えるために、最初に失敗をしても、いっそう熱心に粘り強く努力するのだろう。一方で成績の悪い生徒は、努力をしてもたいして変わらず、人によって頭の出来に差があると感じているのだ。

この考えを検証するために、ドゥエックと助手たちは、成功や失敗にたいしてドゥエックが「無力感」と名付けた思考パターンをもっていると教職員たちから指摘された小学生たちを対象に、一連の実験を行った。これらの生徒に、まったく歯が立たない算数やつづり換えの難しい問題を与えると、すぐにさじを投げた。さらに悪いことに、以前には解けていた問題と同じくらいの難易度の新たな問題を解くことができなかった。しかし、これらの実験からは希望の光も見つかった。実験者らが、生徒たちに、問題が解けなかったのは努力が足りなかったためだと認識させ、失敗や挫折をしても努力を続けるように教えると、生徒たちはその教えを心に留め、成績が著しく向上したのだ。(9)

ドゥエックはさらに、自身の理論を改良し、「思考態度《マインドセット》」という用語を使い始めた。(10)「硬直した能力」型のマインドセットをもつ生徒は、能力とは静止したものだととらえている、と彼女は主張した。そのため彼らは、成功が簡単に手に入りそうなときでないと、試してみようとしない。状況が困難になってくると、失敗を覚悟して挑むより、尻込みをする。一方、「成長」型のマインドセットをもつ生徒は、能力は変化するものであり、努力によって高めることのできるものであるととらえる。彼らは高い目標を掲げ、最初に出会った困難を失敗ではなく克服すべき挑戦としてとらえ、自身の能力を伸ばすような新しい挑戦を捜し求める。

もちろん論理的には、生まれつきの能力の違いがあると認めながらも、努力によって学力が上がることもあると考えることはできる。しかし、硬直型のマインドセットをもつ多くの人々は、もしも本当の能力があれば、成果を上げるために一生懸命努力する必要はないはずだとも考える。たとえとても難しい問題であっても、そのために一生懸命努力することは能力がないということを意味すると考える人もいて、そういう人たちは、容易に成功できると保証されていないものに取り組みたがらない。

ニューヨーク市の中学校で行われた関連する二つの実験において、ドゥエックと同僚らは、マインドセットによって生徒の学業成績の推移が予測されるという証拠を示した。成長型のマインドセットをもつ生徒たちは、中学校生活を通じて成績が上向きに推移していったが、硬直型のマインドセットをもつ生徒たちの成績は平坦な推移をたどった。さらなる分析から、ドゥエックが仮定した一連の介入プロセスについての証拠が得られた。生徒が、知能とは努力によって高めることのできる柔軟な性質をもつものだという考え方を支持していればいるほど、挫折してもくじけることが少なく、算数の能力や成績がいっそう上がったのだ。

実験者らはさらに、これらのマインドセットは、既存の教え方に少しの改良を加えることで変化させることができるということも示した。在校生の九七パーセントが黒人かラテンアメリカ系という学校に通学する中学一年生が、八週間の実験プログラムに参加した。毎週二五分間の時間を設け、特別な訓練を受けた研究助手から、勉強法と脳の生理機能についての話を聞かされた。さらに、人が学習をすると神経細胞間の接続が増えていくようすを明確にとらえた映像も見せられて、知能は筋肉のように運動によって強くなっていくものだという簡単な理論も教えられた。対照群の生徒たちは、ふつうの授業しか受けなかった。

結果は、ドゥエックと同僚らがまさに望んでいたものだった。実験群と対照群の両方のグループはそれまで成績が低下しつつあったが、成長型のマインドセットをもつための介入を受けた生徒たちのあいだでは成績の回復が見られた。実際、彼らの成績が少し向上したのにたいし、標準的な情報しか受け取らなかった生徒たちの成績は落ち続けた。[11] そのうえ、成績が向上し、さらにはやる気が出て努力もするようになった人数は、マインドセットの介入を受けた生徒のほうが三倍多かったと担任教師は報告した。

## 成長型のマインドセットと目的意識を促進するための介入の規模を拡大する

このような介入は規模を大きくした場合には実際的な効果が出ないのではないか、という懐疑的な意見もある。しかし、アメリカ東部と南西部の一三の高校から選ばれたさまざまな経済状況にある生徒たちに、高校三年生の後半に四五分間の授業を二回受けさせる実験が行われた（公立校が八校、チャーター・スクールが四校、私立校が一校）[12]。そのうちの三分の一の生徒たちが、成長型のマインドセットを高めるための介入を受けた。そこでは、学習や努力をするときに脳のなかで起こる変化をとらえた鮮明な映像も見せられた。与えられた情報は、学んだことを自身の言葉で書くように求めたライティングの課題によって強化された。別の三分の一の生徒たちは、「自己を超えた」有意義な目標（たとえば、世界を良くする、他人の模範となる、家族の誇りとなる）を達成するために教育がいかに役立つかを考えるように仕向けさせる「目的意識」介入を受けた。対照群となった残りの三分の一は、脳のさまざまな部位とそれらの機能についての資料を読んだが、学習に反応して脳がいかに変化するかについての資料は読まなかった。

マインドセットの介入と目的意識の介入の両方が全体的な成績を向上させることに成功した。しかもとりわけ、落ちこぼれの危険性のある生徒たちの成績を上げ、不合格を防ぐ成果があった。調査対象となった生徒たちのなかで、落ちこぼれのリスクのある生徒たちは五〇〇人以上いて、彼らは直前の学期において主要科目でひとつ以上不合格になったか、成績平均点（GPA）が二・〇以下だった。これら二つは、高校卒業前の退学をきわめて高く予測する基準である。これらの生徒のうち、四五分間の二回の介入によって科目の不合格率が四八パーセントから四〇パーセントに低下した。対照群では、こうした低下は見られなかった。この効果はあまり大きくないように思われるかもしれないが、対照群の生徒の不合格率にもとづいた予測よりも、不合格になる科目数が八三減るというように言い換えられる。

もしも生徒の在学中ずっと、思慮深く一貫してこのメッセージを発信するなら、得られる成果はどれほど大きくなるだろうか。この疑問は追求する価値が十分にある。理想を言えば、賢明な教育者なら、このメッセージを、生徒たちが成功したり失敗したりしたときにフィードバックとして与えるだけでなく、低学年のときに読み書きやスペルで使う教材を通じて、さらには学年が上がったときに読むような伝記を通じて伝えるだろう。最初に感じる混乱や困難が努力や経験を重ねるとともに減少していくような作業を体験させることも、成長型のマインドセットを育てるための手法のひとつとなるだろう。少し後で説明するが、最初に疑いや恐れを感じるのはふつうのことであり、次の学年に進むにつれて成功するようになり、帰属感を得るようになるものだと上級生たちから励まされることも、同様の手法となるだろう。

既存の研究から発信されるメッセージは、教育者だけでなく親にとってもはっきりとしているはずだ。賢い親は子どもたちに、とても頭が良いとか成績が良いとか言わない。その代わりに、一生懸命努力していることや、難しい問題にやる気をもって取り組んでいることをほめる。子どもが苦労しているときには、練習や経験を積めば課題が簡単に感じられるようになると励まし、そうやって障害を乗り越えることから満足感が得られたり、さらには楽しく感じられたりするというメッセージも伝える。子どもたちに、ものすごい力をもったスーパーヒーローが出てくる本やビデオではなく、さまざまな年代のふつうの男女が、奮闘や失敗を重ねた末に成功し、その過程において目標に到達したときと同じくらいの満足感を得ていることを描いたものを子どもに勧める。こうすることで、学校だけでなく人生において降りかかってくる困難に遭遇したときに、子どもたちが成功するための手助けをしているのだ。

## 教室内にあるステレオタイプの脅威

一九八〇年代に、クロード・スティールは、スタンフォード大学での同僚、キャロル・ドゥエックがずっと夢中になっていた問題に密接に関連した、ひとつの問題について考え始めた。なぜ、運動や芸術の分野では秀でているアフリカ系やその他の多数の民族の子どもたちに学業成績がふるわないことがこれほど多いのか。なぜ、そうした生徒たちのあまりに多くが高校卒業前に退学するのか。なぜ、今の世間ではますます必要とされている大学の学位を取得する学生がこれほどまでに少ないのか。さらには、なぜ女子生徒たちは、一般的には学校では少なくとも男子と同じくらい良くできるのに、数学やハードサイエンス〔物理、化学など〕を避けることがこれほど多いのか。それになぜ、最初は数学やコンピュータサイエンスや工学を専攻することに決めた、やる気と才能のある若い女性たちが、そうした研究をやめて専攻科目を変えることが、同じ専攻の男子学生たちよりもこれほどまでに多いのか。

スティールは研究を続け、ステレオタイプの脅威という概念に行き着いた。それは、人の行動が、その人の属する集団についてもたれている否定的なステレオタイプを強化するという脅威である[13]。この脅威が人の内面に取り込まれて自己不信が生じると、とても有害なものになり、本章でずっと論じてきたような種類の悪循環と予言の自己成就が作動し始める、とスティールは指摘した。

ステレオタイプの脅威には、三つの関連する問題がある。それらは、クリストフ・ルメートルのような白人の短距離選手が直面したものと同じだ。第一の問題は、脱同一視。ある分野で失敗しそうだと思い込むと、その分野において自尊心をもったりアイデンティティを追求しないようにして、別の分野で満足や承認を得ようとすることで自分を守ろうとするかもしれない。第二の問題はセルフ・ハンディキャッピングだ。難題に直面して不安を感じたり自信を失ったりする生徒たちは、目標に届かないことへの上手な言い訳を考え出して失敗の痛みを取り除くことがあまりにも多い。[14] 熱心に勉強しないことや、学業に励むことを軽視することが、最もよくあるセルフ・ハンディキャッピングの手法のうちの二つである。

しかし、スティールが最も注目したのは第三の問題だった。テストのときの生徒の出来を悪くさせるような、ステレオタイプの脅威から生じる不安や動揺である。この現象を実際に起こし、それは克服できるということを証明するために、スティールと学生たちは巧妙な仕掛けを用いた。プリンストン大学の黒人学生と白人学生たちにゴルフをさせる実験で使われたものと同じ仕掛けだ（じつはその研究者はアイデアをスティールから借りていた）。この実験に参加した黒人と白人の大学生たちは、大学院進学適性試験（GRE）の言語に関する部分からの難問をいくつか出題された。[15] 一部の学生には、それらの質問は知能を測るためのテストだと告げた。一方、他の学生には、それらの質問は知能とは関係はなく、問題解決能力を測るための新しい未検証のテストから取ったものだと告げた。

白人の学生の場合には比較的、二種類の説明がされてもほとんど違いは見られなかった。自分が重要だと思うようなことを測定するテストだと説明されたときには、自分があまり重要ではないと思うようなことを測定するテストだと説明されたときよりも、わずかに良い結果を出した。それにたいして黒人の学生の場合、テストの結果が良かったのは、知的能力を測るものではないと告げられた学生たちだった。その理由はおそらく、そう言われることで、ステレオタイプにもとづく予測について懸念することから免れて、目の前にある作業にすべてのエネルギーと注意をつぎ込むことが可能になったからだろう。

今では数十もの実験から、黒人やヒスパニック、社会経済的な地位の低い子どもたちが知的能力を測る標準テストを受けるときや、女性たちが数学や推論能力を測るテストを受けるときに感じるステレオタイプの脅威を低減させることから生じる効果が実証されている。[16] 実験によっては、テストが測定する対象についての説明を変えただけという事例もあったが、他の操作手法も用いられた。たとえば、女性が数学のテストを受けるときに、男性に囲まれているときよりも他に女性たちがいたほうが、成績が悪くなる傾向が少ないということが明らかになった。[17] しかし、教育者にとっての本当の課題は、こうした研究が生徒を助けるために利用することができるかどうかを調べることだ。学校で苦労することが多い集団に属する生徒たちが、もっと良い成績を取る手助けをするために、そして、そうした生徒たちが学業不振に陥ったときに退学するのを防ぐために、こういう研究を利用することができるのだろうか。

能力とは関係のないテストだと説明することは、実験室で行われる実験の場合、ステレオタイプの脅威の影響を実証するには巧みなやり方だ。しかし、学校などの場においては、これは実施可能な手法とは言えないだろう、そうした状況において生徒たちは、テストが何を測定するために作られているかを十分すぎるほど知っており、そのうえ自分にはうまくできる能力がないと多くの人から思われていることも知っているからだ。さらには、数学や科学の上級の授業を受けている女性たちが、自分たちは少数派に属していることに気づかないでいられることはない。成長型のマインドセットをもたせようとして考案された介入と同様に、ステレオタイプの脅威に対処しようとする努力が、日々のそして年々の学業成績を向上させることができるかどうか、が問題なのである。

懐疑的な人はたくさんいる。生来の能力や文化的な価値の違いは克服できないと主張する人もいる。大幅な社会の変化だけが、不利な条件にある集団に属する人々の達成度の遅れを引き起こしている経済的またはその他の障壁の埋め合わせをできる、と主張する人もいる。こうした問題を憂慮しながらも、もう少し楽観的な意見をもつ教育者や政治家たちは、専門家による指導を行い、生徒たち（と教師）に十分なやる気を与えるような、幅広い（そして高額な）教育的な介入によって、そうした生徒が置かれている不利な状況を克服することができると主張する。

しかし、少数ではあるが、さらに楽観的な社会心理学者や教育者たちもいる。彼らは実際に、比較的小規模な心理学的に賢明な介入を行うことで、これまでに述べたような成績の差が表している「やっかいな問題」を低減することができるということを実証する一連の証拠を収集している。

こうした研究者たちの目指すところは、指導の質や、教師の能力や献身、あるいは設備が適切か否かは生徒の成功と関連がないということを証明することではなかった。これらの要因がいかに重要であるかは十分にわかっていた。それでもなお、厳選した教師や生徒、あるいは贅沢な設備に頼らなくとも、自分たちの考案した介入が効果を生むことができることを実証しようと試みた。

それらの介入は細かい点では異なるが、どれも、ステレオタイプの脅威を具体的に扱った理論や研究に照らして開発されていた。同時に、そうした介入には、本書の前半の五章で取り上げたもっと一般的な洞察も利用されていた。社会的な文脈のもつ大きな影響や、そうした状況を主観的に解釈することがもたらす影響（および、そうした影響を過小評価した場合に生じる帰属の誤り）についての教訓も組み込まれていないのだ。また、行動が思考や感情に影響を与えるやり方や、判断や決断を決定し、さらにはそれを歪める恐れのある特定のレンズやフィルターにかんする洞察についても考察している。こうした成功事例を、現代の教育についての議論や、すべての生徒が最大の潜在能力を発揮する手助けをするという難題に取り組むために何ができるかという議論に賢く参加したいと願っている誰もが読むべきであるということに、みなさんはこぞって同意することだろう。

## 魔法？　ではなく、単なる心理学的に賢い介入

注目に値する二種類の成功事例がある。第一の例は、KIPP（Knowledge Is Power Programs）スクールの成功に関連するものだ。KIPPスクールでは、マイノリティや低所得者層の生徒たちを、大学入学準備のための厳しいカリキュラムと、効果的な指導、献身的な教師、意欲のある親、外部からの相当額の金銭的支援を組み合わせて、めざましい高校卒業率（九五パーセント）と大学進学率（八九パーセント）を実現している。

これらの資源集約的なプログラムや、同様のその他のプログラムによって、状況のもつ力や制約の威力、行動を具体化するための努力についての個人の解釈のしかたの重要性、本書で何度も触れてきた行動して関わることの価値についての教訓が裏付けられている。しかし、注意すべき点もある。KIPP出身の学生たちが四年制大学を修了した率は、残念ながら低いことがわかっている（わずか三三パーセ

ント）。ただし、この数値はなおも、同様の背景をもち、ＫＩＰＰのようなプログラムのない高校に通った生徒たちよりも四倍高い(18)。

その他の成功事例に、社会的および経済的な背景のために不利な条件に置かれている生徒たちに多大な教育的な成果があると判明した、比較的小規模で費用対効果のとても高い介入がある。これら双方の種類の成功事例は、「応急処置」を非難し、貧困や健康、栄養、社会における人種差別、その他の「根本的な原因」に取り組むまでは、不利な条件にある生徒たちの学業成果を向上させることはできないと言い張る政治的左派に異議を申し立てるものだ。もちろん、どちらの種類の介入も、不利な条件下にある特定の集団のあいだで学業不振がまん延していることの原因は、遺伝や不適切な子育てに加えて、「問題に金を投じる」だけでは解決できない、ましてやリベラル派の社会科学者たちが考案した介入では解決できない有害な文化的な要因にあると主張する政治的右派にも難問を突きつけるものだ。

次に紹介する介入は、生徒たちに汎用的な学習スキルや具体的な学習内容を教えるものではない。それでも、すべての介入から、学業成績における短期的な効果や持続的な改善が得られた。多くの事例がとても多くの生徒を対象にそうした結果を出しているので、行政担当者や政治家たちは真剣に注目すべきだ。これらの結果は、介入が小規模なものだったことを考慮するととても驚かされる。そのあまり、まるで魔法のように感じられる。しかし、本書を通じて論じてきた根本的な心理作用をもっと深く理解すれば、これから紹介する介入は魔法でも何でもないことがはっきりとわかる。それらの効果は、予測されるよりも大きい。なぜなら、介入が見た目よりも大きいものであるからだ。生徒たちが日々の体験に与える意味そのものを、ひいては、そうした体験への反応のしかたを変えるという意味において、大きいということだ。そういう過程で、何も手を打たなければ下方に向かう悪循環であったものが、上方へ向かう好循環へと変容していくのだ。

### 自己肯定がもたらすプラスの影響

クロード・スティールと共同研究者らは、ステレオタイプの脅威の否定的な影響を描写するだけに留まらなかった。生徒たちがその脅威に対処する手助けを行うことの利点を示したのだ。彼らが探し当てた最も見込みのある手法は「自己肯定」に関わるものだ。すなわち、脅威そのものと関連性のない次元において自尊心を強化することである。生徒たちは、自分にとって個人的に重要な具体的な価値（友情や家族、宗教、世界を良くすることなど）を書き出し、それらが自分の生活においてどういう役割を担っているかについて文章をつづるように勧められ、重要な価値と接する時間が設けられる。[19]

ある独創的な実験において、ジェフリー・コーエンと同僚らが、北東部の郊外にある中学校の三つのクラスで自己肯定の介入がもたらす効果を検証した。[20] これらのクラスの生徒たちは、一年のあいだに、自分にとってとても重要であるとする個人的な価値を肯定する文章をいくつも書いた（最も多かったのが家族の大切さであったが、ときには音楽などとても個人的な関心事もあった）。この介入によって黒人の生徒（ステレオタイプの脅威に直面している）の成績が向上したが、白人の生徒（ステレオタイプの脅威に直面していない）の成績は変わらなかった。その結果、実験対象となったクラスにおける黒人生徒と白人生徒とのあいだの成績の差が四〇パーセント縮まった。さらにめざましいことに、全体的な成績平均点（GPA）における差が二年間のあいだに三〇パーセント減少し、留年させられる、または補習を受けなくてはならない黒人生徒の数が九パーセントから三パーセントに低下した。

コーエンと同僚らの先駆的な研究に続き、ステレオタイプの脅威に直面しているさまざまな種類の集団にたいして同様の有益な結果をもたらした研究が今までに多数行われた。そうした介入は、好循環を生じさせるような過程を繰り返すことで成功するという仕組みになっている。こうした介入の恩恵を受けた生徒たちは、自尊心が高まり、試しても失敗するのではないかという恐れをあまりもたなくなる。こうした変化によって生徒たちは、最初は困難に出会ってもそこであきらめず、前向きに質問して助けを求めるようになる。教師たちは、介入のことを知らない者も含めて、生徒たちがいっそう努力をして取り組んでいることに気付き、まずは生徒たちのやる気を認め、それから、さらなる努力によって成果が現れ始めると、生徒たちの能力が向上していることを認め、もっと注意を向けて指導をする価値があると考える。すると今度は、生徒の成績がさらに向上し、もっと大きな困難に取り組もう、成果が容易に得られなくても努力し続けようという気持ちがいっそう高まっていく。(21) これらの介入の一部の成果には、とても素晴らしいものがある。中学一年生と二年生の成績の悪いアフリカ系の生徒たちというサンプルを対象に自己肯定の訓練を行った結果、留年をする、あるいは補習授業を受けさせられる生徒の率が一八パーセントから五パーセントに減ったのだ。(22)

## 「メンターのジレンマ」を賢いフィードバックで解決する

欠点に着目し改善策を提案するなど、建設的なフィードバックは、生徒たちが能力を伸ばすのを助ける強力な道具となりうる。しかし、生徒たちが、新たな勉学上の困難を乗り越える能力が自分にはないと感じたり、批判的な人から自分がどのように見られているかを心配したりするときには、そうしたフィードバックが生徒のやる気や自信をそぎかねない。それでは、生徒を心配し見守っている指導者は、凡庸な努力を目にしたときに何をすべきなのか。

とりわけ人種的または社会経済的に異なる生徒たちにたいしてフィードバックを与えるとき、批判を控え、当たり障りのないほめ言葉（おそらくはテーマの選び方が良いとか、多少は興味をかき立てられるとか、作業のなかでもさほど重要ではない点においてがんばっているとか）を口にする方法が一般的であることがあまりに多い。しかしそういう指導では、向上を促すような的確なフィードバックや、さらには生徒の力が伸びるために必要な具体的な指導を生徒に与えられていない。指導者は、偏見をもっていると責められるリスクを背負わないでいられるが、生徒は、凡庸な努力でも十分に許容されるという幻想を抱いてしまうか、さらに悪いことには、自分には向上する能力がないと指導者が思っていると決めつけてしまう。

このジレンマにたいする適切な対処法は、ある特定の種類の賢いフィードバックを与えることだ、と研究者は述べている。理想的には、指導者は、生徒のやり方を正直に評価する（欠点の指摘や向上を促すことも含めて）とともに、高い水準に照らして判断しているということを明確に伝え、生徒がその高い水準に到達することができると指導者が確信しているという励ましを与えるべきである。

実施した一連の実験における最初の段階で、中学一年生の生徒たちが、そうしたフィードバックを受けた後にレポートを書き直して再提出するように求められたが、その指示を受け入れた割合が七パーセントから七一パーセントに急増した。[23] 二回めの実験では、すべての生徒に下書きをもう一度書き直して提出するように求めたが、賢いフィードバックを受けた生徒たちは前よりも優れたレポートを提出した。どちらの結果も、白人の生徒よりもアフリカ系の生徒のほうにいっそう多く認められた。この種の賢いフィードバックの効果は、自分自身や同じ人種に属する生徒たちが決まって受けている扱いについて最も強い不信を表していた生徒たちのあいだで特に目立っていた。こうした偏見の影響を非常に被りやすい生徒の集団にとってとてもありがちな、残りの二年間でさらに不信感が募るという現象は、実際に起こらなかった。

研究者らはさらに、生徒自身の手で核となるメッセージを強化させることで、こうした種類の帰属訓練の効果を高められるということを証明した。低所得家庭の生徒が大部分を占めるニューヨーク市の高校で行われた三回めの実験で、批判的なフィードバックは、高い要求水準と、生徒にそうした水準に到達する能力があると確信していることの表れであるとするメッセージを強調させるような発言を生徒にさせるという介入を実施した。その結果、次の評価期間においてアフリカ系生徒の成績が大幅に上昇した（しかし、ここでもまた白人生徒の成績は上昇しなかった）。しかも、この成績向上はその後も継続した。好循環が生じ、それによって生徒たちの学校についての感じ方が変わり、勉学にいっそう努力を傾けようという意欲が生まれた。こうしてさらに努力が重ねられたことで、成績だけでなく、他にも成功や承認が得られそうな兆しも見えてきて、そのことによっていっそう生徒の意欲が高まった。

### 帰属感についてほんの少し安心させられることの有益さ

多くの大学一年生、それもとりわけ、ステレオタイプの脅威に直面する者や、不利な条件下にある環境で育った者たちは、キャンパスにやってくるとある種のカルチャーショックを受け、どこにも帰属していないという感覚をおぼえる。これは、非常に高い学業成績を誇り、大学の要求に応える以上の能力をもつ学生にとってさえも当てはまる。プリンストン大学に入学した（さらにハーバード大学法科大学院に進んだ後、シカゴにある一流の法律事務所に就職した）才能豊かなアフリカ系の女性がこう書いたように。「プリンストン大学での生活によって、私は、それまでにないほど自分が『黒人であること』をいっそう意識させられた。……白人の教授やクラスメートたちの一部が、私にたいして、いかにリベラルで広い心をもとうとしても、ときおり自分がキャンパスへの訪問客であるように感じられた。まるで、本当はそこに所属していないかのように」[24]。この学生は、ミシェル・ロビンソン・オバマだ。

同じように才能豊かな、プリンストン大学に入学したヒスパニック系の女性は、「よその土地に降り立った訪問客のように感じ……プリンストンに入ったときから、法科大学院にいたときも、さまざまな職業に就いていたときにも、私の住む世界の一部に完全になっているという感覚がなかった」と感じていたと記している。その学生は、ソニヤ・ソトマイヤーだ。彼女は後にアメリカ合衆国最高裁判事として、あるマイノリティ優遇措置の事例について次のように異議を唱えた。「『私はここに属していない』というみずからを最も蝕むような考えを強化させるような軽蔑や忍び笑いや暗黙のうちの裁定があるからこそ、人種問題は重要なのだ[25]」

このどこにも属していないという感覚は、自分には能力がなく、成功するために必要なものをもっていないという恐怖と相まって（とりわけ、そうした恐れが、出だしに学業につまずくことで強化されて）、自己不信と孤立という下降スパイラルへとつながることがある。ステレオタイプの脅威がもつこの側面に取り組むために、スタンフォード大学の心理学者、グレゴリー・ウォルトンとジェフリー・コーエンは、アフリカ系と白人の学生たちに、人種にかかわらず大学の新入生たちが自分はどこにも属していないと感じることはよくあるが、そうした感覚は時とともに和らいでいくということを示した調査結果を読ませた。学生たちはまた、自分がどこにも属していないという不安と出だしの学業面での苦労が、いかにして入学後に和らいでいったかという文章を書き、読み上げた（翌年の新入生のためにという表向きで）。

この実験の三年間の観察期間において、ウォルトンとコーエンが「内密」の介入と呼んだもののおかげで、マイノリティの学生たちは、苦難や失望、ストレスを感じる時期を前より上手に乗り越えられるようになった。[26] また、そうした介入がなければよくあるような、学期が進むにつれての成績の低下も免れた。* その結果、アフリカ系学生と白人学生のあいだに通常見られる成績の差が半減した。

この刺激的な実験を行った研究者らはここでも、反復するプロセスから成果が積み上がっていくという好循環の重要性を指摘した。介入によって、大学生活ではふつうに起こるような否定的な出来事についての学生たちの解釈のしかたが変わり、そうすることで悪影響から自分自身を守ったのだという所見を述べた。介入はまた行動の変化も引き起こし、学生たちは図書館で前より長い時間を過ごし、もっと多くのクラブに入り、勉強中に感じるストレスが少なくなった。こうしたことが、成績平均点（GPA）が長期にわたって向上することにつながった。このような連鎖的な効果について考察することが、介入の研究においてますます重要なテーマとなってきている。教育や、その他の達成度に関わる分野において賢く仕事をする人たちは、自身に成功する能力があるかどうかを疑っている人を安心させるだけでなく、安心感がもてるような説得性のある何らかの根拠を与えることも重要であるとわかっている。

ここでもまた、帰属についての介入が、マイノリティ以外の学生たちに一貫性のある利益を与えず、結果的に、マイノリティの学生と非マイノリティの学生のあいだの成績の差が半減したということは注目に値する。白人の学生と、ステレオタイプの脅威に直面していない他の民族集団に属する学生たちは、自分たちはどこかに属していて、成功できるものだと思う傾向があるようだ。さらに彼らは、実際に体験しているどのような出だしの困難もそのうちになくなり、最終的には、自分たちが見聞きしている上級生たち（その大半は自分たちと同じ背景をもっている）と同じように、自信に満ち、成功を収めるようになるだろうと思う傾向がある。コーエンとウォルトンの実験結果からは、介入から得られた利益はおおむね、すでに安心できる前提を与えられていないような背景をもつ学生に限られているということがわかる。そうした学生にとっては、安心を与えるようなメッセージ――現在どのような疑念や困難を感じていてもそれらはたぶん一時的なものであり、努力を続ければ自分も成功できる――が明確に、しかも大学生となった早い時期に伝えられる必要がある。

## この先の道

これらの先駆的な「賢い介入」という試みに込められた楽観的なメッセージは、今では、多数の後続

---

＊この実験（およびここに記したその他の実験）で行われた介入を実験者たちが「内密」と呼ぶのは、成績を上げるための、あるいは大学に残れるかどうかに影響を与えるための介入であると学生たちに提示しなかったからだ。問題に対処するために介入が設計されたということが耳に入れば、特別の注意を必要としている、あるいは必要としていると思われているというメッセージを学生たちに送ることになる。そうしたメッセージは不名誉のしるしであり、自己成就的にもなりうる。したがって、この介入が内密であることが実験の成功に役立っているのだと研究者らは主張している。

研究から得られた結果によって補強されている。研究者らは繰り返し、実験対象の集団の成績が向上した証拠と、そうした集団内の生徒たちは進級するにつれて不利な立場へと追いやられることがよくあるにもかかわらず、他の集団との成績の差が縮まったという証拠を発見している。[27] たとえば、チャーター・スクールを好成績で卒業したアフリカ系の学生が、進学後にも「帰属感」がもてるという安心感を大学入学前に少しでも与えられると、第一学年を満足のいく成績で修了する割合が三二パーセントから四三パーセントへと増加した。[28] この増加率にどれくらい感銘を受けるべきなのか。こういう比較をしてみよう。この値はほぼ、同じく満足できる成績を上げるという目標を達成した学生たちに三五〇〇ドルの奨学金を提供するようなプログラムを実施した場合に実現される増加率と同じなのだ。

さらには賢い介入によって、STEMの分野で学位取得を目指している女性たちが直面するステレオタイプの脅威による否定的な影響が軽減されることもわかっている。ある重要な研究において、三年間にわたりカナダの大学に入学してきた工学専攻の学生たちの三つの被験者群が、短時間の「社会的帰属」の介入か、同様に短時間の「肯定訓練」介入のどちらかを受けた。先ほど説明した実験の場合と同様に、帰属の介入の内容は、上級生たちから自身も味わった出だしの苦労についての体験談と、最初のうちは自分に自信がもてないのはよくあることで一時的なものだという安心感を与える言葉などを聞かされるというものだった。さらに工学専攻の新入生たちは、聞かされたメッセージを裏付けるような文章を自分自身の言葉で書くことを求められた。自己肯定の介入では、それ以前の実験でも行われたように、いくつかの重要な個人的な価値を書いて肯定するように学生に求めた。この実験に参加した学生たちはまた、介入後の一二日間、日記をつけ、学年の後半に、社交生活と個人的な適応度、幸福感についての追加のアンケートに回答した。

　両方の介入において翌年の成績平均点（GPA）が上昇した。最も男性優位的な専攻科目を選んだ女子学生の場合が、とりわけ顕著だった。実際、科学や工学の分野でよく見られる（および介入が行われなかった対照群でも認められた）男女間の差が完全になくなった。さらに、学生たちの日記やアンケートへの回答を分析すると、介入が行われた実験群の女子学生たちは否定的な体験をしても立ち直りが早く、自分自身と自分の選んだ専攻分野にたいして肯定的な態度でいることがわかった。社会的な帰属についての介入を受けた女子学生たちはまた、工学専攻の男子学生たちといっそう友好的な関係を築いた[29]。

　これらの種類の心理的に賢い介入を、生徒や状況が異なる、さまざまな多数の学校で実施した場合、こうした結果がどの程度まで成り立つかを確認するためには、さらなる研究を行う必要があるだろう。しかし、楽観的になれる理由がある。介入が成功したという報告の数が増えているばかりか、介入によってステレオタイプの脅威が軽減し、適応的なマインドセットが形成されるという証拠がますます得られているからだ。その結果、成功するために必要なものを自分はもっており、避けられない挫折や失望は一時的なもので、努力と粘り強さは実を結ぶという確信が深まる。このように自信が強まることで、今度は、同じ目標に向かう仲間たちと付き合い、そうした目標に到達する援助をしてくれる教師や指導者と交流をもとうという気持ちになる。

　もっと学年が下の生徒の場合、成績を向上させる反復的なプロセスの連鎖について、まだこれから十分に調査しなくてはならない。しかし、これまでに説明したような種類の介入が、生徒の成績だけでなく、他の人が生徒について下す決断――特に、学年末に進級するか、あるいは留年するか成績の悪い生徒を集めたクラスに入れられるか――にも影響を与えるということは、よくわかっている。また、生徒が自分の能力やそれを伸ばす可能性を信じることが、困難に出会っても努力を続けたり、新たな課題に挑戦したりする意欲に影響を与えることもわかっている。したがって、連鎖を形作るもうひとつの輪が何であるかは容易に想像できる。それは、年齢の低い生徒やその教師が、両者ともに失敗して挫折するという悪循環を、両者ともに成功し満足するという好循環に変えるようなやり方で、互いの努力に応えるという輪である。(30)

ここまで説明してきた心理的に賢い介入は、有能な教師や協力的な行政、適切な資源の代替物として考案されたものではないということを、もう一度述べておくことが重要だ。こうした介入が行うことは、効果的な教育に必要不可欠なこれらの要素を生徒たちに十分に利用させることである。生徒によっては、たとえ最高の環境に置かれていても、このような介入だけでは好循環を十分に生むことができない場合もある。長期的な効果があまり大きくないような生徒もたくさんいるだろう。しかし、人生を変えるような効果が得られる生徒たちもいる。

この分野で最も活躍している研究者たちのうちの二人が使う比喩がここではしっくりくる。小規模であるが賢い介入は、飛行機の翼の形状における揚力を大きくするためのわずかな改良に似ている。翼を改良したからといって、強力なエンジンが不要になるわけではないが、確実に、離陸がもっと容易で安全になり、空の旅が快適になる。(31)

生徒の成績や学校の実績を、そして後には社会への貢献度をどのように改善すべきかという議論は今のところ決着が付いていないが、この研究の微妙な意味合いを十分に理解している部屋のなかで最も賢い人なら、生産的な意見でもってそうした議論に貢献できるだろう。ここまでに検討してきた証拠から、大切な人たちが新しく困難な課題に対処するのを助けたいと願う人々にとって役に立つ、いっそう幅広い教訓も得られる。単に介入をするのではなく、賢く介入すべきだ。つまり、空っぽの称賛の言葉を差し出すよりも、現実的なフィードバックを与えるのだ。すなわち、学力についての目標を一人ひとりにとって本当に意味をもつ個人的な価値や幅広い期待と結びつけ、疑いの表情が浮かんだら安心させることだ。さらに、安心感を与えるときに、能力とは固定されたものではないというメッセージを添える。能力とは、もっているか、いないかというものではない。能力は努力をすれば伸びていくものであり、能力が伸びる過程において失敗はつきものだ。自信をもって粘り強く努力を続ければ、それはきっと報われる。そして、必要なときには進んで助けを求めることが、成功の鍵となる。

部屋のなかで最も賢い人は、彼ら自身が新しく困難な課題に直面し、自己不信に対処するとき、こうしたメッセージを忘れないでいるだろう。自分自身の能力は順応性があるということを思い起こすだろう。たとえば、高齢化しつつあるベビーブーム世代にとって、新しい情報技術を扱うことは、知能テストを受けることよりも、泳ぎ方やタイプの方法を習うことのほうに似ている(どちらも大半の人はもっと若い頃に容易に習得している)。友人や同僚たちから彼ら自身が最初に苦労した話を聞いて、安心しようとするだろう。それと同時に、作業を容易にするようなこつを教えてもらおうともするだろう。さらに、失敗したときに質問することを恐れない。部屋で最も賢い人は、助けを求めることはその人の限界を露呈することではないとわかっている。むしろそれは、フィードバックを受け入れる姿勢があることと、成功を手に入れられるという自信をもっていることの表れなのだ。

# 第9章　世界にとってのさらに大きな難題

何十年ものあいだ、省エネを訴える人々は、電気を消し、冬にはサーモスタットの設定温度を下げ、夏にはエアコンの設定温度を上げ、使っていない電化製品のコンセントを抜き、車に乗る回数を減らして歩いたり自転車に乗ったりする回数を増やし、ソーラーパネルを設置して、エネルギーの使用量を減らすためにできることを何でもするようにアメリカ人たちに説いてきた。ここで述べたい良い知らせは、とても簡単でお金のかからない心理的に賢い（そして金銭的にも賢い）いくつかのアイデアが、個人の行動をこういうふうに少しだけ変える手助けになるというものだ。しかし、私たちの惑星が直面している本当の難問――子どもや孫や未来の世代が、もっと温かくもっと荒れ狂う惑星において直面することになる気候変動の深刻な結末をどのように避けるかという問題――は、はるかに手強いものだという悪い知らせもある。

まずは良い知らせについて説明してから、世界規模での対策がなぜ困難であるのかを検討しよう。ただし、心理的に賢い簡単な処方箋は提示できないと忠告しておかなければならない。だが、人間の心理にあるいくつかの特徴を理解すれば、克服すべき障壁のことをよく知る手掛かりになるだろう。そうやって認識を深めることで、次には、この問題についてのどのような議論にも確かな情報をもって参加できるようになり、政治家たちが彼らの立場を表明したときに賢い票を投じることができるようになるだろう。

## 良い知らせ――切手代だけで省エネする方法

一九八四年に刊行され古典的な著作となった『影響力の武器――なぜ、人は動かされるのか』〔社会行動研究会訳／誠信書房〕を書いたロバート・チャルディーニは、人の行動を変えるための心理的に賢い方法を理解することに研究者としての人生を費やしてきた。アリゾナ州立大学（ASU）で優れた研究を行っていた頃、信号無視をして道路を横断する人のなかでも、身なりの良くない人よりも身なりの良い人のほうの後をついて行く例が多いことや、中身がほとんど減っていないクッキーの瓶よりも空に近い瓶のほうから出されたクッキーのほうがおいしいと答えることを明らかにした。彼はまた、人が、ごみを地面に捨てずにゴミ箱に入れようとするかどうかは、周囲にすでにどれくらいごみが落ちているのかによって変わってくるということも明らかにした。これと同じ社会的な影響の原則を用いて、ホテルの客に、タオルを毎日取り替えず同じタオルを再利用させる方法のひとつに、他の客のほとんど（あるいはもっと好ましいのは、まさにこの部屋にこれまでに宿泊した客のほとんど）がタオルを再利用していると知らせる方法があるということを示した。(1)

アリゾナ州立大学を退職すると、チャルディーニは省エネ問題に本格的に取り組み始めた。顧客のエネルギー使用量を削減させる方法を公益事業会社に助言するオーパワー社の主任研究員になった。研究から見出した影響力の原則と同じものが省エネにも役立つという確信のもとで、この仕事に取りかかった。彼の目標は、マスメディアの行う教育的なキャンペーンや、従来の経済学者が唱えてきた小額の金銭的なインセンティブや罰金よりも効果がある手法を考案することだった。彼の考えた手法は、エネルギーを使用する人たちがすでに賛同しているような行動を取るように、そっと促すだけのものだった。その手法はエネルギー企業にとって魅力的だった。発電所を改良するコストが不要だったからだ。

手法のひとつは、ホテルの客にタオルを再利用させるためにチャルディーニが用いたものと同じ「社会的証明」の原則を利用している。研究チームのメンバーたちが、サンディエゴ郊外の町で住宅を一軒ずつ回り、ドアノブに省エネのメッセージを掛けた。メッセージの内容は四種類あった。ひとつは「環境のために」、もうひとつは「未来の世代のために」、三つめは「お金を節約するために」、住民に省エネを呼びかけるものだった。四つめのメッセージがチャルディーニの社会的証明の原則を用いたもので、「近所の人々の大半は毎日、省エネ行動を実践しています」という内容だった（これは本当だった。ほとんどの住民が一応は省エネのためのちょっとした行為を実践していた）。メーターを確認する月末に、ひとつのメッセージだけが変化をもたらしたことが判明した。チャルディーニが予測したように、近隣の世帯も同じことをしようとしていると知らされた世帯においてのみ、エネルギーの使用量が大幅に減ったのだ。[2]

チャルディーニとオーパワー社のチームはさらに、近隣世帯のエネルギー消費についてもっと正確なメッセージを伝えたほうが、いっそう大きな影響をもたらしうるということを明らかにした。二つの情報を記した手紙を毎月送付したのだ。近隣世帯のエネルギー消費の平均値と、その世帯が平均値よりもどの程度劣っているのか、あるいは優れているのかという二種類の情報である。その結果、近隣世帯よりも省エネ（および電気代の削減）があまり進んでいないとわかった世帯は、ただちにさらなる節約に取りかかった。

しかし、ひとつ問題があった。近隣よりも省エネが進んでいると知った世帯は、無駄使いをするようになったのだ。この問題に対処するために、チャルディーニはそうした世帯向けのメッセージに、あるものを付け加えた。エネルギー使用量の隣に、スマイルマークを加えたのだ（「よくできました。コミュニティの共通の価値観に従って行動できています」というメッセージを伝えるために）。その結果、エネルギーを無駄に使っていた人たちは、以前のように近隣のレベルに合わせようと必死になった。一方、すでにエネルギーを節約できている人たちは、省エネ努力を認めるスマイルマークに喜んで、省エネ行動を継続した。全体として、この界隈のエネルギー使用量は減少した。[3] 近隣世帯と比べてどの程度の位置づけにあるかを知らせ、格別の努力をしている世帯をほめることによって実現した省エネの程度は、さほど大きくはなかった。しかし、エネルギー会社からすれば、かかった費用（第二種郵便の切手代）や、この取り組みの費用対効果について不満を述べることはできないだろう。

## もっと大きな問題

何が標準的であるかを個々のエネルギー使用者に知らせる方法は、利用する価値がある。ハーバード大学で社会心理学を研究するジョシュア・グリーンは、「人に何かを行わせる最善の方法は、近隣の人たちがすでにそれをしていると告げることだ」と述べている。[4] 本書の第4章までに取り上げた、影響力を利用したその他の手法も、エネルギーの節約という目標に向かって努力をしている地域や社会にとって有用であることが明らかになるだろう。善意を行動へと結びつける、さらには、社会的に望ましい行動を取ることを人に選択させるよりもそうした行動を取らないことを選択させるようなデフォルトの選択肢へと密接に結びつけるような経路に注目すると、とても有益だろう。

しかし、気候の専門家らはすぐに、こういった個人の行動の変化に重点を置く介入努力は、私たちが直面している地球規模の気候変動問題に対処するところまでには及ばないと指摘する。彼らの説明によれば、世界の国々の九〇パーセント以上が史上最も暑い一〇年間を最近経験し、地球全体で見れば、史上最高に暑い年の一〇年のうちの九年が二〇〇〇年以降に記録されている。このことが私たちにどういう影響を与えているのかを示すもっと劇的な数字を見たいなら、これはどうだろう。二〇〇一年から二〇一〇年にかけて、全世界で高温に関連した原因で死亡した人の数は一三万六〇〇〇人だった。それより以前の一〇年間における死亡者数よりも二〇倍多い。[5] 迫り来る気候の混乱によって未来の見通しは暗くなっている。農業は崩壊し、食糧不足がまん延し、今ある文明の安定性が脅かされるだろう。

気候変動の原因に対処できなければ、多大な将来のコストが生じる。温暖化ガスの排出を削減するためのコストと、財産や食料の供給、健康への避けがたい損害を軽減するためのコストの両方を支払うという二重苦を背負うことになるだろう。もしもあなたが、気候変動の危機が本物であり、その脅威はますます切迫してきているということを信じていないなら、本書の最初のほうで説明した、否定と合理化という人間がもつとてつもない能力をきっと発揮しているのだろう。メディアでの地球温暖化の報道を見聞きしているなら、私たちが直面するコストや損害を抑えるために必要な種類の行動を政府や産業界に取らせるという点で、いかに進展が見られないかにも気づいているだろう。

気候変動の脅威に取り組むために必要な種類や規模の大がかりな計画に着手することがこれほど困難

であると判明しているのは当然だ、なぜなら、経済上の問題と国内政策と国際政策の現状との兼ね合いが難しいからだ、と多くの評論家が言うだろう。温暖化ガスを国際的にはもとより国内で規制するにも協調的な行動が必要であり、そうした類いの協力には、強固で資金力のある利益団体が激しく抵抗するからだ。

特に問題となるのが、企業が、経済の長期的な持続可能性（地球の生態系や私たちの生活様式の持続可能性は言うまでもなく）よりも短期的な利益を求めることである。確かにアメリカの企業は事実上、短期的な展望に立つことを求められている。そのために、かなり慎重な投資でさえ、それが長期的にしか利益を生まないものであるなら、ためらわれる。効率性の高い再生エネルギー源へと移行すれば、株主の直近の利益が打撃を受けるだろう。また、現在の税制は、投資家たちが長期的な問題に注目することをほとんど後押ししていない。

政治で金がどのような役割を担っているのかという問題も、密接に関係している。エクソンモービルのような化石燃料企業や、アメリカンズ・フォー・プロスペリティのような保守政治基盤は、炭素排出制限に反対する政治家や団体に巨額の寄付をしている。それらはまた、石炭や石油、ガスの採取量を減らす必要性についての疑念を広めることや、もっと環境にやさしくもっと持続可能性の高いエネルギー源へと転換するための費用や利益についての誤解を人々に植え付けることに協力しているメディアのネットワークや「専門家」に資金を提供してもいる。お金をもらった学者たちは、もともと自身もそうする傾向があったような否定や合理化を行うように、人々に積極的に働きかける。もしも代替エネルギーへと転換すれば組合員たちが仕事を失う立場にあるような労働組合を始め、さまざまな利益団体も、同様だ。
地球温暖化（あるいは少なくとも、それを引き起こすにあたって人間の活動が果たす役割）について専門家の意見が食い違っているという作り話は魅惑的であるかもしれない。そうした作り話を広めようとする努力は、これまでのところおおいに成功を収めている。[6] 人間の活動によって気候変動が引き起こされているという点で科学界における意見はほぼ一致しているにもかかわらず、二〇一二年の世論調査では、「科学者たちは、人間の活動のために地球が温かくなってきていると考えているか？」とアメリカ人に問うと、イエスと答えた人（四五パーセント）とノーと答えた人（四三パーセント）がほぼ同数で、一二パーセントがわからないと答えたことが明らかになった。もちろん、知識のある科学者なら疑いをもつ人はほとんどいない（意見をお金で買われている科学者は除いて）というのが正しい答えだ。[7]
地球温暖化を防止する活動を支持する人たちは、気候変動によってチャンスが生まれるとも指摘することができるだろう。クリーンエネルギー技術を開発する個人や企業は、多大な利益を得る立場にある。そうした事業をいち早く牽引するようになれば、なおさらだ。社会が炭素ベースのエネルギー技術から代替エネルギーの供給へと転換し、まだ想像もされていないような新しい製品やサービスが生活の一部になるにつれて、新たな雇用の機会が生まれるだろう。しかし、変化を支持する人たちは、必要とされる法規制の改革を先回りして妨げる目的で政治的および財政的な絶大な影響力を発揮することのできる既得権に対抗するのに苦労している。
環境にやさしい政策や、それらが実践されることで生み出される新しい仕事に就くかもしれない人々の大半は、自分自身がその仕事に就けるかどうかがわからない、という特有な問題を抱えている。また、気候変動と戦うことによって利益を得る立場にある潜在的な非雇用者や投資家や企業家（一般市民も）は、集団として組織化されておらず、下院でロビー活動をしたり広報運動を開始したりするような資源をもってもいない。それにもちろん、代替エネルギー源の開発に助成金を与えるような政府の計画への支持を集めることのほうが、そうした支出にたいする納税者（および有権者）の反対をたきつけることよりも難しい。以前の失敗にたいしてすでに支払われているコストと、今日、行動を取っていないことにたいして支払われるべきコストは、互いにまったく正反対のものではあるが、どちらも一般市民にとっては全然目に見えないものなのだ。

こうした政治的および経済的な要因が重要であることを否定はできない。そうした要因を用いて、気候変動の問題に立ち向かうことが、橋やダム、あるいは鉄道や高速道路網を建設するために必要な資源を確保することとは異なる理由を説明できる。しかし、利益の追求という動機をもつ企業や起業家たちが、明らかな報酬がすぐには得られないながらも、いくらかの将来的な見通しと、多額の資金を投資しようとする意欲をもつことが必要とされるような問題に、アメリカやその他の国々はこれまでに何とか対処できている。

過去の社会では、何世紀も、さらには何千年も残るように設計されたピラミッドや大聖堂が建築された。アメリカは二〇世紀前半に、国立公園を創設し、普通教育を実施し、世界がうらやむような高等教育や科学研究の優れた機関を設立することに成功した。もっと新しくは、人間を月面に立たせ、医学や公衆衛生においてめざましい前進を遂げた。それならなぜ、集団の後尾から離れ、腕まくりをして、気候変動や、資源枯渇や生物多様性の損失などといった関連問題と取り組むことを、これほど難しいものだと感じているのか。

この非常に重要な問いに答えるためには、人間の動機と意思決定にある特徴について考えることが必要だ。また、気候変動の問題を、進化心理学と行動経済学のレンズを通して検討することも大切である。

## 時間枠、受益者、エンドポイント問題

気候変動の問題に対処するためには、自分以外の人々が将来に被ることになる損害を最小限に抑えるために、現在において一人ひとりが犠牲を払うことが求められる。これは、受け入れにくいことだ。人類は、自分自身が、さらには自身の子孫と近親者が生き残ることと短期的ニーズに重点を置いた、小さな集団を形成する生き物として進化してきた。私たちは、自分のひ孫や、ましてや遠くに住んでいる人たちの子孫の幸福について深く心配するようにはプログラムされていない。子どもたちのためにもっと健康で長生きをするために、不健康な食事を摂らないようにしたり、時間を見つけて運動をしたりする気持ちにはなるかもしれない。しかし、自分のひ孫がもう少し幸せになる確率を高めるために、もっと運動をして、もっと健康的な食事をする――あるいは可処分所得からもっと貯金をする――気持ちはどれくらいあるだろうか。気候変動問題に対処するつもりがあるとすれば、必要とされるのは、そうした類いの犠牲、すなわち、私たちが決して会うことのない世代の利益を守ることを求めるような犠牲なのだ。

さらに、求められているのは、生活様式を一時的に変更することではなく、永久に一変させることである。戦時動員が成功した例や、洪水や経済危機に直面したときに協力が得られる例は、人々が、その

後ふだんの仕事に戻ることができるなら、勝利を収めるために一時期な犠牲を払っても構わないという気持ちでいることを示している。これまでより不自由で、贅沢でなく、いくつかの点ではあまり楽しくないような、新たな日常がやってくるという見通しがある場合には、これから熱心に努力しようという人はあまり現れないものなのだ。

### ただ乗りの問題

良い市民となって地球温暖化と戦うためのコストを負担しても構わないという人でさえ、他の人々――いわゆるただ乗り《フリーライダー》――が自分のコストを払わずに利益に預かっている場合に自分からコストを支払うような「カモ」や「聖人」になるつもりはないだろう。エネルギーの消費量や二酸化炭素の生産量を減らせていない個人や国は、「通常のビジネス」を行うことから生じる利益の大半をこれまでどおり確保しながら、同時に、他の人々が温暖化ガス排出量を削減するために行っている努力からも利益を得ている。

この問題は、自分自身では何も貢献していないのに、他の人々の努力や犠牲から生まれた利益を得ることのできるような、どのような状況にも認められる。しかし、気候変動となると、もうひとつの問題がある。「共有地のジレンマ」の多数の事例においては、利己的な個人のほうが協力的な個人よりも一時的に優位に立つが、協力的な人たちのコミュニティのほうが、非協力的な人たちのコミュニティよりもっとうまくいく。* 住みやすいコミュニティを維持するために高い税金を支払う企業は、年末の財務表という観点では、けちけちした競合企業と比べて不利になるかもしれない。しかし、住みやすいコミュニティに拠点を置く企業は、技能の高い労働者を雇いやすいかもしれず、そうした労働者は長く勤めてくれるだろう（そして彼らの持ち家の価値も速く上昇していく）。このような集団の利益は、気候変動に立ち向かい協力している人たちにはもたらされない。日光や風や水は、協力者と非協力者を区別しない。エネルギーの使用量を減らしたり、環境にやさしい技術を採用したりする立派な人たちの周囲の環境が、これまでのやり方をまったく変えない立派でない人たちの周囲の環境よりも、劣化が少なくなるというわけではないのだ。

協力者のコミュニティ（特に協力的な国）が利益を得ることになるような行為とは、気候変動に順応し損害を軽減する努力などである。いっそう高い防波堤を築き、（ますます数が増えつつある）勢力の強い嵐を早期に警告するようなシステムを導入すれば、多大な利益が生まれるだろう。ただし多くの気候科学者は、そのような方策について議論をしても、行動を起こさないことの言い訳がすぐに出てきたり、技術者や発明家、企業家などが将来のコストを最小限に抑えることができるという過度な自信を抱いたりするかもしれない、と懸念している。

本章において後ほど一応はいくつかの楽観的な見方の根拠を検討する際に、それでもやはり、問題を軽減することへの注目が高まっていることはとても望ましいという理由を説明する。今のところは、次に、気候変動の影響を防止すべきか、それとも軽減すべきかという問題が議論の対象となったときに、第4章で論じた行動の優位性についての要点を思い出せば、あなたが部屋のなかで最も賢い人になれるだろうと言うだけにしておこう。

## 「焼け石に水」問題

炭素の排出量を減らす努力をしたがらない場合の典型的な理由は、人々が、自分が努力をしたり、自分の属するコミュニティが努力をしたりしてもたいして変わらないということをよくわかっているというものだ。この国全体が努力をしても、問題の解決にはならないだろう。「なんで自分が、車を使う回数を減らして、もっと歩いたり自転車に乗ったりしなければならないんだ？　夏にはエアコンの設定温度を上げて、冬には下げないといけないんだ？」と平均的な市民は疑問をぶつけるかもしれない。「不便で暑いし、大気中の二酸化炭素をほんの少し減らすだけでは、政府や産業界がやり方を変えないかぎり、地球の環境はたいして変わらない」。合理化を補強するためにこう付け加えるかもしれない。「それに、ほとんどの人が、車を使う回数を減らしたり、家で不快な室温をがまんしたりしていないじゃないか」。「中国やインドはきっとエネルギー使用量を減らすために何もしないに決まっている。彼らが私や近隣の人たちのために同じ努力をしないなら、そんな彼らのために犠牲になるなんてただのカモじゃないか」

＊この用語は、牧草地（＝共有地）を使う権利のある羊の所有者それぞれが、他の所有者の動物の食べる牧草の量がたとえ減っても、できるだけ多くの動物を放牧したいという動機をもっている場合に生じるジレンマに由来する。一人ひとりは、増やした動物の数の分だけの十分な利益を獲得するが、その増えた動物から生じる、餌の資源が減少するという観点でのコストは、全員が共有することになる。このような状況においては、資源はすぐに枯渇し、誰も利益を得られなくなる。一方、全員が自制をしたなら、誰もが少なくともある程度の利益を獲得することができただろう。(8)

ノイズの多い信号の問題

気候変動は、それも日常生活にすでに破壊的な影響をもたらしている変化（洪水や飢饉、海面の上昇と海岸線の消失、食料生産の危機、動物の生息地の消滅など、いくらでも例はある）でさえ、一貫した痕跡を残してはいない。地球全体で平均してこの二〇年か三〇年のあいだに気温が一度か二度徐々に上昇したことについては言うまではなく、これらの変化のもたらしたものは、一日一日の単位では目につきにくい。冬の身を切るような風や凍えそうな気温や、天気が日により、あるいは週によりころころ変わることによって、徐々に温暖化が進んでいるという現実が目立たなくなり、気候変動を否定する人たちに意見を主張する権利が、あるいは少なくとも議論の論点が与えられる。逆に、求められている生活様式の変更を実施している人たちは、進展がわかるはっきりとした証拠を目にすることがない。それもとりわけ、「進展」が、良い方向へ変化しているのではなく、悪化の速度を低下させているだけの場合には。

あなたがたまたまスキーをする人で、かつての積雪とは様子が違うと感じていたり、農業に従事していて、収穫がかつてよりも悪いと感じているのでなければ、地球温暖化という概念はまったく頭に浮かばないだろう。「百年に一回」のハリケーンの起こる頻度が一〇年に一回くらいに増えていることや、先に記したように高温が原因の死亡者数が二〇倍に増加したといった衝撃的な数値や、分離した小さな氷の上に北極熊が一頭だけ取り残されている映像などにニュースキャスターが注意を促すときだけ、気候変動が、私たちの大半が何か手を打つ必要があると感じるほどに目立って見えてくるのだ。

否定と合理化の誘惑

気候変動と戦うための努力を結集するにあたり、克服することが最も難しい問題はおそらく、最も明白な問題であるだろう。それは否定と合理化、あるいは心理学者の言うところでは不協和の低減に走りがちであるという、あまりに人間的な性質である。失敗や欠点、何かを犯したという罪となすべきことをしなかったという罪、自分の幸福や安全や自尊心にたいする脅威となると、私たち人間は、こういう類いの悪習に染まり切っている。そうした過程の巧妙な例や、それほど巧妙ではない例については、第4章で論じた。気候変動の問題には、否定と合理化を行うための、とりわけ魅力的な条件がそろっている。

実際のところ、気候変動への対策となると、行動を起こさないことについての合理化と、理にかなった説明を分ける線がとても微妙である場合がある。科学的モデルというのは、完全に検証されたり完璧に正確であったりするものではない。行動に出る前に待つというのは、慎重さの表れなのか、それともただの合理化なのか。私たちは保険に入る前に、交通事故か洪水に遭遇する確率や、家族の経済状態を保証しないまま死んでいく確率を知りたいとは要求しない。気候変動の脅威の何が、行動を取らないことを正当化し、問題について考えることを避け、最善を祈るだけにすることを許すのか。

すでに言及したように、個人の努力だけでは、さらにはコミュニティ全体の努力だけでは、気候変動の程度にほとんど変化は生じない。これは、少なくともあなたが個人的には何もしないことについての、理にかなった説明になるだろうか。あなたは、自分の入れる票だけでは選挙の結果は変わらないからという理由で、投票に行かないのか。そういう言い訳をする人をあなたは許すのか。あなたが太陽パネルを設置したり燃費の良い車を運転したりしているのに、省エネの努力をまったくしていない人たちが、あなたの周囲の環境と同程度の環境のもとで暮らしていくということは、確かに本当のことであり、あなたはそれを腹立たしく思うだろう。このことが、省エネのための投資を行わないことや、合理化をすることの理由となるだろうか。近所に大雪が降った後に歩道を雪かきしない人がいるからといって、あなたは雪かきの責務を逃れようという気持ちになるだろうか。それとも、責任逃れをしている人を無視して、地域の責任をこれからも果たすだろうか。

言いたいことはわかっただろう。それならなぜ、他の問題の場合には否定や合理化の誘惑にこれほど多くの人が抵抗するのに、気候変動の問題となると誘惑に屈するのか。ひとつには、気候変動の問題があまりに手ごわい難問であり、迫り来る結果があまりにも恐ろしく、取るべき対策はあまりに費用がかかり、しかも効果が不確かであるために、多くの人にとって、考えうる積極的な対策よりも、否定と合理化のほうが心理的に心地よいからだろう。

ただし気候変動の場合には否定と合理化が集団的に行われるために、影響力が特に強くなる。人々は、それぞれ独自に、行動を取らないことを正当化するのではない。また、証拠の信憑性や、統計値の信頼度、気候変動への警鐘を鳴らす人たちや、彼らを攻撃している人たちの用いる方法論の欠陥を独自に評価しているのでもない。むしろ、強力な動機とほとんど無限の資源をもつ集団によって、心地良い合理化を選び取るように奨励されているのだ。

もちろん、気候変動を憂慮する人たちも集団的な活動を行い、かなり多くの資源をもっている。しかしこの競争は平等なものではない。問題が差し迫っており、行動を起こさないことは危険だと警告する声のほうが数では多く、信頼性は格段に高いかもしれないが、問題を否定する人たちは、人々が信じたくないことではなく信じたいことを説いているのだ。

そのうえ否定をする人たちはますます、ときには明確に、ときにはあいまいに、気候変動の問題は、事実について誰が正しくて誰が間違っているかという問題ではなく、政治的なアイデンティティについての問題であると主張するようになってきている。気候変動問題は、世界の他の国々では将来的な政策の費用と便益に関連する問題であるのに、アメリカでは憂慮すべき程度にまで、左派と右派のどちら側につくか、どちらの側の主張のほうが、あなたのもつ幅広い社会的および政治的な価値を表しているかという問題になっている。したがって、「あちら」側に譲歩することは「こちら」側への裏切りと見なされるのだ。

私たち二人は、気候変動の否定論者は間違っており、対策を推奨する人のほうが正しいとする個人的な考えを公表している。それでいながら私たち自身も、判断を歪め意思決定を害するような人間の弱点から逃れられないということも自覚している。しかしそれでも、開かれた心をもって気候変動問題に向き合う部屋で最も賢い人なら、次に挙げるような疑問に答える際に、そうした間違いを犯すことから逃れるだろう。

## それなら、何がなされるべき?

状況は絶望的だろうか。私たちの孫の世代の生活は壊滅的な変化に見舞われる運命なのか。楽観視できる根拠はあるか。おそらくはあるだろう。大気中から気候変動の原因となる二酸化炭素やメタンなどの温暖化ガスを取り除く、あるいは少なくとも事態が悪化していく速度を遅らせるような奇跡を科学者と技術者たちが土壇場で起こすような万に一つの可能性はある。利他的な動機からではなくとも、利益が見込めそうだという魅力に惹かれて、民間企業が、電気自動車のためのもっと優れたバッテリーを開発したり、もっと環境にやさしいエネルギー源への転換を促進したり（そのうえ費用を低減したり）、今日では想像もできないような新たな「グリーンな」製品を作り出したりする可能性のほうは、おそらくもっと高いだろう。

そうした可能性や実現性を検討することは、私たち二人の得意分野ではない。専門家なら、多くの警告を列挙したリストを提示するはずだ。なかでも最も重要な警告は、ひとつの問題を解決するために多くの対策を行うと、そのせいで他のいくつもの問題が生じたり、深刻化したりする可能性があるというものだ。たとえば、大気中から大量の温暖化ガスを取り除くだけでも、ほぼ間違いなく法外な量のエネルギーが必要となるだろう。革新的なプログラムの規模を拡大するためには、現在のどのような政治経済情勢においても実現しそうに思えないような、いくらかの国際的な協力が必要となるだろう。

それでもなお、用心しながらも楽観視できるといういくつかの根拠を歴史のなかに認めることができる。社会が難問に対応する速度が遅いのは事実だが、悲観的な専門家たちは、本気で取りかかれば急速な進展を遂げることができるという人間の能力を過小評価しがちだ。必要から発明が生まれ、さらには政府や一般大衆のなかで、革新的な努力を支援してもよいという気持ちが高まる。Xという問題を解決することに成功すると、YやZという問題に取り組む新たな可能性が開かれることが多い。さらに、ある問題が解決されると、社会にたいしてわかりやすく直接的な価値が誕生するという付加的な利点が生じることも多い。

電気自動車や風力発電所や太陽光発電所の数を増やすことによって、地球温暖化の速度が、一〇年間で摂氏〇・二度上昇するペースから〇・一度の上昇にまで遅らせることができるという見込みを知っても、一般大衆は感銘を受けないかもしれない。しかし、湖や川が浄化されたり、スモッグの多い日が減ったり、若い労働者たちに新しい仕事ができたりすることは歓迎するだろう。プログラムが開始されたときには予期されていなかった付加的な利点が、社会的および経済的に価値を生むかもしれない。宇宙開発計画と、人間を月に送る過程でなされた発見や発明から得られた利益について考えてみよう。医学の分野だけを例にとっても、集中治療を受けている患者やペースメーカーを付けている心臓病患者を対象に現在使われている遠隔監視装置は、最初にNASAが開発した遠隔測定システムが進化するなかで生まれた副産物である。今日の救急車に搭載されている可搬式の医療機器もまた、宇宙での使用を目的にNASAが開発したものだ。

本章の冒頭で述べたように、心理学者や行動経済学者による発見は、気候変動問題に対処するための手助けにもなる。選択を心理的に賢くフレーミングする（たとえば、国が支援する自主的な省エネや排出削減プログラムに、個人やコミュニティが参加を選択するのではなく、不参加を選択しなければならないようなルールを基本にする）ことで、参加率が上がるだろう。* 第4章で紹介した研究からは、とりわけそっ

＊そうしたプログラムには、所定の時間に、あるいは所定の一定期間に使用されているエネルギーの正確な量を明示し、自分の使用量が近隣の人たちの使用量やコミュニティの標準的な使用量と比較してどれくらいであるかを住民たちに知らせるような使用量メーターの設置を求める、あるいは設置の助成金を支給するようなものが含まれるだろう。留守あるいは在宅の日や時間帯についての情報に応じてサーモスタットを自動的に調節する装置も有用だろう。

と促されたり、ささやかなインセンティブが与えられたりして行動が変化すると、態度や価値において変化が生じ、ひいては、政策や優先順位における付加的な変更を受け入れたり、さらにはそれらを要求したりする気持ちが高まるということがはっきりとわかる。防波堤の建設のような、予想される環境の変化による影響を緩和するための提案を支持することのほうが、エネルギーの使用量を抑制するための厳格な方策を支持することよりも賛同を集めやすい。そのような取り組みによって、強大な既得権が脅かされることはなく、利益を得る立場にある企業家たちが台頭するだろう。また、新たに防波堤を建築することで、気候変動に関係する他の難問にも立ち向かう必要があるということをコミュニティが認識しているのだと人々が気づく。

環境保護主義者のなかには、緩和策に重点を置くことは気休めであり、人々が気候変動による脅威をみくびるようになるのではないかと恐れる人たちもいる。そうした恐れは見当違いだというのが私たちの見解だ。気候変動による予測される帰結やそのコストを軽減し緩和するための方策を公的に支援することは、他の方策への支援を奨励し、否定と合理化を防止することに向かう第一歩となりうる。第2章で述べたように、個人的な価値に従って行動しようという気持ちを引き出したり強化したりする小さな行為が、その先のもっと困難で重要な行為への道を開くことがありうるのだ。そうした行為が次には、人々が周囲の人々にたいして期待し要求することに影響を与えうる。

このことから、何が最も必要とされているのか、さらには社会心理学のまさに核心となる部分へと目が向かう。環境にやさしい政策を実施するにあたり絶対に必要なものが、社会の規範と優先順位が劇的に変化することだ。私たちの社会、ひいては世界全体が、何が良くて道徳的であると思うか、何が犠牲を払う価値があると見なすか、何が税金を使って支援する価値があると考えるかという点において、大きく転換する必要がある。そうした転換は、何が遺憾だというだけでなく擁護の余地がないものと見なされるのか、そして、何が間違っているというだけでなく常軌を逸していると見なされるのか、という点においても必要である。人々を説得して、一人残らず、より賢明な環境政策の熱烈な擁護者にする必要はない。負担が大きそうな変化を先延ばしにするほうがよいと考える人であっても、そうした変化が規範的——良い市民なら「とりあえずやる」もの——であると見なされているという理由からその変化を許容するような、社会の環境を醸成するだけで十分だろう。

関係する人たちがみな、コストや犠牲を他人に押し付けるのではなく、自分の分の負担を背負うなら、コミュニティや州や国は将来的にもっと良くなる。ある意味において、私たち全員が気候変動の問題をウォールストリート・ゲームではなくコミュニティ・ゲームに似たものとして扱えば（ゲームについては第3章で説明した）、そして周囲の人々が個人的な利益を追い求めるのではなくコミュニティの義務を果たすだろうと全員が想定すれば、誰もが利益に預かるだろう。よさそうな話だけれど、見通しや規範をどうやったらそんなふうに変えられるのか？、と疑問に思っているかもしれない。ここで使える特効薬はない。もしもあるとしたら、この章の題名が表すようなさらに大きな難題になってはいないだろう。だが、いくつかの提案はできる。

### 規範を変えることで障壁を克服する

必要とされる規範の転換を達成するための方策は、気候変動との闘いに率先して取り組む個人や産業界、コミュニティ、国家を称賛することなど、はっきりとしているものがいくつかある。これらと関連はしているが、それほどはっきりと認識されていない方策に、最も重大な違反をする者やわざと行動を遅らせている者を、非常に目立ち、印象に残る方法で非難することがあるだろう。すべての主要都市に「恥の壁」を建設すること、あるいはインターネット上に仮想の壁を設けることが、この方向へ進む第一歩となるかもしれない。こうした壁に後世のために名を刻まれることは、知名度が高く影響力の強い気候変動の否定論者にとっては理不尽で、当然ながら不名誉な評価になるだろう。そのような構想が実施されれば、政治家やその他の著名人、それもとりわけ個人的な信念とは異なる発言を公にしている人たちは、何世代にもわたり自身の評判を傷つけるかもしれない発言をしようと思わなくなるだろう。

幼稚園から高校三年生までを受け持つ教師たちが、この点において重要な役割を果たしうる（もちろん大学教育においても）。まだ若く、どこかの政党を支持したり、経済的な利害関係をもったり、合理化をしなければと思うような慣習が確立されたりする前に、好ましくない情報を知らされるなら、それを否定したり合理化をする可能性は低くなる。規範を変えることは、最初はとても面倒なものとなるだろう。なぜなら、先に触れたような経済的および政治的に確立された利害関係者たちが大きな力をもっているからだ。しかし、規範の転換は実際に起こるものであり、いったんその過程が始まると勢いがつき、とても迅速に大きな変化が起こりうる。

たとえば二〇世紀後半、西欧列強諸国間で何世紀ものあいだ続いていた戦争が突然終わり、今ではもはや考えられないものとなっている。私たち二人が生きているあいだに、アメリカは、ひとりのアフリカ系の女優が、テレビのキー局のシチュエーションコメディ番組で型にはまった役柄ではないレギュラー出演者（病院の看護婦）となるだけで大きな前進であると受け止められていた国から、アフリカ系の大統領を二回選出した国へと変化した。私たちの子どもの世代では、同性カップルの結婚する権利が、中途半端な支持者たちが怖がって逃げてしまうのではないかと心配して、ゲイの権利を擁護する多くの活動家さえもが支援することをためらうようなものから、記憶にあるかぎりでは最も保守的なアメリカ最高裁が、世論の大きな変化を受けて支持するものへと変化した。

生殖行為の調節についての規範が世界的に変化していることも、希望をもてるもうひとつの例である。一九七〇年、ヨーロッパでは全出生率が一・七を下回る国はひとつもなかった。二〇〇〇年には、ヨーロッパ内の二五か国以上で出生率がこのレベルまで低下している。発展途上国でも出生率が同様に下がっている。インドでは一九五〇年代の六・〇近くから、現在の人口置換水準に近い二・六まで、ブラジルでは一九六〇年の六・三からわずか四〇年後に二・三まで低下した。(9)

アメリカで喫煙をめぐる社会規範が著しく変化したことは、規範そのものが変化する速度という点だけでなく、そうした変化に伴い喫煙行為と喫煙者から連想されるものが変化したという点においても、とりわけ参考になる。数十年のあいだに喫煙は、大人っぽくて格好がよく、洗練されていてさらにはセクシーですらある行為から、少なくとも中流階級や若者や教養のある人のあいだでは、不潔な行為であり、弱さと判断の誤りのしるしであるとして非難される対象へと変化した。現在の気候変動否定論者た

＊ダイアン・キャロル主演のドラマ「ジュリア」は、一九六八年九月から一九七一年三月まで八六話が放送された。

ちが行う運動よりもさらに組織化され、はるかに豊かな資金をもつタバコ産業界がキャンペーンを張ったにもかかわらず、この変化が起こったのだ。

タバコ産業のように顕著な「悪役」の敵がいることによって（悪者役をとても上手に演じた）、規制を設けたり、喫煙者に高い税金を課したり、テレビでのタバコの広告を禁止したりすることがいっそう容易になったのは確かだ。学校における健康被害についての教育も効果があった。それでも、人種差別の問題や同性カップルを許容するかどうかについての態度や行動の変化でもそうだったように、本当の推進力は、若者にたいする大人の影響力ではなく、その反対であったように思われる。

同様の世代間の影響から、賢明でないエネルギーの使用、見境のない二酸化炭素の排出、その他の環境を破壊する行動の正当性についての見解が、急速に変化することが考えられる。言い換えれば、気候変動についての議論をする際に部屋のなかで最も賢い人になりたいなら、部屋のなかで最も年少の人の意見に耳を傾けるのが最善なのかもしれない。

## 行動と考え方の変化の好循環

本章と前章で取り上げた二つの問題は大きく異なるものだが、共通する重要な点がひとつある。どちらの場合でも、悪循環を断ち切り、好循環へと転換する必要がある。前章で、そうすることが教育にとってどのような効果があるかを説明した。すなわち、帰属感や自己肯定によって生徒の期待が変わり、それによって勉強がもっとうまくいきそうに感じられるようになり、その次に成績が向上し、さらには生徒（および教師）の期待が変化していくといった効果である。

気候変動の場合には、行動を起こさないことや合理化、経済的な圧力から生じる絶望という悪循環を断ち切り、強力な産業界からの働きかけを打ち破る必要がある。一般大衆、それもとりわけ若者たちが、科学的な事実を前にしたときに否定に走ることを難しくする役割が教育には求められる。それと同時に、大衆のなかに、個人や集団には変化を生む力があるという感覚を浸透させることも重要だ。否定に立ち向かうこと以外にも、行動を起こさないことを正当化するような合理化を阻み、実質的な違いをもたらすのに十分なほどの措置を講じることは不可能だという主張を論破することがますます重要になるだろう。最も大切なのは、もしも私たちが気候変動という難題に対処するつもりがあるなら、個人のコミュニティであれ、団体のコミュニティであれ、世界というコミュニティであれ、コミュニティの真のメンバーの責務と見なされることがらを変更しなければならないということである。

悪循環を好循環で置き換えるときには、本書の前半で提示した教訓を心に留めておくべきである。第2章、第3章、第4章で論じたような、そっと促す方法のほうが（たとえば、状況的な圧力や制約を変更する、基本的な選択肢を上手に設定する、コミュニティの規範を目に付きやすいものにする、肯定的な連想と否定的な連想を戦略的にプライミングする）、もっと強引な方法よりも成果をもたらす可能性が高い。こうした心理的に賢い手法と、それからもたらされる規範の受け止め方の変化から、少数の人々が政治的に行動を起こすようになり、良き市民の負うべき責務を従順に引き受ける多数の人々が、日常生活において妥当な変化を受け入れる気持ちになるだろう（たとえときには渋々であっても）。素朴な現実主義（第1章）と私たちの判断や決定を歪ませるバイアス（第5章）をしっかりと認識していれば、気候変動を理解できない人たちにたいしてもっと寛容になり、いっそう洗練されていて心理的に賢い、変化に向けた試みを考案する励みとなるだろう。

最終的に必要になると思われるものは、過去において世界を変容させたような類いの社会的な動きを作り出すことだ――キリスト教とイスラム教の両方を創始した動きや、君主制を民主制へと変容させたもの、奴隷制度を廃止したもの、現在、世界中の女性に権利を授けている運動など。そのような動きを生み出すための決まった公式はないが、歴史と研究を参考にすると、いったん転換点にさしかかったら、いかに急速で決定的に変化が起こりうるかがわかる。[10] とりあえず、私たち二人のささやかな願いは、本章を読んだみなさんが、来たるべき避けがたい社会的な論争において、豊富な知識を用いてより説得力のある討論をできる人となることだ。つまり、あなたが部屋のなかで最も賢い環境保護主義者の仲間入りをするきっかけを作れたなら、と願っている。

# 終章

ネルソン・マンデラが一九九四年五月一〇日に南アフリカ大統領に就任すると、彼の率いる新政府は数え切れないほどの難問に直面した。マンデラとアフリカ民族会議（ANC）のメンバーたちは獄中で、アパルトヘイト後の南アフリカをどのように統治するかについてかなりの時間をかけて検討していた。しかし、いくら計画を立てても、政府を運営するという実体験の代わりには決してならない。数ある難題のなかには、ようやく解放された多数派の黒人たちの恨みや希望への対処だけでなく、権力を奪われた少数派の白人たちが暴動を起こすかもしれないという不安への対処という問題もあった。

確かに、マンデラと彼の新政府にたいする最大の脅威は、アフリカーナ人〔南アフリカ共和国生まれの白人〕たちの反革命運動だった。選挙運動期間中に白人の過激派が、公共の場所で爆弾をいくつか爆発させて、二一人が死亡し、さらに多数が負傷した。軍隊がクーデターを起こすといううわさもあった。白人によるさまざまな種類の抵抗勢力が形成された。アフリカーナ抵抗運動が最も勢力が大きかったが、ボーア共和国軍、ボーアコマンドー、白人抵抗運動、ホワイトウルブズ、死のオーダーなども活動していた。こうした団体を構成する人々は、マンデラが刑務所から釈放された日に、「マンデラ刑務所へ帰れ」や「マンデラ首をつれ」と書かれた横断幕をもって出迎えた者たちと同類の人々だった。

国を滅ぼす内戦というまさに現実になりそうな脅威を食い止めるために、マンデラはありとあらゆる知恵をかき集めた。国内の緊張や分断を緩和するために彼が用いた多くの方策のひとつは、まるでハリウッド映画のようだ。確かに、それはハリウッド映画だった。その戦略は、映画『インヴィクタス／負けざる者たち』に描かれたのだ（大半のハリウッド映画よりも実際の出来事がかなり忠実に描写された）。

少数派の白人たちの恐怖を和らげるために、マンデラは、ラグビーの南アフリカ代表チーム、スプリングボクスを利用することにした。(1) アフリカーナ人のあいだでは人気が高かったが、大半の黒人にとってスプリングボクスは、苛酷なアパルトヘイト制度を、近頃変更された以前の南アフリカ国旗と同じくらい強烈に思い起こさせるものだった。ANCのメンバーのひとりは次のように語った。「私はANCの忠実なメンバーで、非人種差別主義の理念を信じ、マンデラを崇拝していた。……でも、スプリングボクスは、彼らがとても誇りにしているあのスプリングボクスのエンブレムは嫌いだった。あれは私にとっては、アパルトヘイトを表す、強烈で忌まわしいシンボルのままだった」

それでもなおマンデラは事を進めた。南アフリカが翌年のラグビーワールドカップの開催国となるよう働きかけた。抜け目のない広報担当者が支持を集めるために、ワールドカップでの南アフリカのスローガン「ひとつのチーム、ひとつの国」を考案した。しかし試合が始まると、そのスローガンは多くの人の目に白々しく映った。ひとつというより、二つの国が存在するようだったからだ。ひとつはスプリングボクスの勝利を熱心に願う国で、もうひとつは対戦相手のチームを応援する国だ。

しかしスプリングボクスが、まずはオーストラリアを、それからルーマニア、カナダを破り、準決勝でフランスに僅差で勝つと、何かが徐々に変わっていった。ひとりを除いて全員が白人のスプリングボクスの選手たちが公共の場に姿を見せると、アフリカーナ人や他の白人の南アフリカ人だけでなく、黒人たちも熱烈に応援したのだ。そしてチームは決勝に進み、史上最高のラグビーチームのひとつと広く認められているニュージーランドのオールブラックスと対戦した（これもまたハリウッド映画的だ）。

　決勝戦当日、両チームが、ヨハネスブルグにあるエリスパーク競技場に登場した。そこに集った六万五〇〇〇人のファンたちは熱狂した。試合開始五分前、六万五〇〇〇人の観客全員がそろって古いズールー語の歌「ショショローザ」を大声で歌うと、マンデラが競技場に現れた。彼はスプリングボクスのジャージーを着ていた。この国の大勢の人々が嫌悪していた、まさにアパルトヘイトを象徴するジャージーを。アフリカーナ人が圧倒的多数を占めていた観客たちは熱狂した。スタンドから、「ネルソン！　ネルソン！」という耳をつんざくような歓声が上がった。国全体が、競技場にいる人々と家やバーにいてテレビかラジオで観戦している人々が、共通の大義によって結びつけられた。スプリングボクスの監督、モルン・デュプレッシーはこう語った。「白人の、アフリカーナ人の観衆が、ひとりの人間として、ひとつの国家として、『ネルソン！　ネルソン！　ネルソン！』と繰り返し叫んでいた。それはまるで……魔法の瞬間、驚異の瞬間だった。その瞬間に私は、この国が立ち行くチャンスが本当にあると確信した。この人物は、すべてを許すことができると表現していた。そして今度は彼ら――白人の南アフリカ人、ラグビーをする白人の南アフリカ人たち――がマンデラに応えて、彼らからも何かを返したいという思いを表現していた」

　完璧な仕上がりのハリウッド映画にするために、スプリングボクスはワールドカップ史上初、決勝戦で延長戦に突入し、スリリングな激戦を制し、新しく誕生した民主主義の統一国家にトロフィーをもたらした。

マンデラのスプリングボクスにたいする姿勢は、本書の前半で挙げた賢さの五つの要素すべてを反映していた。

第一に、マンデラは目の前の難問を幅広い視野でとらえることができ、もしも他の誰かが真に民主主義的な南アフリカを率いるために選出されたとしたら、ほぼどんな人でも行動に影響を与えることになっただろうトンネル視を避けることができた。残酷なアパルトヘイトが何十年も続き、二七年間も獄中で過ごしたマンデラが、経済的および政治的な不均衡を矯正することに集中し、少数派の白人たちの希望や恐れや、それらが国の今後の成功に及ぼすであろう影響にほとんど注意を向けなかったとしても、それほど意外ではなかっただろう。政治改革が実現した後、新たなリーダーが、幅広い国益を犠牲にしてまでも自身の派閥の利益に集中する例が幾度となくあった。イラクのヌーリー・アル＝マリキも、エジプトのムハンマド・モルシ、南アフリカの隣国、ジンバブエのロバート・ムガベなどはほんの数例にすぎない。しかしマンデラはなんとか、幅広い視野を持ち続けることができた。

マンデラのスプリングボクスの扱い方も、行動の優位性に精通していることの表れだった。マンデラは、スプリングボクスを支持するようにANCの仲間たちを長時間かけて説得はしなかった。ラグビーというスポーツを楽しむべきだと、黒人の南アフリカ人たちを必死に説得はしなかった。そうする代わりに、自身の信頼性を活用したのだ。ワールドカップでスプリングボクスを応援した。すると他の人々もそれに倣ったのだ。最初は生ぬるい、いや、怒りに満ちてすらいるかもしれない試合への視線が、スプリングボクスが新しい南アフリカ国旗のもとで戦うにつれて、まったく別の何かに変わっていくことをマンデラは知っていた。スプリングボクスは最初、黒人の南アフリカ人たちからあちら、、、のチームという目で見られるかもしれないが、やがては、それも試合に勝ち始めれば、こちらのチームと見なされるようになるだろう。マンデラが「スポーツには世界を変える力がある。他のほとんどのものにはない、人の心を動かし結びつける力がある」と述べたときに言いたかったのは、このことなのだ。

　あちらのチームからこちらのチームへと意図的に変容させたこともまた、マンデラが、いかなる行動の意義も、その客観的な結果にあるのではなく、行動とその結果がどのように解釈され理解されるかにあるということを直観的に理解していたことの証明となる。スプリングボクスへのマンデラの態度は、新しい南アフリカとはどういうものであるのかを国民に示す強力なシンボルとなった。これまでのことに決着をつけるためのものではなく、統一国家として前進するためのものなのだ。だがマンデラを見る人々は、これまでの不公正を正す十分な権利をもっている黒人の南アフリカ人だけではなかった。マンデラの行動は、アフリカーナ人に向けたものでもあったのだ。アフリカーナ人たちが愛するスプリングボクスと縁を保つことを許し、これまでの試合の日に彼らがふだんしてきたようにふるまえる環境を作ることによって、新しい南アフリカにおいてどんな未来が待ち受けているかと恐れる必要はあまりないかもしれないという感覚を植え付けたのだ。

　マンデラがスプリングボクスにたいして取った手法を状況主義的にとらえると、これもまた例にもれず、解釈や行動の優位性の問題と深く絡み合っている。ここでもまたマンデラは、議論をしたり懇願したり、はたまた相手を納得させようと必死に試みたりしなかった。しかし、マンデラの高い名声のために、彼がチームを受け入れた後となっては、誰もがチームの悪口を言うことは難しくなったのだろう。マンデラの行動こそが、否定と不同意にたいする強力な障壁を打ち立てたのだ。そうして、不本意ながらであっても、マンデラの向かう方向へと足を踏み出した後には、そうした歩みのもつ意味は、コミュニティのもつ期待からそれる動きから、明るい将来へ向かう動きへと変わった。するとまた、そうした未来に向けてさらに歩を進めることが、いっそう容易になっていった。そして、大勢の人々とともに競技場にいて、旗が掲げられると立ち上がり声を上げる――あるいはラジオやテレビの前に集まり近所の人たちと一緒に応援する――という体験が、抵抗しがたいすさまじい力を発揮する。この力は、スプリングボクスの主将、フランソワ・ピナールが、六万三〇〇〇人のファンの声援を受けるのはどんな気分だったかという質問にたいして答えた言葉、「今日、応援してくれたのは六万三〇〇〇人の南アフリカの人々ではありませんでした。四二〇〇万人が応援してくれたのです」に真実味をもたせるほどのものだった。

最後に、そしておそらく最も重要な点は、マンデラの行動は、素朴な現実主義にある制約を振り払うことができるということを表していたことだ。マンデラは、新しい南アフリカが直面している状況を、ANCと、スプリングボクスが表すものを嫌悪するもっともな理由をもつ国内の多数派である黒人たちの視点以外からも見ることができた。新しい南アフリカが、少数派である白人たち――以前は政治的に高い地位にあった白人たちだけでなく、週末の休みやバーベキューを楽しみ、それにもちろん自国のラグビーチームを応援していたふつうのアフリカーナ人たちも――の目にどのように映っているかも見ることができたのだ。

マンデラの取った大小さまざまな行動は、アフリカーナ人たちに、彼らが足を踏み入れようとしている新しい世界がどのようなものであるかについて、安心できる見通しを与えた。競技場に行ったり、テレビで試合を観たり、翌週に職場で試合について話をしたりと、ふだんしてきたようにふるまえる環境を作ることによって、マンデラは、白人の南アフリカ人たちに、耐えられる未来、さらには個人の生活の質という点で（国がどのように運営されるかという点ではなく）かなりふつうの未来という見通しを提示したのだ。言い換えれば、マンデラの行動は、他の人々――自分自身とは大きく異なる人々――が周囲の出来事にどのように反応するかについての賢い理解のしかたを示していた。

何をしようとも、どんな本を読もうとも、どんな教訓を学ぼうとも、ネルソン・マンデラほど賢明に、あるいは勇敢になることを望める人はほとんどいない。さらにマンデラは、本書に示した五つの賢明さの要素以上の多くのものを活用していた。それらは苦しみの末に獲得したものだった。

しかし、私たちは誰でも、心理学から賢明さについて多くのことを学べる。本書で取り上げた五つの要素には、心理学から学べる多くのことがらが含まれている。これらを深く心に刻み、日常生活に適用すれば、みなさんは親として、雇用者や雇用主として、思いやりのある友人や信頼される助言者として、そしておそらくは最も大切なことであるが、避けられない対立や和解の可能性に対処しなければならない世界市民として、より賢くなり、より効果的にふるまうことができると私たちは確信している。

# 謝辞

トーマスは、カレン・ダシフ・ギロビッチに、彼女のいるどのような部屋においても、ほとんどつねに最も賢い人でいてくれることに感謝している。彼はまた、カレンとイラナとレベッカ・ダシフ・ギロビッチたちと暮らすことで、彼の欲することのできる以上の、多大な賢明さと幸せを与えてもらっていることに深く感謝している。

リーは、五〇年間連れ添っている妻のジュディと、二人の子どもたち、ジョシュ、ティム、ベッカ、ケイティーに感謝している。良いときも困難のあるときも、彼らの愛情と辛抱強さのおかげで、恵まれた豊かな生活を送ることができている。リーはまた、本書を執筆していた初期の頃に、サラ・スピンクス（ジュディの姉妹）から有益な意見をもらったことにも感謝を述べたいと願っている。

それとともに、私たちはディック・ニスベットに大きな恩がある。ずっと友人でいてくれたこと、そして、アイデアに情熱を傾ければ、仕事や生活がどれほど豊かになるかを身をもって示してくれたことにたいして。彼から刺激を受けなければ『その部屋のなかで最も賢い人』を書き上げることはできなかっただろう。本書をディックに捧げたい。マーク・レッパーにも同様に終生の恩義がある。彼はつねにその部屋のなかで最も賢い心理学者であり、なおかつ最も優しく寛大な人である。

また、フリー・プレス社との橋渡しをしてくれたブロックマン社のカティンカ・マトスンと、出版までの過程を同様にしっかりとそして巧みに導いてくれたエミリー・グラフにも感謝を述べたい。ゲイリー・ベルスキーとジェシー・レイノルズ、ティム・ロスには、いくつかの章の原稿への意見をいただき感謝している。さらにバイロン・ブランドからも恩を受けた。彼はリーの親友であり、北アイルランドと中東において現実に存在する対立の解決と関係構築というテーマにおいて長くにわたり協力をしてきた。第7章に記された賢明さを語るにあたり、彼の洞察と努力が果たした役割はとても大きい。同様に、ジェフ・コーエンとグレッグ・ウォルトンにも恩義がある。第8章において彼らの研究を十分に評価しようとするにあたり、二人は寛大さと辛抱強さをもって対応してくれた。さらには、本書全体の原稿を新鮮な目で読み、とても有益な意見を与えてくれたレベッカ・ダシフ・ギロビッチの尽力にも謝意を表したい。

最後に、長年にわたり、次に挙げる素晴らしい友人や同僚たちとともに仕事をしたり、語り合ったりしたことから洞察を得てきたことにたいしても感謝を述べたい。テッド・アルパー、エリオット・アロンソン、ケン・アロー、ダリル・ベムとサンディ・ベム、ポール・ブレスト、アレン・カルヴィン、ローラ・カーステンセン、ハーブ・クラーク、ニール・ドチャーティ、ディヴィッド・ダニング、キャロル・ドウェック、ジェニファー・エバーハート、ポール・エーリック、メリッサ・ファーガソン、ボブ・フランク、デール・グリフィン、アル・ハストーフ、デイヴィッド・ホロウェイ、ダニー・カーネマン、ダッチャー・ケルトナー、ヴァルダ・リバーマン、ソーニャ・リュボミルスキー、アヴィシャイ・マルガリット、ヘイゼル・マーカス、ボブ・ムヌーキン、ブノワ・モナン、デイヴィッド・ピザロ、ブレナ・パウエル、エミリー・プローニン、ドン・レデルメイヤー、デニス・リーガン、クロード・スティール、リチャード・セイラー、エワート・トーマス、ジーン・ツァイ、エイモス・トヴェルスキー、ボブ・ヴァローン、アンドリュー・ウォード、アラン・ワイナー、デイヴィッド・ウェンナー、ヴィヴィアン・ザヤス、フィル・ジンバルドの皆様に感謝を捧げる。

# 訳者あとがき

本書は*The Wisest One in the Room: How You Can Benefit from Social Psychology's Most Powerful Insights*の全訳である（なお、引用されている文章はすべて私訳）。著者の二人はそれぞれ、約四〇年にわたり、主に社会心理学と判断・意思決定の分野で研究を続けてきた。トーマス・ギロビッチはコーネル大学心理学教授であり、著作に『人間この信じやすきもの』（守一雄・守秀子訳／新曜社）、共著に『お金で失敗しない人たちの賢い習慣と考え方』（鬼澤忍訳／日本経済新聞出版社）がある。リー・ロスはスタンフォード大学の心理学教授であり、リチャード・ニスベットとの共著がある（『*Human Inference*』および『*The Person and the Situation*』）。

本書を手に取り最初に目が行くのは、そのタイトルだろう。「その部屋のなかで最も賢い人」って何だろう？　訳者もまた、原書の表紙を見たとき、そして全編を訳していくなかで頻繁に現れるこのフレーズに注意を惹きつけられた。「部屋のなかで最も〜な人」というフレーズは英語でよく使われる表現で、「その場において最も〜な人」という意味をもつ。では「賢い人」とは何か？　著者らは序章において、wisdom（賢さ、賢明さ、知恵）の辞書の定義を紹介する。（1）知識（knowledge）、（2）洞察（insight）、（3）判断（judgment）である。賢さ（wisdom）とは、いわゆる知能や頭脳の明晰さではなく、人にたいする洞察力があり、日常生活や人生の重要な局面において賢明な判断をできるという能力を指すのだ。

著者らは、人生や社会における重要な問題には必ず自分以外の人間が関わってくるため、人を相手にしたときに賢く考えられること、すなわち「心理学的に賢く」(psycho-wise)あることが重要であると説く。

ところが私たちは、いろいろな場面において「心理学的に賢く」なれていない。たとえば本書の第1章では、「自分よりゆっくり車を走らせているやつはバカで、自分より速いやつはイカレてると思ったことはないか?」と読者に問いかけ、私たち人間には、自分は物事をあるがままに客観的にとらえていると思い込む傾向(「素朴な現実主義」)があると指摘する。そのために、正しく認識をしているのは自分のほうであり、他の人々の認識が間違っていると決めつけてしまうというのだ。自分も含めて人間は、そうした誤解をしがちであることを認識することが、心理学的に賢くなる第一歩である。そうすることで、家族や友人、職場の同僚らとの意見の不一致や、さらには社会における対立や国家間の紛争にたいして、もっと賢く対処することができるようになるという。

本書の前半(第1章から第5章)では、このような客観性という幻想や、選択肢の提示のしかた(オプトイン、オプトアウト方式)が行動にいかに大きな影響を与えるか、行動が感情に影響を与える仕組み(行動の優位性)、イデオロギーや先入観のために物事を歪んで見ていること(偏り/バイアス)など、人間の認識と行動に見られる基本的なパターンを紹介していく。後半(第6章から第9章)では、こうした原則をふまえて、個人や社会が直面する問題(人生における幸福感、成績不振、国家間の対立、気候変動問題)に、どうすれば賢く対処できるかを説いていく。

紹介されるエピソードや実験・研究事例には、著者らが実際に関わったものが多く含まれる。読者のみなさんがすでに知っていることもいくつかあるだろう。ただし、本書の特徴のひとつは、考察の対象となる場面が、個人の日常生活や地域社会、学校教育などに留まらないことだろう。イスラエル・パレスチナ間の対立や、気候変動の否定論、さらには南アフリカにおけるアパルトヘイト政策後の統治についても詳しく論じられている。著者のひとり、リー・ロスが、スタンフォード大学の対立・交渉センターの共同創設者であることから、同センターによる研究事例も豊富に盛り込まれている。

たとえば、イスラエルの人々を対象に行われた実験事例では、和平の具体策の提案者が、自分と立場の反対の人物（パレスチナ人）であるか、同じ立場の人物（イスラエル人）であるかによって、和平案に合意するかどうかが左右されることがわかった。この実験の肝は、イスラエル側の提案と言われていたものが実際にはパレスチナ人による提案であり、パレスチナ側の提案と言われていたものが実際にはイスラエル人による提案であったという点にある。被験者のイスラエル人たちはなんと、パレスチナ人による提案のほうを、イスラエル人による提案よりも高く評価したのだ。つまり、内容ではなく、提案者が誰であるかによって、反射的に評価をしてしまう。これでは、自分と対立する側の出した提案を公正・妥当に評価することは望めないのではないか。

さらに終章では、ネルソン・マンデラが南アフリカ大統領に就任した後、それまで長くにわたり互いに反目してきた白人の国民たちとの融和政策をいかに実現していったかが、一九九五年に自国で開催されたラグビーワールドカップを具体例にして詳しく描かれている。ちなみにこの逸話は後にクリント・イーストウッド監督によってハリウッドで映画化された（『インビクタス／負けざる者たち』）。ここでも、マンデラが、真の民主主義国家を運営するという難題を公平な視野でとらえ、自身の行動によって規範を変容させていった様子が丁寧に描写されている。本書でも触れられた、ニュージーランド代表オールブラックスとの決勝戦の光景は臨場感があり感動的だ。

このように本書には、人間が発揮しうる賢さや英知のヒントがつまっている。まずは、人とはいかに愚かなものかを認識したうえで、本書で得た知識を活用して、部屋のなかで最も賢い人とまではいかなくても、昨日の自分よりも少しは賢い人になれるよう心がけていきたい。また、読者のみなさんのなかに、社会の要職に就く人や、政治に携わる人がいるなら、ぜひとも本書の原則を、社会的な課題や国際的な難問の解決に役立てて、世の中を良い方向へと変えていっていただきたい。

最後に、青土社の篠原一平氏には、今回もまた興味深い本の翻訳をする機会を与えていただいた。この場を借りて感謝申し上げたい。

小野木明恵

二〇一八年一一月

# 原註

## 第1部　賢明さの柱

### 序文

1　アイゼンハワーとDデイまでの道程。Smith, J.E. (2012). *Eisenhower in War and Peace.* New York: Random House.

### 第1章　客観性の幻想

1　音素修復効果。Samuel, A. G. (1991). 音素修復幻想における注意効果のさらなる研究は、*Quarterly Journal of Experimental Psychology, 43*, 679-99. Warren, R. (1970). Perceptual restoration of missing speech sounds. *Science, 167*, 392-93. Warren, R. (1984). Perceptual restoration of obliterated sounds. *Psychological Bulletin, 96*, 371-83.

2　彼らはデモを見た。Kahan, D.M., Hoffman, D. A., Braman, D., Evans, D., & Rachlinski, J.J. (2012). They saw a protest: Cognitive illiberalism and the speech-conduct distinction. *Stanford Law Review, 64*, 851-906.

3　彼らは試合を見た。Hastorf, A. H., & Cantril, H. (1954). They saw a game: A case study. *Journal of Abnormal and Social psychology, 49(1)*, 129-34.

4　マーク・マグワイアの言葉を引用。Brown, D. (2010, January 12). マーク・マグワイアへの Yahoo! Sports による涙ながらのインタビューの脱構築。http://sports.yahoo.com/mlb/blog/big_league_stew/post/A-tearful-deconstruction-of-the-Mark-McGwire-int?urn=mlb,213019 から検索。

5　偽の合意。Ross, L., Greene, D., & House, P. (1977). The false consensus effect: An egocentric bias in social perception and attribution processes. *Journal of Experimental Social Psychology, 13*, 279-301.

6　イタリア映画かフランス映画か。Ross, Greene, & House. (1997).

7　違法行為が一般的であると認識される。Alicke, M.D. (1993). Egocentric standards of conduct evaluation. *Basic and Applied Social Psychology, 14*, 171-92.

8　想定される政治的な合意におけるバイアス。Granberg, D., & Brent, E. (1983). When prophecy bends: The preference-expectation link in U.S. presidential elections, 1952-80. *Journal of Personality and Social Psychology, 45*, 477-91.

9　投票しなかった人の傾向についての認識。Koudenburg, N., Postmes, T., & Gordijn, E. H. (2011). If they were to vote, they vote for us. *Psychological Science, 22*, 1506-10.

10　判断の対象。Asch, S.E. (1948). The doctrine of suggestion, prestige and imitation in social psychology. *Psychological Review, 55*, 250-76.

11　解釈と偽の合意効果。Gilovich, T. (1990). Differential construal and the false consensus effect, *Journal of Personality and Social Psychology, 59*, 623-34.

12　チェイニーの言葉を引用。以下に言及されている。Danner, M. (2015, February 8). No exit. *New York Times Book Review*, p. l.

13　「私は誰一人として思い付かない……」Stone, G. R. (2001). Equal Protection? The Supreme Court's Decision in *Bush v. Gore*. より。この論文は、二〇〇一年五月二三日にシカゴで開催された連邦弁護士協会にて配布された。Copyright 2001. The University of Chicago.

14　この件についてのトマス判事の見解。Balkin, J. M. (2001).

*Bush v. Gore* and the boundary between law and politics. *Yale Law Journal, 110*, 1407.

15　スカリア判事の言葉を引用。 Scalia: “Get over it.” (2012). *The Daily Beast*. http://www.thedailybeast.com/cheats/2012/07/18/scalia-get-over-it.html から検索。

16　バイアスによる盲点。 Pronin, E., Lin, D. Y., & Ross, L. (2002). The bias blind spot: Perceptions of bias in self versus others. *Personality and Social Psychology Bulletin, 28*, 369-81.

17　合理的な影響かバイアスの影響か。 Pronin, E., Gilovich, T., & Ross, L. (2004). Objectivity in the Eye of the Beholder: Divergent Perceptions of Bias in Self versus Others. *Psychological Review, 111*, 781-99.

18　フランクリンの言葉を引用。 *The Founders' Constitution*, Vol.4, Art. 7, Document 3. http://press-pubs.uchicago.edu/founders/documents/a7s3.html から検索。 Farrand, M. (Ed.). (1937). *The records of the Federal Convention of 1787* (Rev. ed.). New Haven, CT: Yale University Press.

19　バーリンの言葉を引用。 Berlin, I. (1981). Notes on prejudice. http://www.nybooks.com/articles/archives/2001/oct/18/notes-on-prejudice/.

20　バイアスか特別な洞察か。 Ehrlinger, J., Gilovich, T., & Ross, L. (2005). Peering into the bias blindspot: People's assessments of bias in themselves and others. *Personality and Social Psychology Bulletin, 31*, 680-92.

21　ワールドシリーズでの批判についてのバックの言葉。 People think I'm biased no matter who's in the World Series (2011, October 28). Groller's Corner. http://blogs.mcall.com/groller/2011/10/buck-on-world-series-criticism-people-think-im-biased-no-matter-whos-in-the-world-series.html から検索

22　さらにジョー・バックから。 Burns, A. (2012). Joe Buck knows that people think he is biased for the Cardinals, doesn't care. http://withleather.uproxx.com/2012/10/joe-buck-knows-that-people-think-he-is-biased-for-the-cardinals-doesnt-care#ixzz2Fe4fDNbE から検索。

23　メディアのバイアスについての認識。 Vallone, R. P., Ross, & Lepper, M. R. (1985). The hostile media phenomenon: Biased perception and perceptions of media bias in coverage of the “Beirut Massacre.” *Journal of Personality and Social Psychology, 49*, 577-85.

24　好みが同じではないかもしれない。 Shaw, G. B. (1948). *Man and superman*. New York: Dodd, Mead. 〔バーナード・ショー『人と超人／ピグマリオン』喜志哲雄・倉橋健訳／白水社〕

25　大勢の人の推測。 Lorge, I., Fox, D., Davitz, J., & Brenner, M. (1958). A survey of studies contrasting the quality of group performance and individual performance, 1920-1957. *Psychological Bulletin, 55(6)*, 337-72.

26　二人による賢明さ。 Liberman, V., Mingon, J. A., Bryan, C. J., & Ross, L. (2011). Naïve realism and capturing the “wisdom of dyads.” *Journal of Experimental Social Psychology, 48*, 507-12. Minson, J., Liberman, V., & Ross, L. (2011). Two to tango: The effect of collaborative experience and disagreement on dyadic judgment. *Personality and Social Psychology Bulletin, 37*, 1325-38. Jacobson, J., Dobbs-Marsh, J., Liberman, V., & Minson, J. A. (2011). Predicting civil jury verdicts: How attorneys use (and mis-use) a second opinion. *Journal of Empirical Legal Studies, 8*, 99-119. 以下も参照。 Soll, J. B., & Larrick, R. P. (2009). Strategies for revising judgment. *Journal of Experimental Psychology: Learning, Memory and Cognition, 35*, 780-805. Yaniv, I. (2004). The benefit of additional opinions. *Current Directions in Psychological Science, 13(2)*, 75-78.

## 第2章　状況の押しと引き

1　「安全運転」実験。Freedman, J. L., & Fraser, S. C. (1966). Compliance without pressure: The foot-in-the-door technique. *Journal of Personality and Social Psychology, 4*, 196-202.

2　神学生たち。Darley, J. M., & Batson, C. D. (1973). From Jerusalem to Jericho: A Study of situational and dispositional variables in helping behavior. *Journal of Personality and Social Psychology, 27*, 100-119.

3　戦時債券。Cartwright, D. (1949). Some principles of mass persuasion: Selected findings of research on the sale of United States War Bonds. *Human Relations, 2*, 253-67.

4　デフォルトと臓器提供。Johnson, E. J., & Goldstein, D. Do defaults save lives? *Science, 302*, 1338-1339.

5　401(k)プランにおけるデフォルト。Beshears, J., Choi, J. J., Laibson, D., & Madrian, B. (2008). The importance of default options for retirement saving outcomes: Evidence from the USA. S. J. Kay & T. Sinha (eds.), *Lessons from Pension Reform in the Americas* (pp.59-87). New York: Oxford University Press に所収。

6　レヴィンの経歴。Marrow, A. F. (1969). *The Practical Theorist: The Life and Work of Kurt Lewin*. New York: Basic Books.

7　ギリシアにおける脱税。Artavanis, N., Morse, A., & Tsoutsoura, M. (2012). *Tax evasion across industries: Soft credit evidence Greece*. 未発表の原稿。ラガルドの言葉を引用。Greeks observe preelection ritual of tax dodging. (2012, June 6). *Los Angeles Times*.

8　アメリカ合衆国における脱税、アメリカ財務省（二〇〇九）。*Up-date on reducing the federal tax gap and improving voluntary compliance*. Washington, DC: Author. http://www.irs.gov/pub/newsroom/tax_gap_report_final_version.pdf より検索。

9　署名の場所。Shu, L., Mazar, N., Gino, F., Ariely, D., & Bazerman, M. (2012). Signing at the beginning makes ethics salient and decreases dishonest self-reports in comparison to signing at the end. *Proceedings of the National Academy of Sciences, 109(38)*, 15197-200.

10　肥満の統計。疾病管理センター（二〇一〇）。*National obesity trends*. Shalikashvili, J. M. (2010, April 30). The new national security threat: Obesity. *Washington Post*, p. A19. http://www.washingtonpost.com/wp-dyn/content/article/2010/04/29/AR2010042903669.html より検索。

11　ダイエットの統計。Dieting on a budget. Consumer Reports; Nibbles: Survey shows 41 percent of Americans are dieting. Calorielab, 2012-08-3. http://calorielab.com/news/2007/05/08/nibbles-survey-shows-41-percent-of-americans-are-dieting/ より検索。

12　食事環境を変える。Wansink, B. (2006). *Mindless eating: Why we eat more than think*. New York: Bantam.〔ブライアン・ワンシンク『そのひとクチがブタのもと』中井京子訳／集英社〕

13　皿のサイズ。Van Ittersum, K., & Wansink, B (2012). Plate size and color suggestibility: The Delboeuf illusion's bias on serving and eating behavior. *Journal of Consumer Research, 39*, 215-28.

14　ミルグラムの実験。Milgram, S. (1974). *Obedience to authority*. New York: Harper.

15　質問者と回答者のクイズ実験。Ross, L., Amabile, T.M., & Steinmetz, J. L. (1977). Social roles, social control, and biases social-perception processes. *Journal of Personality and Social Psychology 35*, 485-94.

16　本質主義。Cimpian, A., & Salomon, E.（二〇一四年近刊）。

The inherence heuristic: An intuitive means of making sense of the world, and a potential precursor to psychological essentialism. *Behavioral and Brain Sciences, 37*, 461-527.

17 反射的でさえある。 Gilbert, D. T. (1991). How mental systems believe. *American Psychologist, 46*, 107-19. Gilbert, D. T. (2006). *Stumbling on happiness*. New York: Knopf.

18 ハリケーン・カトリーナ。 Stephens, N. M., Hamedani, M. G., Markus, H. R., Bergsieker, H. B., & Eloul, L. (2009). Why did they "choose" to stay? Perspectives of Hurricane Katrina observers and survivors. *Psychological Science, 20*, 878-86. Shapiro, I., & Sherman, A. (2005). *Essential facts about the victims of Hurricane Katrina*. Washington, DC: Center for Budget and Policy Priorities.

19 貧困者。 Mullainathan, S., & Shafir, E. (2013). *Scarcity: Why having too little means so much*. New York: Times Books.〔センディル・ムッライナタン、エルダー・シャフィール『いつも「時間がない」あなたに――欠乏の行動経済学』大田直子訳／ハヤカワ文庫〕

20 ジェファーソン。 Finkelman, P. (2012, November 30). The monster of Monticello. *New York Times*.

21 ウォルター・ミシェルの影響。 Mischel, W. (1968). Personality and Assessment. New York: Wiley. Mischel, W. (2004). Toward an integrative science of the person. *Annual Review of Psychology, 55*, 1-22. Mischel, W. (2014). *The Marshmellow Test*. New York: Little-Brown.

## 第3章　ゲームの名前

1 ルーズベルトの署名。 http://www.ssa.gov/history/.

2 ベヴァリッジのプランについてのルーズベルトの発言。 Perkins, F. (1946). *The Roosevelt I Knew*. New York: Viking Press.

3 ウォールストリート・ゲームまたはコミュニティ・ゲーム。 Liberman, V., Samuels, S. M., & Ross, L. (2002). The name of the game: Predictive power of reputations vs. situational labels in determining prisoner's dilemma game moves. *Personality and Social Psychology Bulletin, 30*, 1175-85. Kay, A. C., & Ross, L. (2003). The perceptual push: The interplay of implicit cues and explicit situational construal in the prisoner's dilemma. *Journal of Experimental Social Psychology, 39*, 634-613 も参照。

4 臓器提供の解釈。 Davidai, S., Gilovich, T., & Ross, L. D. (2012). The meaning of defaults for potential organ donors. *Proceedings of the National Academy of Sciences, 109(38)*, 15201-205.

5 授業料と志願者数。 Glater, J. D., & Finder, A. (2006, December 12). In tuition game, popularity rises with price. *New York Times*.

6 動機付けられた知覚。 Balcetis, E., & Dunning, D. (2006). See what you want to see: The impact of motivational states on visual perception. *Journal of Personality and Social Psychology, 91*, 612-25.

7 平均より上の効果。 Alicke, M. D., Klotz, M. L., Breitenbecher, D. L., Yurak, T. J., & Vredenburg, D. S. (1995). Personal contact, individuation, and the better-than-average-effect. *Journal of Personality and Social Psychology 68(5)*, 804-25. Brown, J. D. (1986). Evaluations of self and others: Self-enhancement biases in social judgments. *Social Cognition, 4(4)*, 353-76. Dunning, D., Meyerowitz, J. A., Holzberg, A. D. (1989). Ambiguity and self-evaluation: The role of idiosyncratic trait definitions in self-serving assessments of ability. *Journal of Personality and Social Psychology, 57(6)*, 1082-90. Svenson, O. (1981). Are we all less risky and more skillful than our fellow drivers? *Acta Psychologica 47(2)*, 143-48, Suls, J., Lemos, K., & H. L. Stewart (2002). Self-esteem, construal, and comparisons with the self, friends and peers. *Journal of Personality and Social Psychology, 82(2)*, 252-61.

8　平均的なドライバーより上手。 Svenson, O. (1981). Are we all less risky and more skillful than our fellow drivers? *Acta Psychologica, 47(2)*, 143-48.

9　動機付けられた自己高揚。 Brown, J. D. (2011). Understanding the better-than-average effect: Motives (still) matter, *Personality and Social Psychology Bulletin, 38*, 209-219. Beauregard, K. S., & Dunning, D. (2001). Defining self worth: Trait self-esteem moderates the use of self-serving trait definitions in social judgment. *Motivation and Emotion, 25*, 135-62.

10　近所で一番の犬。 Schelling, T. C. (1978). *Micromotives and macrobehavior*. New York: Norton, pp. 64-65.

11　定義の広い特徴と狭い特徴にたいする平均より上の効果。 Dunning, D., Meyerowitz, J. A., & Holzberg, A. D. (1989). Ambiguity and self-evaluation: The role of idiosyncratic trait definitions in self-serving assessments of ability. *Journal of Personality and Psychology, 57(6)*, 1082-90.

12　出来事から距離を置く。 Trope, Y., & Liberman, N. (2003). Temporal construal. *Psychological Review 110*, 403-21. Trope, Y., & Liberman, N (2010). Construal-level theory of psychological distance. *Psychological Review, 117*, 440-63.

13　脂身か赤身か。 Levin, I. P., & Gaeth, G. J. (1988). Framing of attribute information before and after consuming the product. *Journal of Consumer Research, 15*, 374-78.

14　95%の成功か5%の失敗か。 Linville, P. W., Fischer, G. W., & Fischhoff, B. (1993). AIDS risk perceptions and decision biases. J. B. Pryor & G. D. Reeder (eds.), *The social psychology of HIV infection* (pp. 5-38). Mahwah, NJ: Erlbaum に所収。

15　収入格差のフレーミング。 Chow, R. M., & Galak, J. (2012). The effect of income inequality frames on support for redistributive tax policies. *Psychological Science, 23*, 1467-69. Lowery, B. S., Chow, R. M., & Crosby, J. R. (2009). Taking from those that have more and giving to those that have less: How inequity frames affect corrections for inequity. *Journal of Experimental Social Psychology, 45*, 375-78 も参照。

16　助かる人数か助からない人数か。 Tverksy, A., Kahneman, D. (1986). Rational choice and the framing of decisions. *Journal of Business, 59*, 251-78

17　早い退職または遅い退職のフレーミング。 Fetherstonhaugh, D., & Ross, L (1999). Framing effects and income flow preferences in decisions about social security. H. J. Aaron (ed.), *Behavioral dimensions of retirement economics* (pp. 187-209). Washington DC: Brookings Institution Press and Russell Sage Foundation に所収。

18　生存率か死亡率かでフレーミングした治療結果の統計。 McNeil, B. J., Pauker, S. G., Sox, H. C., & Tversky, A. (1982). On the elicitation of preferences for alternative therapies. *New England Journal of Medicine, 306*, 1259-62.

19　強い通貨のほうを買いがち。 Wertenbroch, K., Soman, & D., Chattopadhyay, A. (2007). On the perceived value of money: The reference dependence of currency numerosity effects. *Journal of Consumer Research, 34*, 1-10.

20　リスクのねじれた判断。 Yamagishi, K. (1997). When a 12.86% mortality is more dangerous than 24.14%; Implications for risk communication. *Applied Cognitive Psychology, 11*, 495-506.

21　A&Wの新しいハンバーガー。 Green, E. (2014, July 23). Why do Americans stink at math? *New York Times Magazine*. http://www.nytimes.com/2014/07/27/magazine/why-do-americans-stink-at-math.html?_r=0 より検索。

22　選ぶか拒むか。 Shafir, E. (1993). Choosing versus rejecting: Why some options are both better and worse than others. *Memory and Cognition, 21*, 546-56.

## 第4章　行動の優越

1　行動が感情に与える影響。 Niedenthal, P. M., Barsalou, L., Winkielman, P., Krauth-Gruber, S., Ric, F. (2005). Embodiment in attitudes, social perception, and emotion. *Personality and Social Psychology Review, 9*, 184-211. Winkielman, P., Niedenthal, P., & Oberman, L. (2008). The embodied emotional mind. G. R. Semin & E. R. Smith (eds.) *Embodied grounding: Social, cognitive, affective, and neuroscientific approaches* (pp. 263-88). New York: Cambridge University Press に所収。

2　ジェイムズの感情にたいする見解。 James, W. (1890). *Principles of Psychology* (Vol. 2). New York: Holt.

3　感情のラベリング。 Schachter, S., & Singer, J. E. (1962). Cognitive, social and psychological determinants of emotion. *Psychological Review, 69*, 379-99.

4　ペンと漫画の実験。 Strack, F., Martin, L. L., & Stepper, S. (1988). Inhibiting and facilitating conditions of the human smile: A nonobtrusive test of the facial feedback hypothesis. *Journal of Personality Social Psychology, 54*, 768-77.

5　ジムでの誤った帰属。 Zillmann, D. (1983). Transfer of excitation in emotional behavior. J. T. Cacioppo & R. E. Petty (eds.), *Social psychophysiology: A sourcebook*. New York: Guilford Press に所収。

6　橋の上での恋についての実験。 Dutton, D. G., & Aron, A. P. (1974). Some evidence for heightened sexual attraction under conditions of high anxiety. *Journal of Personality and Social Psychology, 30*, 510-17.

7　頭を縦と横に振るしぐさの効果。 Wells, G. L., & Petty, R. E. (1980). The effects of overt head movements on persuasion: Compatibility and incompatibility of responses. *Basic and Applied Social Psychology, 1*, 219-30.

8　突き出すまたは引き寄せる動作の効果。 Cacioppo, J. T., Priester, J. R., & Berntson, G. G. (1993). Rudimentary determinants of attitudes. II: Arm flexion and extension have differential effects on attitudes. *Journal of Personality and Social Psychology, 65*, 5-17.

9　「指」の実験。 Chandler, J., & Schwarz, N. (2009). How extending your middle finger affects your perception of others: Learned movements influence concept accessibility. *Journal of Experimental Social Psychology, 45*, 123-28.

10　室温と地球温暖化にたいする考え。 Risen, J. L., & Critcher, C. R. (2011). Visceral fit: While in a visceral state, associated states of the world seem more likely. *Journal of Personality and Social Psychology, 100*, 777-93.

11　周囲の温度と地球温暖化にたいする考え。 Li, Y., Johnson E., & Zaval, L. (2011). Local warming: Daily temperature changes influences belief in global warming. *Psychological Science, 22*, 454-59.

12　パワーポーズ。 Carney, D. R., Cuddy, A. J. C., & Yap, A. J. (2010). Power posing: Brief nonverbal displays affect neuroendocrine levels and risk tolerance. *Psychological Science, 21*, 1363-68.

13　態度と行動のつながり。 Glasman, L. R., & Albarracin, D. (2006). Forming attitudes that predict future behavior: A meta-analysis of the attitude-behavior relation. *Psychological Bulletin, 132*, 778-822. Lapiere, R.T. (1934). Attitudes versus actions. *Social Forces, 13*, 230-37. Wicker, A. W. (1969). Attitudes versus actions: The relationship of verbal and overt behavioral responses to attitude objects. *Journal of Social Issues, 25*,

41-78.
14 自己知覚理論、ベム（一九七二）。Self-perception theory. L. Berkowitz (ed.), *Advances in experimental social psychology* (Vol. 6, pp. 1-62). New York: Academic Press に所収。
15 支持政党の変化。Niemi, G., Katz, R. S., & Newman, D. (1980). Reconstructing past partisanship: The failure of party identification recall questions. *American Journal of Political Science, 24*, 633-51.
16 バス通学にたいする意見。Goethals, G. R., Reckman, R. F. (1973). The perception of consistency in attitudes. *Journal of Experimental Social Psychology, 9*, 491-501.
17 認知的不協和。Festinger, L. (1957). The theory of cognitive dissonance. Stanford, CA: Stanford University Press.
18 決定後の不協和低減。Brehm, J. (1956). Post-decision changes in the desirability of alternatives. *Journal of Abnormal and Social Psychology, 52*, 384-89. Sharot, T., Velasquez, C. M., & Dolen, R. J. (2010). Do decisions shape preference? Evidence from choice. *Psychological Science, 21*, 1231-35.
19 競馬場での不協和低減。Knox, R. E., & Inkster, J. A. (1968). Postdecision dissonance at post-time. *Journal of Personality and Social Psychology, 8*, 319-23.
20 不協和低減と投票。Regan, D. T., & Kilduff, M. (1988). Optimism about elections: Dissonance reduction at the ballot box. *Political Psychology, 9*, 101-7.
21 選択肢を残しておくことのマイナス面。Gilbert, D. T., & Ebert, J. E. J. (2002). Decisions and revisions: The affective forecasting of changeable outcomes. *Journal of Personality and Social Psychology, 82*, 503-14.
22 嘘をつくこと、不協和、不協和低減。Festinger, L., & Carlsmith, J. M. (1959). Cognitive consequences of forced compliance. *Journal of Abnormal and Social Psychology, 47*, 382-89.
23 育児と不協和。Eibach, R. P., & Mock, S. E. (2011). Idealizing parenthood to rationalize parental investments. *Psychological Science, 22*, 203-8.
24 ＩＫＥＡ効果。Norton, M, I, Mochon, D., & Ariely, D. (2012). The IKEA effect: When labor leads to love. *Journal of Consumer Psychology, 22*, 453-60.
25 割引価格か定価か。Doob, A. N., Carlsmith, J. M., Freedman, J. L., Landauer, T. K., & Tom, S., Jr. (1969). The effect of initial selling price on subsequent sales. *Journal of Personality and Social psychology, 11*, 345-50.
26 栄養ドリンク。Shiv, B., Carmon, Z., & Ariely, D. (2005). Placebo effects of marketing actions: Consumers may get what they pay for. *Journal of Marketing Research 42*, 383-93.
27 ワインの試飲。Plassmann, H., O'Doherty, Shiv, B., & Rangel, A. (2008). Marketing actions can modulate neural representations of experienced pleasantness. *Proceedings of the National Academy of Sciences, 105*, 1050-54.
28 タルムード。Tractate Sanhedrin 105 B.
29 数学ゲームを解く報酬。Greene, D., Sternberg, B., & Lepper, M. R. (1976). Overjustification in a token economy. *Journal of Personality and Social Psychology, 34*, 1219-34.
30 ペンの実験。Lepper, M. R., Greene, D., & Nisbett, R. E. (1973). Undermining children's intrinsic interest with extrinsic reward: A test of the overjustification hypothesis. *Journal of Personality and Social Psychology, 28*, 129-37.
31 投票か投票者か。Bryan, C. J., Walton, G. M., Rogers, T., &

Dweck, C. S. (2011) Motivating voter turnout by invoking the self. *Proceedings of the National Academy of Sciences, 108*, 12653-56.

32 目とオネスティ・ボックスの寄与。Bateson, M., Nettle, D., & Roberts, G. (2006). Cues of being watched enhance cooperation in a real-world setting. *Biology Letters, 2*, 412-14.

33 目とごみ捨て。Ernest-Jones, M., Nettle, D., & Bateson M. (2011). Effects of eye images on everyday cooperative behavior: A field experiment. *Evolution and Human Behavior, 32*, 172-78.

34 悪の陳腐さ。Arendt, H. (1963). *Eichmann in Jerusalem: A report on the banality of evil*. New York: Viking Press.〔ハンナ・アーレント『エルサレムのアイヒマン――悪の陳腐さについての報告』大久保和郎訳／みすず書房〕

35 悪の陳腐さの命題は行き過ぎ? Cesarani, D. (2006). *Becoming Eichmann Rethinking the life, crimes and trial of a "desk murderer."* Cambridge, MA: Da Capo Press. Goldhagen, D. J. (1996). *Hitler's willing executioners: Ordinary Germans and the Holocaust*. New York: Knopf〔ダニエル・J・ゴールドハーゲン『普通のドイツ人とホロコースト――ヒトラーの自発的死刑執行人たち』望田幸男監訳／ミネルヴァ書房〕を参照。

36 下位レベルでホロコーストに荷担した人々の大半が送っていたふつうの生活。Browning, C. R. (1992). *Ordinary men: Reserve Police Battalion 101 and the final solution in Poland*. New York: Aaron Asher.〔クリストファー・ブラウニング『普通の人びと――ホロコーストと第101警察予備大隊』谷喬夫訳／筑摩書房〕Lifton, R. J. (1986). *The Nazi doctors: Medical killing and the psychology of genocide*. New York: Basic Books.

37 静かな英雄たち。Stein, A. (1991). *Quiet heroes: True stories of the Jews by Christians in Nazi-occupied Holland*. New York: New York University Press.

## 第5章　鍵穴、レンズ、フィルター

1 侵攻についての引用。Chandrasekaran, R. (2007). *Imperial life in the Emerald City*. New York: Vintage Books.〔ラジブ・チャンドラセカラン『グリーン・ゾーン』徳川家広訳／集英社インターナショナル〕

2 占領についての引用。Chandrasekaran. (2007).〔チャンドラセカラン『グリーン・ゾーン』〕

3 7プラスマイナス2。Miller, G. A. (1956). The magical number seven, plus or minus two: Some limits on our capacity for processing information. *Psychological Review, 63*, 81-97.

4 私たちは最初、こういった判断におけるよくある誤りの概念的な解釈のしかたをカリフォルニア大学の経済学者、マシュー・ロビン（現在はハーバード大）から聞いた。

5 「リンダ」の実験。Tversky, A., & Kahneman, D. (1983). Extensional versus intuitive reasoning: The conjunction fallacy in probability judgment. *Psychological Review, 90*, 293-315.

6 説明の文を読んでみろ。Gould, S. J. (1988). *The streak of streaks*. New York: McGraw-Hill.

7 肯定的検証方略。Klayman, J., & Ha, Y. W. (1987). Confirmation, disconfirmation, and information in hypothesis testing. *Psychological Review, 94*, 211-22.

8 試合前に運動をすることがテニス選手にとって良いか悪いかを検証する。Crocker, J. (1982). Biased questions in judgment of covariation studies. *Personality and Social Psychology Bulletin, 8*, 214-20.

9 すべてのバイアスの母。Lilienfeld, S. (2007). ノースカロライナ州グリーンズボロ、ノースカロライナ大学のハリエット・エリオット連続講義で行われた発表。

10 東ドイツか西ドイツか。Tversky, A. (1977). Features of similarity. *Psychological Review, 84*, 327-52.

11 選ぶか却下するか。Shafir, E. (1993). Choosing versus rejecting: Why some options are both better and worse than others. *Memory and Cognition, 21*, 546-56.

12 酵素欠乏テスト。Ditto, P. H., & Lopez, D. F. (1992). Motivated skepticism: Use of differential decision criteria for and nonpreferred conclusions. *Journal of Personality and Social Psychology, 63*, 568-84.

13 ベーコンの言葉を引用。Bacon, F. (1899). *Advancement of learning and the novum organum* (rev. ed.). New York: Colonial Press.（原書は一六二〇年に出版）。〔フランシス・ベーコン『ノヴム・オルガヌム——新機関』桂寿一訳／岩波文庫〕

14 死刑の研究。Lord, C., Ross, L., & Lepper, M. R. (1979). Biased assimilation and attitude polarization: The effects of prior theories on subsequently considered evidence. *Journal of Personality and Social Psychology, 37*, 2098-2109.

15 逆を考える。Milkman, K. L., Chugh, D., & Bazerman M. H. (2009). How can decision making be improved? *Perspectives on Psychological Science, 4*, 379-85.

16 スナップル社についての決定。Finkelstein, S. (2003). *Why smart executives fail*. New York: Portfolio.〔シドニー・フィンケルシュタイン『名経営者が、なぜ失敗するのか?』酒井泰介訳／日経BP社〕

17 列聖数の増加。Zaleski, P. (2006, March). The saints of John Paul II. *First Things*. http://www.firstthings.com/article/2007/01/the-saints-of-john-paul-ii-46 より検索。

18 事前検死（プレモータム）。Klein, G. (2009). *Streetlights and shadows: Searching for the keys to adaptive decision making*. Cambridge, MA: MIT Press.

19 非常出口の場所を知っている。Dawes, R. M. (1988). *Rational choice in an uncertain world*. San Diego: Harcourt.

20 他人からどう思われているかをどれくらい知っているか? Kenny, D. A., & DePaulo, B. M. (1993). Do people know how others view them? An empirical and theoretical account. *Psychological Bulletin, 114*, 145-61. 引用部分は、Kenny, D. A. (1994). *Interpersonal perception: A social relations analysis*. New York: Guilford Press の159頁にある。

21 グループ内での自身の地位を知る。Anderson, C., Srivastava, S., Beer, J., Spataro, S. E., & Chatman, J. A. (2006). Knowing your place: Self-perceptions of status in social groups. *Journal of Personality and Social Psychology, 91*, 1094-110.

22 誤った考えと迷信。Gilovich, T. (1991). *How we know what isn't so*. New York: Free Press.〔T・ギロビッチ『人間この信じやすきもの——迷信・誤信はどうして生まれるのか』守一雄、守秀子訳／新曜社〕Shermer, M. (1997). *Why people believe weird things*. New York: Holt.〔マイクル・シャーマー『なぜ人はニセ科学を信じるのか』岡田靖史訳／ハヤカワ文庫〕

23 魅惑的な運命。Risen, J. L., & Gilovich, T. (2007). Another look at why people are reluctant to exchange lottery tickets. *Journal of Personality and Social Psychology, 93*, 12-22. Risen, J. L., & Gilovich, T. (2008). Why people are reluctant to tempt fate. *Journal of Personality and Social Psychology, 95*, 293-307. Tykocinski, O. E. (2008). Insurance, risk, and magical thinking. *Personality and Social Psychology Bulletin, 34*, 1346-56. Van Wolferen, J., Inbar, Y., & Zeelenberg, M. (2013). Magical thinking in predictions of negative events: Evidence for tempting fate but not for

a protection effect. *Judgment and Decision Making, 8*, 44-53.

24 成就したように見える予言。Gilovich, T. (1991). *How we know what isn't so*. New York: Free Press.〔ギロビッチ『人間この信じやすきもの』〕

25 多数の無知。Katz, D., & Allport, F. H. (1931). *Student attitudes*. Syracuse, NY: Craftsman. Kuran, T. (1995). *Private truths, public lies: The social consequences of preference falsification*. Cambridge, M. A. Harvard University Press. Miller, D.T. (2006). *Social psychology: An invitation*. Belmont, CA: Thomson.

26 多数の無知と大学キャンパスにおけるアルコール。Prentice, D. A., & Miller, D. T (1993). Pluralistic ignorance and alcohol use on campus: Some consequences of misperceiving the social norm. *Journal of Personality and Social Psychology 64*, 243-256. Perkins, H. W., & Berkowiz, A. D. (1986). Perceiving the community norms of alcohol use among students: Some research implications for campus alcohol education programming. *Journal of Addictions, 21*, 15-31

27 大学キャンパスにおけるアルコール摂取量についての多数の無知を排除する。LaBrie, J. W., Hummen, J. F., Neighbors, C., & Pedersen, E. R. (2008). Live interactive group-specific normative feedback reduces misperceptions and drinking in college Students: A randomized cluster trial. *Psychology of Addictive Behaviors, 22*, 141-48.

28 燃え尽き。Maslach, C. (1982). *Burnout: The cost of caring*. Englewood, Cliffs, NJ: Prentice Hall, p. 11-12. Miller, D. T. (2006). *Social psychology: An invitation*. Belmont, CA: Thomson に引用されている。

29 集団思考（グループシンク）。Janis, I. L. (1972). *Victims of groupthink*. Boston: Houghton Mifflin. Janis, I. L. (1982). *Groupthink: Psychological studies of policy decisions and fiascos* (2nd ed.). Boston: Houghton Mifflin.

30 近親相姦的増幅。http://www.cybercollege.com/ia.htm (July 29, 2013).

31 共通の知識効果。Stasser, G. (1999). The uncertain role of unshared information in collective choice. L. L. Thompson, J. M. Levine, & D. M. Messick (eds.) *Shared cognition in organizations: The management of knowledge* (pp.46-69). Mahwah, NJ: Erlbaum. Stasser, G., & Titus, W. (1985) に所収。Polling of unshared information in group decision making: Biased information sampling during discussion. *Journal of Personality and Social Psychology, 48*, 1467-18.

32 共通の知識効果を克服する。Thompson, L. L. (2000). *Making the team: A guide for managers*. Upper Saddle River, NJ: Prentice-Hall

## 第2部　賢明さを応用する

### 第6章　部屋のなかで最も幸せな人

1 ズパンの言葉を引用。Zupan, M. (2006). *Gimp: When life deals you a crappy hand, you can fold—or you can play*. New York: HarperCollins.

2 脊髄損傷患者の幸福度。Hall, K. M., Knudson, S. T., Wright, J., Charlifue, S. W., Graves, D. E., & Warner, P. (1999). Follow-up study of individuals with high tetraplegia (C1-C4) 14 to 24 years postinjury. *Archives of Physical Medicine and Rehabilitation, 80*, 1507-13.

3 救急治療を施す側の幸福度の予測。Gerhart, K. A., Koziel-McLain, J., Lowenstein, S. R., & Whiteneck, G. G. (1994). Quality of life following spinal cord injury: Knowledge and attitudes of emergency care providers. *Annals of Emergency Medicine, 23*, 807-12.

4　テレビ視聴と幸福。 Kahneman, D., Krueger, A. B., Schkade, D. A., Schwarz, N., & Stone, A. A. (2004). A survey method for characterizing daily life experience: The day reconstruction method. *Science, 306*, 1776-1780. Killingsworth, M. A., & Gilbert, D. T. (2010). A wandering mind is an unhappy mind. *Science, 330*, 932.

5　子育て。 Eibach, R. P., & Mock, S. E. (2011). Idealizing parenthood to rationalize parental investments. *Psychological Science, 22*, 203-08, Jones, R. K., & Brayfield, A. (1997). Life's greatest joy? European attitudes toward the centrality of children, *Social Forces, 75*, 1239-70.

6　カリフォルニアに住むほうがもっと幸せか?　Schkade, D., & Kahneman, D. (1998). Does living in California make people happy? A focusing illusion in judgments of life satisfaction, *Psychological Science, 9*, 340-46.

7　お金と幸福。 Aknin, L. B., Norton, M. I., & Dunn, E. W. (2009). From wealth to well-being? Money matters, but less than people think. *Journal of Positive Psychology, 4*, 523-27. Cone, J., & Gilovich, T. (2010). Understanding money's limits: People's beliefs about the income—happiness correlation. *Journal of Positive Psychology, 5*, 294-301; Stevenson, B., & Wolfers, J. (2008). *Economic growth and subjective well-being: Reassessing the Easterlin paradox* (No. w14282). Cambridge, MA: National Bureau of Economic Research.

8　宝くじ当選者と幸福。 Brickman, P., Coates, D., & Janoff-Bulman, R. (1978). Lottery winners and accident victims—is happiness relative? *Journal of Personality and Social Psychology, 36*, 917-27. Gardner, J., & Oswald, A. J. (2007). Money and mental well-being: A longitudinal study of medium-sized lottery wins. *Journal of Health Economics, 26*, 49-60.

9　メンケンの言葉を引用。 Mencken, H. L. (n.d.) BrainyQuote. com. http://www.brainyquote.com/quotes/quotes/h/hlmencke161801. html より検索。

10　社会的なつながりと幸福。 Diener, E., & Seligman, M. E. P. (2004). Beyond money: Toward an economy of well-being. *Psychological Science in the Public Interest, 5*, 1-31. Dunn, E. W., Biesanz, J. C., Human, L. J., & Finn, S. (2007). Misunderstanding the affective consequences of everyday social interactions: The hidden benefits of putting one's best face forward. *Journal of Personality and Social Psychology, 92*, 990-1005. Fowler, J. H., & Christakis, N. A. (2008). Dynamic spread of happiness in a large social network: Longitudinal analysis over 20 years in the Framingham Heart Study. *British Medical Journal, 337*, 1-9. Mogilner, C. (2010). The pursuit of happiness time, money, and social connection. *Psychological Science, 21*, 1348-54. House, J. S., Landis, K. R., & Umberson, D. (1988). Social relationships and health. *Science, 241(4865)*, 540-45.

11　他人に与えることと幸福。 Aknin, L. B., Barrington-Leigh, C. P., Dunn, E. W., et al. (2013). Prosocial and well-being: Cross-cultural evidence for a psychological universal. *Journal of Personality and Social Psychology, 104*, 635-52. Dunn, E. W., Aknin, L. B., & Norton, M. I. (2009). Spending money on others promotes happiness. *Science, 319*, 1687-88. Lyubomirsky, S., Sheldon, K. M., & Schkade, D. (2005). Pursuing happiness: The architecture of sustainable change. *Review of General Psychology, 9*, 111-31, Myers, D. G., & Diener, E. (1995). Who is happy? *Psychological Science, 6*, 10-19.

12　幸福と決定後の不協和低減。 Lyubomirsky, S., & Ross, L. (1999). Changes in attractiveness of elected, rejected, and precluded alternatives: A comparison of happy and unhappy individuals. *Journal of Personality and Social Psychology, 76*, 988-1007.

13　幸福と社会的比較。Lyubomirsky, S., & Ross, L. (1997). Hedonic consequences of social comparison. A contrast of happy and unhappy people. *Journal of Personality and Social Psychology, 73*, 1141-57.

14　幸福と過去について考えること。Liberman, V., Boehm, J. K., Lyubomirsky, S., & Ross, L. (2009). Happiness and memory: Affective significance of endowment and contrast. *Emotion, 9*, 666-80.

15　幸福についての一般書。Ed Diener 著の *Happiness: Unlocking the Mysteries of Psychological Wealth*, Dan Gilbert 著　の *Stumbling on Happiness*〔ダニエル・ギルバート『明日の幸せを科学する』熊谷淳子訳／ハヤカワ文庫〕、Jon Haidt 著の *The Happiness Hypothesis*〔ジョナサン・ハイト『しあわせ仮説——古代の知恵と現代科学の知恵』藤澤隆史、藤澤玲子訳／新曜社〕、Sonja Lyubormirsky 著の *The How of Happiness* および David Myers 著の *The Pursuit of Happiness* はどれも読み応えがある。また、Erie Weiner 著の *The Geography of Bliss*〔エリック・ワイナー『世界しあわせ紀行』関根光宏訳／ハヤカワ文庫〕および Charles Montgomery 著の *Happy City* など、ジャーナリズム的な作品も同様である。

16　ピーク・エンド法則。Fredrickson, B. L., & Kahneman, D (1993). Duration neglect in retrospective evaluations of affective episodes. *Journal of Personality and Social Psychology, 65*, 45-55. Kahneman, D., Fredrickson, D. L., Schreiber, C. A., & Redelemeier, D. A. (1993). When more pain is preferred to less: Adding a better end. *Psychological Science, 4*, 401-05.

17　結腸内視鏡検査。Redelmeier, D. A., & Kahneman, D. (1996). Patients' memories of painful medical treatments: Real-time and retrospective evaluations of two minimally invasive procedures. *Pain, 66*, 3-8.

18　物を買うか体験を買うかの満足度。Gilovich, T., & Kumar, A. (2015). We'll always have Paris: The hedonic payoff from experiential and material investments. M. P. Zanna & J. M. Olson (eds.), *Advances in experimental social psychology* (Vol. 51, pp. 147-87) Orlando, FL: Academic Press に所収。Van Boven, L., & Gilovich, T. (2003). To do or to have: That is the question. *Journal of Personality and Social Psychology, 85*, 1193-1202.

19　物または体験の買い物にたいする異なる順応。Carter, T. J., & Gilovich, T. (2010). The relative relativity of experiential and material purchases. *Journal of Personality and Social Psychology, 98*, 146-59. Mitchell, T. R., Thompson, L., Peterson, E., & Cronk, R. (1997). Temporal adjustments in the evaluation of events; The "rosy view." *Journal of Experimental Social Psychology, 33*, 421-88. Nicolao, L. Irwin, J. R., & Goodman, J. K. (2009). Happiness for Sale: Do experiential purchases make consumers happier than material purchases? *Journal of Consumer Research, 36(2)*, 188-98. Sutton, R. I. (1992). Feelings about a Disneyland visit: Photographs and reconstruction of bygone emotions. *Journal of Management Inquiry, 1*, 278-87.

20　同一の品を物または体験の観点から見る。Carter & Gilovich. (2010). Rosenzwag, E., & Gilovich, T. (2012). Buyer's remorse or missed opportunity? Differential regrets for material and experiential purchases. *Journal of Personality and Social Psychology, 102*, 215-23.

21　物と体験の買い物についての社会的比較。Carter & Gilovich. (2010).

22　快楽の踏み車。Brickman, P., & Campbell, D. (1971). Hedonic relativism and planning the good society. M. H. Appley (ed.), *Adaptation-level Theory: A Symposium* (pp. 287-302). New York: Academic Press に所収。

23　時間がたっても幸福は変化しない。Easterlin, R. A. (1974).

Does economic growth improve the human lot? Some empirical evidence. *Nations and Households in Economic Growth, 89*, 89-125. Easterlin, R. A., McVey, L. A., Switek, M., Sawangfa, O., & Zweig, J. S. (2010). The happiness-income paradox revisited. *Proceedings of the National Academy of Sciences, 107(52)*, 22463-68.

24 話をする。Kumar, A., & Gilovich, T.（近刊）。Some "thing" to talk about? Differential story utility from experiential and material purchases. *Personality and Social Psychology Bulletin*. Van Boven, L., Campbell, M. C., & Gilovich, T. (2010). The social costs of materialism: On people's assessments of materialistic and experiential consumers. *Personality and Social Psychology Bulletin, 36*, 551-63.

25 物と体験の買い物から作られるアイデンティティ。Carter, T., & Gilovich, T. (2012). I am what I do, not what I have: The differential centrality of experiential and material purchases to the self. *Journal of Personality and Social Psychology, 102*, 1304-17.

26 後　悔。Gilovich, T., & Medvec, V. H. (1995). The experience of regret: What, when, and why. *Psychological Review, 102*, 379-395. Gilovich, T., Medvec, V. H., & Kahneman, D. (1998). Varieties of regret: A debate and partial resolution. *Psychological Review, 105*, 602-5. Gilovich, T., Wang, R. F., Regan, D., & Nishina, S. (2003). Regrets of action and inaction across cultures. *Journal of Cross-Cultural Psychology, 34*, 61-71.

27 ヘンリー・ジェイムズの後悔についての発言。Henry James.（日付不明）。BrainyQuote.com. 二〇一五年六月二一日、BrainyQuotu.com ウェブサイト http://www.brainyquote.com/quotes/quotes/h/henryjames109178.html より検索。http://www.brainyquote.com/citation/quotes/quotes/h/henryjames109178.html#DBIWgWk4PxOZQ65w.99 にさらに情報あり。

28 リッケンの言葉を引用。Lykken, D. T. The heritability of happiness. *Harvard Mental Health Letter*（日付不明）。www.psych.umn.edu/psylabs/happiness/hapindex.htm よりダウンロード可能。

29 フロー。Csikszentmihalyi, M. (1990). *Flow: The psychology of optimal experience*. New York: Harper.〔M・チクセントミハイ『フロー体験――喜びの現象学』今村浩明訳／世界思想社〕

30 テレビ視聴と幸福度の相関。Frey, B. S., Benesch, C., & Stutzer, A. (2007). Does watching TV make us happy? *Journal of Economic Psychology, 28*, 283-313.

31 自尊感情とスポーツ活動への参加。Jackson, S. A., & Marsh, H. W. (1986). Athletic or antisocial? The female sport experience. *Journal of Sport Psychology, 8*, 198-211. Waldron, J. J. (2009). Development of life skills and involvement in the Girls on Track program. *Women in Sport and Physical Activity Journal, 18*, 60-74. Yiğiter, K. (2013). Improving the university students' locus of control and self-esteem by participating in team sports program, *European Journal of Scientific Research, 107*, 64-70.

32 エデルマンの言葉を引用。Edelman, S. (2013). *The happiness of pursuit*. New York: Basic Books.

33 「成果は過去のことであり」Troilus and Cressida, Act I , Scene iii.〔シェイクスピア『トロイラスとクレシダ』第1幕第3場〕

34 文化間での違い。Tsai, J. L. (2007). Ideal affect: Causes and behavioral consequences. *Perspectives on Psychological Science, 2*, 242-59, Tsai, J. L, Knutson, B., & Fung, H. H. (2006). Cultural variation in affect valuation, *Journal of Personality and Social Psychology, 90*, 288-307.

35 年齢と幸福。Argyle, M. (1999). Causes and correlates of happiness. D. Kahneman, E. Diener, & N. Schwarz (eds.), *Well-being: The foundations of hedonic psychology* (pp. 353-373). New York Russell Sage

Foundation に所収。 Clark, A. E., & Oswald, A. J. (2006). *The curved relationship between subjective well-being and age* (Paris: PSE Working Paper 2006-29). Easterlin, R. A. (2006). Life cycle happiness and its sources: Intersections of psychology, economics and demography. *Journal of Economic Psychology, 27*, 463-82.

36 若者と高齢者にとっての異なる種類の幸福。 Mogilner, C., Kamvar, S. D., & Aaker, J. (2011). The shifting meaning of happiness. *Social Psychological and Personality Science, 2*, 395-402.

37 他人にお金を使う。 Dunn, E. W., Aknin, L. B., & Norton, M. I. (2009). Spending money on others promotes happiness. *Science, 319*, 1687-88. Aknin, L. B., Barrington-Leigh, C. P., Dunn, E. W., Helliwell, J. F., Burns, J., Biswas-Diener, R., ...Norton, MI. (2013). Prosocial spending and well-being: Cross-cultural evidence for a psychological universal. *Journal of Personality and Social Psychology, 104*, 635-52.

38 ジョン・ウッデンの他の人のために何かをすることという発言。 Tentmaker: John Wooden quotes. http://www.tentmaker.org/Quotes/john_r_wooden_quotes.html.

39 アメリカで望ましいとされる富の分配。 Norton, M. I., & Ariely, D. (2011). Building a better America—one wealth quintile at a time. *Perspectives on Psychological Science 6*, 9-12.

40 収入格差の郡別の影響。 Frank, R. H., Levine, A. S., & Dijk, O. (2014). Expenditure cascades. *Review of Behavioral Economics, 1*, 55-73.

41 通勤と幸福。 St-Louis, E., Manaugh, K., van Lierop, D., & El-Geneidy, A. (2013). The happy commuter: A comparison of commuter satisfaction across modes. *Transportation Research Part F: Traffic Psychology and Behavior, 26*, 160-70.

42 収入格差と殺人。 Daly, M., Wilson, M., & Vasdev, S. (2001). Income inequality and homicide rates in Canada and the United States. *Canadian of Criminology, 43*, 219-36,

43 現在の世界経済に適応した経済政策。 Frank, R. H. (1999). *Luxury fever*. New York: Free Press. Frank, R. H., & Cook, P. J. (1995). *The winner-take-all society: Why the few at the top get so much more than the rest of us*. New York: Free Press.〔ロバート・H・フランク、フィリップ・J・クック『ウィナー・テイク・オール――「ひとり勝ち」社会の到来』香西泰監訳／日本経済新聞社〕

## 第7章 なぜ「仲良く」やれないのか

1 効率的な合意と譲歩の交換。 Homans, G. (1961). *Social behavior: Its elementary forms*. London: Routledge and Kegan Paul. Fisher, R., Ury, W., & Patton, B. (1991). *Getting to yes: Negotiating agreement without giving in* (2d ed.). Boston: Houghton Mifflin.〔ロジャー・フィッシャー、ウィリアム・ユーリー『ハーバード流交渉術』岩瀬大輔訳／三笠書房〕

2 合意を阻む障壁。 Mnookin, R., & Ross, L. (1995). Strategic, psychological, and institutional barriers: An introduction. K. Arrow, R. Mnookin, L. Ross, A. Tversky, & R. Wilson (eds.), *Barriers to conflict resolution*. New York: Norton に所収。

3 行為者と観察者。 Jones, E. E., & Nisbett, R. E. (1972). The actor and the observer: Divergent perceptions of the causes of the behavior. E. E. Jones, D. E, Kanouse, H. H. Kelley, R. E. Nisbett, S. Valins, & B. Weiner (eds.), *Attribution: Perceiving the causes of behavior* (pp.79-94). Morristown, NJ: General Learning Press に所収。

4 サダトの言葉を引用。 Sanders, H. S. (1999). *A public peace process: Sustained dialogue to transform racial and ethnic conflicts*. New York: St. Martin's Press に言及されている。

5 SCICN。Arrow, K., Mnookin, R., Ross, L., Tversky, A., Wilson,

R. (1995), *Barriers to conflict resolution*. New York: Norton.

6 モアタッズ・アブドルファッターフの言葉を引用（二〇一二年一二月二二日）。As charter nears passage, Egyptians face new fights. *New York Times*, http://www.nytimes.com/2012/12/23/world/middleeast/egyptian-vote-on-constitution-sets-up-new-stage-of-factions-struggle.html.

7 スタンフォード大学の投資実験。Ross, L. (1995). The reactive devaluation barrier to dispute resolution. K. Arrow, R. Mnookin, L. Ross, A. Tversky, & R. Wilson (eds.), *Barriers to conflict resolution*. New York: Norton に所収。

8 イスラエル人・パレスチナ人の対立実験。Maoz, I., Ward. A., Katz, M., & Ross, L. (2002). Reactive devaluation of an "Israeli" vs. a "Palestinian" peace proposal. *Journal of Conflict Resolution*, 46, 515-46.

9 潜在的な損失と利得にたいする反応。Tversky, A., & Kahneman, D. (1995). Conflict resolution: A cognitive perspective. K. Arrow, R. Mnookin, L. Ross, A. Tversky, & R. Wilson(eds.), *Barriers to conflict resolution* (pp.44-61). New York: Norton に所収。

10 相手側の優先事項を認める。Ward, A., Disston, L. G., Brenner, L., & Ross, L (2008, July). Acknowledging the other side in negotiation. *Negotiation Journal*, 24, 269-85.

11 手続きの公平性。Lind, E. A., & Tyler, T. (1988). *The social psychology of procedural justice*. New York: Springer.〔E・アラン・リンド、トム・R・タイラー『フェアネスと手続きの社会心理学――裁判、政治、組織への応用』菅原郁夫、大渕憲一訳／ブレーン出版〕Lind, E. A., Kanfer, R., & Earley, P. C. (1990). Voice, control, and procedural justice: Instrumental and noninstrumental concerns in fairness judgment, *Journal of Personality and Social Psychology*, 59, 952-59.

12 取引が成立するかもしれないと知っている。Liberman, V. Andersen, N., & Ross, L. (2010). Achieving difficult agreements: Effects of positive versus neutral expectations on negotiation processes and outcomes. *Journal of Experimental and Social Psychology*, 46, 494-504.

13 現実世界から得られる教訓についてのさらに本格的な議論。Ross, L. (2012). Perspectives on disagreement and dispute resolution: Lessons from the lab and the real world. E. Shafir (ed.), *The behavioral foundations of public policy*. Princeton, NJ: Princeton University and Russell Sage Foundation Press に所収。

14 マンデラと共通の未来の約束。Mandela, N. (1995). *Long walk to freedom*. Boston, MA: Little, Brown & Company.〔ネルソン・マンデラ『自由への長い道――ネルソン・マンデラ自伝』東江一紀訳／日本放送出版協会〕Sampson, A. (1999). *Mandela: The authorized biography*. London: HarperCollins.〔アンソニー・サンプソン『マンデラ――闘い・愛・人生』濱田徹訳／講談社〕

15 社会の変化を生むための凍結と溶解の議論。Lewin, K. (1947). Group decisions and social Change. T. M. Newcomb & E. L. Hartley (eds.), *Readings in social psychology*. New York: Holt に所収。

**第8章　アメリカにとっての難題**

1 ルメートル。クリストフ・ルメートルについての説明は、引用も含めて以下に典拠する。Demirel, E. (2012, August 9). Lemaitre: Why it matters the fastest white man on earth is, well, white. *Bleacher Report*.

2 運動能力における人種的な違い。Johnson, B. (2000). *Why black athletes dominate sports and why we're afraid to talk about it*. New York: Perseus.

3 ベイラー大学の陸上競技コーチ（クライド・ハート）

（二〇〇四年一二月六日）。 *Sports Illustrated.*

4　バスケットボール実験。 Stone, J., Peny, Z. W., & Darley, J. M. (1997). "White men can't jump": Evidence for the perceptual confirmation of racial stereotypes following a basketball game. *Basic and Applied Social Psychology, 19*, 291-306.

5　ゴルフのパット実験。 Stone, J., Lynch, C. I., Sjomeling, M., & Darley, J. M. (1999). Stereotype threat effects on black and white athletic performance. *Journal of Personality and Social Psychology, 77(6)*, 1213-27.

6　予言の自己成就。 Merton, R. K. (1948). The self-fulfilling prophecy. *Antioch Review, 8*, 193-210.

7　教室における予言の自己成就。 Rosenthal, R., & Jacobson, L. (1966), Teachers' expectancies: Determinants of pupils' IQ gains. *Psychological Reports, 19*, 115-18. Rosenthal, R., & Jacobson, L. (1968). *Pygmalion in the classroom: Teacher expectations and student intellectual development.* New York: Holt.

8　ローゼンタールとジェイコブソンの実験の再現性。 Harris, M. J., & Rosenthal, R. (1985). Mediation of interpersonal expectancy effects: 31 meta-analyses. *Psychological Bulletin, 97*, 363-86. Jussim, L., Robustelli, S., & Cain, T. (2009). Teacher expectations and self-fulfilling prophecies. A. Wigfield & K. Wentzel (eds.), *Handbook of motivation at school* (pp. 349-80) Mahwah, NJ: Erlbaum に所収。 Rosenthal, R. (1987). "Pygmalion" effects: Existence, magnitude, and social importance. *Educational Researcher, 16(9)*, 37-41. Snow, R. E. (1995). Pygmalion and intelligence? *Current Directions in Psychological Science, 4*, 169-71.

9　成功は努力と粘り強さの賜であると生徒に教えることの影響。 Dweck, C. S., & Repucci, N. D. (1973). Learned helplessness and reinforcement responsibility in children. *Journal of Personality and Social Psychology, 25*, 109-16.

10　マインドセット。 Dweck, C. S. (2006). *Mindset: The new psychology of success.* New York: Ballantine Books. 〔キャロル・S・ドゥエック『マインドセット――「やればできる!」の研究』今西康子訳／草思社〕

11　マインドセット実験。 Blackwell, L., Trzesniewski, K., & Dweck, C. S. (2007). Implicit theories of intelligence predict achievement across an adolescent transition: A longitudinal study and intervention. *Child Development, 78*, 246-63.

12　高校13校における介入。 Paunesku, D., Walton, G. M., Smith, E. N., Romero, C. L., Yeager, D. S., & Dweck, C. S.（近刊）。 Mindset interventions are a scalable treatment for academic underachievement, *Psychological Science.*

13　ステレオタイプの脅威。 Steele, C. M. (1995). A threat in the air: How stereotypes shape intellectual identity and performance. *American Psychologist, 52*, 613-29.

14　セルフ・ハンディキャッピング。 Jones, E. E., & Berglas, S. (1978). Control of attributions about the self through self-handicapping strategies: The appeal of alcohol and the role of underachievement. *Personality and Social Psychology Bulletin, 4*, 200-06. Deppe, R. K., & Harackiewicz, J. M. (1996). Self-handicapping and intrinsic motivation: Buffering intrinsic motivation from the threat of failure. *Journal of Personality and Social Psychology, 70*, 868-76.

15　アフリカ系アメリカ人の学生のあいだに見られるステレオタイプの脅威。 Steele, C. M., & Aronson, J. (1995). Stereotype threat and the intellectual test performance of African Americans. *Journal of Personality and Social Psychology, 69*, 797-811.

16　ステレオタイプの脅威の付加的な証拠。Steele, C. M., Spencer, S. J., & Aronson, J. (2002). Contending with group image: The psychology of stereotype and social identity threat. M. P. Zanna (ed.), *Advances in experimental social psychology* (Vol. 34, pp. 379-440) San Diego, CA: Academic Press に所収。Schmader, T., Johns, M., & Forbes, C. (2008). An integrated process model of stereotype threat effects on performance. *Psychological Review, 115*, 336-56.

17　女性の数学におけるステレオタイプの脅威。Spencer, S. J., Steele, C. M., & Quinn, D. M. (1999). Stereotype threat and women's math performance. *Journal of Experimental Social Psychology, 35*, 4-28. Maass, A., D'Ettole, C., & Cadinu, M. (2008). Checkmate? The role of gender stereotypes in the ultimate intellectual sport. *European Journal of Social Psychology, 38*, 231-45. Inzlicht, M., & Ben-Zeev, T. (2000). A threatening intellectual environment: Why females are susceptible to experiencing problem-solving deficits in the presence of males. *Psychological Science, 11*, 365-71.

18　ＫＩＰＰベンチマーク。大学修了についての報告。*PP Public Charter Schools, Knowledge Is Power Program.* KIPP: Knowledge Is Power Program. http://www.kipp.org/results/college-completion-report より検索。

19　自己肯定。Cohen, G. L., & Sherman, D. K. (2014). The psychology of change: Self-affirmation and social psychological interventions. *Annual Review of Psychology, 65*, 331-7.

20　コーエンらによる独創的な自己肯定実験。Cohen, G. L., Garcia, J., Apfel, N., & Master, A. (2006). Reducing the racial achievement gap: A social-psychological intervention. *Science, 313*, 1307-10.

21　自己肯定の操作を支える理論。Cohen, G. L., & Sherman, D. K. (2014). The psychology of change: Self-affirmation and social psychological interventions. *Annual Review of Psychology, 65*, 331-7.

22　自己肯定の介入によるめざましい効果。Cohen, G. L., Garcia, J., Purdie-Vaugns, V., Apfel, N., & Brzustoski, P. (2009). Recursive processes in self-affirmation: Intervening to close the minority achievement gap. *Science, 324*, 400-403.

23　メンターのジレンマ。Yeager, D. S., Purdie-Vaughns, V., Garcia, J., Apfel, N., Brzustoski, P., Master, A., . . . Cohen, G. L. (2014). Breaking the cycle of mistrust: Wise interventions to provide critical feedback across the racial divide. *Journal of Experimental Psychology: General, 143*, 804-24. Cohen, G. L.、Steele, C. M. および Ross, L. (1999) がスタンフォード大学のマイノリティの学生にたいして実施した、賢いフィードバックによる同様の効果を示した初期の研究も参照。The mentor's dilemma: Providing critical feedback across the racial divide. *Personality and Social Psychology Bulletin, 25*, 1302-18.

24　ミシェル・オバマの言葉を引用。Michelle Obama.（日付不明）。BrainyQuote.com. 二〇一五年四月一四日に BrainyQuote.com ウェブサイト、http://www.brainyquote.com/quotes/quotes/m/michelleob452284.html より検索。

25　ソトマイヤーの言葉を引用。Warner, J. (2009). The outsiders are in. *New York Times*, May 28, 2009. http://opinionator.blogs.nytimes.com/2009/05/28/sotomayor/?_r=0.

26　内密の介入。Yeager, D. S., & Walton, G. M. (2011). Social-psychological interventions in education: They're not magic. *Review of Educational Research, 81*, 267-301.

27　向上の証拠が繰り返し発見される。Cohen, G. L., & Sherman, D. K. (2014). The psychology of change: Self-affirmation and social psychological intervention. *Annual Review of Psychology, 65*, 333-371. Garcia J., & Cohen G. L. (2012). A social psychological approach to educational intervention. E. Shafir (ed.), *Behavioral Foundations of Policy* (pp. 329-350). Princeton, NJ: Princeton University Press に所収。

28　アフリカ系アメリカ人の一年生への介入。Walton, G. M., & Cohen, G. L. (2007). A question of belonging: Race, social fit, and achievement. *Journal of Personality and Social Psychology, 92*, 82-96.

29　女性をＳＴＥＭ分野に定着させるための賢い介入。Walton, G. M., Logel, C., Peach, J. M., Spencer, S. J., & Zanna, M. P.（近刊）。Two brief interventions to mitigate a "chilly climate" transform women's experience, relationships, and achievement in engineering. *Journal of Educational Psychology*.

30　この種の反復的プロセスについてのさらに本格的な議論のために。Yeager, D. S., & Walton, G. M. (2011). Social-psychological interventions in education: They're not magic. *Review of Educational Research, 81*, 267-301.

31　飛行機の翼の形状を変えることに似ている。Yeager & Walton. (2011).

## 第9章　世界にとってのさらに大きな難題

1　ホテルのタオルを客が再利用する。Goldstein, N.J., Cialdini, R. B., & Griskevicius, V. (2008). A room with a viewpoint: Using social norms to motivate environmental conservation in hotels. *Journal of Consumer Research, 35*, 472-82.

2　省エネの社会的証明。Cialdini, R., & Schultz, W. (2004). *Understanding and motivating energy conservation via social norms.* ウィリアム＆フローラ・ヒューレット財団のために作成されたプロジェクト報告書。

3　自分が近隣よりも良いか悪いかを知る。Schultz, P. W., Nolan, J., Cialdini, R., Goldstein, N., & Griskevicius, V (2007). The constructive, destructive, and reconstructive power of social norms. *Psychological Science, 18*, 429-34,

4　グリーンの言葉を引用。Greene, J. (2013). *Moral tribes: Emotion, Reason, and the Gap Between Us and Them.* New York: Penguin.〔ジョシュア・グリーン『モラル・トライブズ――共存の道徳哲学へ』竹田円訳／岩波書店〕

5　気候変動の証拠。国連世界気象機関（二〇一三）。The global climate 2001-2010: A decade of extremes. WMO-No.1119. http://www.wmo.int/pages/index_en.html より検索。Morales, A. (2013, July 13). UN charts "unprecedented" global warming since 2000. *Bloomberg News*. http://www.bloomberg.com/news/2013-07-03/un-charts-unprecedented-global-warming-since-2000.html より検索。

6　気候変動の議論を混乱させようとする努力。Brulle, R. J. (2013). Institutionalizing inaction: Foundation funding and the creation of U.S. climate change counter-movement organizations. *Climatic Change* における発表のための審査中。

7　地球温暖化についての考え。Brulle. (2013) に言及されている、ピュー研究所が二〇一二年一〇月に実施した世論調査。

8　共有地のジレンマ。Axelrod, R. (1984). *The evolution of cooperation*. New York: Basic Books.〔R・アクセルロッド『つきあい方の科学――バクテリアから国際関係まで』松田裕之訳／ミネルヴァ書房〕Hardin, G. (1968). The tragedy of the commons. *Science, 162*, 1243-48.

9　出生率の推移。Frejka, T., & Tomas, S. (2008). Fertility in Europe: Diverse, delayed and below replacement. *Demographic Research, 19*, 15-46. Jones, G. (2007). Delayed marriage and very low fertility in Pacific

Asia. *Population and Development Review, 33*, 453-78. La Ferrara, E., Chong, A., & Duryea, S. (2008). *Soap operas and fertility* (Research Department Publications 4573). Brazil Inter-American Development Bank. Office of the Registrar General and Census Commissioner. (2011). *Census 2011* (India), Ministry of Home Affairs I. Rele, J. R. (1987). Fertility levels and trends in India. *Population and Development Review, 19*, 513-30.

10 転換点。 Gladwell, M. (2000). *The Tipping point: How Little Things Can Make a Big Difference*. New York: Little, Brown. 〔マルコム・グラッドウェル『急に売れ始めるにはワケがある――ネットワーク理論が明らかにする口コミの法則』高橋啓訳／ソフトバンククリエイティブ〕

## 終章

1 スプリングボクスについてのマンデラの行動の描写は、以下をおおいに参考にしている。 Carlin, J. (2008). *Playing the Enemy: Nelson Mandela and the Game That Made a Nation*. New York: Penguin. 〔ジョン・カーリン『インビクタス――負けざる者たち』八坂ありさ訳／日本放送出版協会〕

## は行

## な行

## さ行

### か行

# 索引

The Wisest One in the Room: How You Can Benefit
from Social Psychology's Most Powerful Insights
by Thomas Gilovich, Lee Ross



その部屋のなかで最も賢い人
洞察力を鍛えるための社会心理学

2019 年 1 月 10 日　第一刷発行
2020 年 4 月 10 日　第二刷発行

著　者　トーマス・ギロビッチ、リー・ロス
訳　者　小野木明恵

発行者　清水一人
発行所　青土社

〒 101-0051　東京都千代田区神田神保町 1-29　市瀬ビル
［電話］03-3291-9831（編集）03-3294-7829（営業）
［振替］00190-7-192955

印刷・製本　ディグ
装丁　松田行正

ISBN978-4-7917-7132-5　Printed in Japan